广东云茂高速公路项目创新成果系列丛书

云茂高速公路钢板组合梁桥建造技术与实践

代希华　娄　健　韩富庆　马增琦　主编
石雪飞　主审

人民交通出版社股份有限公司
北　京

内 容 提 要

云茂高速公路项目在充分调研国内外钢-混组合桥梁现状的基础上，率先在广东省试点应用钢板组合梁桥两座，并对相关四新技术研究和应用做出了有益探索，为钢板组合梁结构的推广应用提供了技术支撑。

本书分为6章，分别为概述、钢板组合梁桥设计、钢板组合梁桥施工、钢板组合梁桥质量检测与施工控制、科技创新和结语。

本书可供公路钢板组合桥梁建设、设计、施工和检测等单位的技术与管理人员参考，也可以作为大专院校相关专业的辅导用书。

图书在版编目(CIP)数据

云茂高速公路钢板组合梁桥建造技术与实践 / 代希华等主编. — 北京 : 人民交通出版社股份有限公司, 2021.12

ISBN 978-7-114-16367-8

Ⅰ.①云 Ⅱ.①代… Ⅲ.①高速公路—公路桥—桥梁施工—广东 Ⅳ.①U448.14

中国版本图书馆CIP数据核字(2021)第277726号

Yun Mao Gaosu Gonglu Gangban Zuheliang Qiao Jianzao Jishu yu Shijian

书　　名：云茂高速公路钢板组合梁桥建造技术与实践
著 作 者：代希华　娄　健　韩富庆　马增琦
责任编辑：闫吉维
责任校对：席少楠　刘　璇
责任印制：张　凯
出版发行：人民交通出版社股份有限公司
地　　址：(100011)北京市朝阳区安定门外外馆斜街3号
网　　址：http://www.ccpcl.com.cn
销售电话：(010)59757973
总 经 销：人民交通出版社股份有限公司发行部
经　　销：各地新华书店
印　　刷：北京建宏印刷有限公司
开　　本：787×1092　1/16
印　　张：14.25
字　　数：315千
版　　次：2021年12月　第1版
印　　次：2023年12月　第2次印刷
书　　号：ISBN 978-7-114-16367-8
定　　价：68.00元

“广东云茂高速公路项目创新成果系列丛书”
简　介

广东云茂高速公路有限公司是广东省公路建设有限公司的下属子公司。广东省公路建设有限公司是广东省交通集团有限公司控股的有限责任公司，是以公路、桥梁、隧道、交通基础设施的建设、投资及经营管理为主业，重点投资建设和经营管理珠江三角洲地区高速公路和过江通道的特大型国有企业。广东省云浮罗定至茂名信宜（粤桂界）高速公路是广东省“十三五”规划的重要项目，公路沿线山高谷深，水网密布，地形地质条件复杂，环保要求高，建设难度大。在上级主管部门和各级领导关怀指导下，项目管理团队和各参建单位通过技术创新和管理创新攻坚克难，在品质工程、绿色公路和平安工地建设方面取得显著成绩，在项目策划、工程技术和管理模式等方面取得一系列创新性成果。及时对这些成果进行梳理总结，有助于推动交通运输行业绿色高质量发展。

广东云茂高速公路有限公司特组织编写这套丛书，主要包括《山区高速公路建设项目策划指南》《云茂高速公路品质工程建设管理与实践》《云茂高速公路施工安全管控与实践》《云茂高速公路绿色建造技术与实践》《云茂高速公路边坡建设技术与实践》《云茂高速公路钢板组合梁桥建造技术与实践》《隧道围岩高压旋喷地表加固技术与实践》《公路那些事儿》共 8 分册，希望对从事高速公路设计、施工、检测和建设管理的同行提供参考借鉴。其中，《公路那些事儿》作为科普读物，对非交通专业人员，特别是中学生了解公路交通行业具有较高的科普价值。

“广东云茂高速公路项目创新成果系列丛书”
编审委员会

《云茂高速公路钢板组合梁桥建造技术与实践》编审委员会

乘着土木工程领域大力发展装配式建筑的东风，无论是外部形势压力还是内部进步需求，都迫切要求我们行业优化产业结构、开展产业升级。近年来装配式混凝土桥梁、钢混组合桥梁，以及配套的智能化、自动化技术都取得了长足的进步。“十四五”甚至将建筑能效提升、绿色建筑和装配式建筑发展等列为阶段重点开发方向。

广东省作为中国第一经济大省，近年来伴随着经济发展的二次提速，交通流量及重载增长显著，对基建设施有着极为强烈的需求，探索性能更优、绿色环保、更为适用的基建设施，具有现实意义。

钢混组合桥梁充分发挥了两种材料的性能优势，又可拆散为两类、多种构件，在工厂化整为零地开展制作，组装灵活度高，对建造环境的适应性极强。虽然多个省（区、市）都对钢混组合桥梁开展了研究及应用，但仍有较大的潜力可控。钢板组合梁由工字型钢梁和混凝土桥面板组合形成，是组合钢结构体系中材料指标最低、使用最广泛的结构，采用先预制、后拼装的施工工艺。

钢板组合梁桥是针对目前传统公路桥梁在建设、管理、工效、环保、集约方面的缺陷和不足而提出的一种新型结构体系，具有质量耐久、构造简单、制造方便等特点。钢板组合梁桥在安徽、江苏、陕西等地已成功运用，但在广东高速公路建设领域，该项技术基本处于空白状态。

广东省积极贯彻落实《关于推进公路钢结构桥梁建设的指导意见》（国办发〔2016〕71 号），通过编制标准图，鼓励建造技术创新，推进钢混组合梁的应用。为促公路建设转型升级，广东省交通集团有限公司的云茂（云浮罗定—茂名信宜）高速公路项目，在广东省高速公路首次试点应用两座钢板组合梁桥。大桥设计过程中引入独创的理解，以高标准优化桥梁构造，并创新地将全寿命周期纳入考虑，采纳高性能混凝土及耐候钢材料，探索了多种架设安装工艺。

通过对关键技术研究及应用，取得了丰硕的成果，成功实现标准化设计、工厂化预制、装配化施工，研究编制了符合广东高速公路实情的钢板组合梁桥建设标准图，有效提升公路桥梁的建设品质，促进公路建设转型升级，提质增效，也为进一步推广起到了积极示范作用。

一线技术人员对云茂高速公路钢板组合梁桥建设经验深入总结，编写本书并正式出版，可以为当前交通建设的高质量发展提供技术支持，也可以为实际生产提供技术指导。用好此书并启发创新，对于谋求行业发展进步，意义深远。

全国工程勘察设计大师

2021 年 6 月

FOREWORD | 前 言

钢混组合梁是一种工业化建造集成度较高的桥梁形式,近年来,伴随着材料科技进步与机械装备的发展,工厂生产与现场安装技术日趋成熟,成为极具竞争力的桥梁结构形式。广东省地处东南沿海地区,有着平原、丘陵等种类多样的地形地貌,且受海洋复杂气候的影响,对钢混组合梁的建造提出了诸多要求。基于广东云浮罗定至茂名信宜(粤桂界)高速公路高台大桥、老屋村大桥的工程背景,综合安全、经济、耐久论证钢板组合梁的应用优势,开展关键构造参数设计、耐久性提升技术的适应性优化,建立施工与监控技术体系,创新长效设计、智能检测方法,编制具有推广应用价值的标准(参考)图。本书对钢板组合梁实施经验及科技创新成果进行了全面系统的总结。本书结构体系如下:

第 1 章,介绍背景项目及技术概况等,由韩富庆、蔡敏、宋军、张小龙等人编写;

第 2 章,介绍钢板组合梁桥的设计与创新,包括桥梁选型、参数设计、性能分析以及耐久性提升技术等,由代希华、娄健、万志勇、邱体军等人编写;

第 3 章,介绍了钢板组合梁桥生产与安装技术,包括钢板梁的制造、桥面板的预制,钢板梁的顶推安装、架桥机安装两类典型工艺,以及桥面板的安装工艺,由代希华、韩富庆、马增琦、霍凯荣等人编写;

第 4 章,介绍了钢板组合梁桥质量检测与施工控制技术,主要包括关键指标的检测标准、检测方法与检测结果等,以及线形与应力的监测方法及成果检验,由韩富庆、郭国和、黄锡明,曾雄鹰等人编写;

第 5 章,汇编了钢板组合梁桥科研创新工作,包括桥面板负弯矩区耐久性提升技术的探索、三维激光扫描智能量测技术以及钢板梁桥通用图编制，由娄健、郭国和、谭巨良、吴勇生等人编写；

第6章，对主要技术进行总结，展望技术发展方向，由娄健、王伟力、徐德志、杨洋等人编写。

全书由宋军统稿，娄健校核，石雪飞主审。

将桥梁构件工厂化生产，现场采用大型自动化设备安装，并集成自动化量测技术进行检验，是工业化建造技术发展趋势，通过对云茂高速公路应用实践进行全面总结，助推此类桥梁在交通行业的推广应用与技术发展。诸如对广东省建造条件的分析考虑，以及采用耐候钢及STC覆面的耐久性提升技术等，具有一定的探索性质，仍有较大的改进空间，供读者参考借鉴。

由于编者水平有限，不足之处在所难免，谨请读者批评指正。如有修改意见和建议，请反馈至电子邮箱(553006079@qq.com)，以便再版时修订完善。

作　者

2021年6月

目录

CONTENTS

CHAPTER 1 第1章

概述

1.1 应用背景

随着钢铁产能的提高和钢结构桥梁建设技术的进步，我国已经具备推广钢结构以及钢混组合结构桥梁的物质基础和技术条件。2016 年，国务院办公厅下发《关于大力发展装配式建筑的指导意见》(国办发〔2016〕71 号)。意见指出“按照适用、经济、安全、绿色、美观的要求，推动建造方式创新，大力发展装配式混凝土建筑和钢结构建筑”，有利于节约资源能源、减少施工污染、提升劳动生产效率和质量安全水平，并推动化解过剩产能。

为进一步推进钢结构桥梁建设，我国交通运输部下发《关于推进公路钢结构桥梁建设的指导意见》(交公路发〔2016〕115 号)。意见指出，应推动钢箱梁、钢桁梁、钢混组合梁等公路钢结构桥梁建设，提升公路桥梁品质，发挥钢结构桥梁性能优势，助推公路建设转型升级。意见明确，在新建大跨、特大跨径桥梁中将以钢结构为主，新改建其他桥梁时提高钢结构桥梁比例。

与政策呼应的是，我国在钢结构与钢混组合结构桥梁的应用与研究方面取得系列研究成果，并纳入行业标准《公路钢结构桥梁设计规范》(JTG D64—2015)、国家标准《钢-混凝土组合桥梁设计规范》(GB 50917—2013)中，为此类桥梁的推广奠定了坚实的技术基础。

为积极响应、贯彻落实国务院《关于大力发展装配化建筑的指导意见》、交通运输部《关于推进公路钢结构桥梁建设的指导意见》，由广东省交通运输厅牵头，广东省交通集团有限公司和广东省公路建设有限公司在广泛调研的基础上，在云茂高速公路项目试点应用 2 座钢板组合梁桥，分别是 TJ10 标高台大桥和 TJ14 标老屋村大桥(图 1.1、图 1.2)。

图 1.1　TJ10 标高台大桥建设中照片

图 1.2　TJ14 标老屋村大桥建设中照片

钢板组合梁桥是指将工字钢梁与混凝土桥面板通过剪力连接件连接成整体并考虑共同受力的桥梁结构形式;相较于不按组合结构设计的纯钢梁,组合梁可以有效减小结构高度、提高结构刚度、减小结构在活荷载下的挠度。通过抗剪连接件的连接作用,混凝土桥面板对钢梁受压翼缘起到约束作用,从而增强了钢梁的稳定性,有利于材料强度的充分发挥;相较于混凝土梁,上部结构自重减轻、地震作用减小,基础造价降低,便于工厂化生产与现场安装,质量高、施工速度快、施工费用低。

高台大桥和老屋村大桥作为首批试点项目,全面研究适应东南沿海地区的组合梁建造技术,积极探索工业化与自动化的建造技术,探索新型材料的全新应用,形成系列技术成果。包括预制桥面板双主梁钢板组合梁的标准化设计,顶推施工和架桥机等多样的安装技术,超高韧性混凝土(STC)叠合板、免涂装耐候钢(CNH 型)等全新耐久性提升技术,三维激光扫描预拼装自动化检测技术等。这些技术解决了工程建设问题,而且也助推了钢板组合梁建造技术的发展。

随着我国交通行业生产效率的提高和可持续发展的需要,钢结构桥梁在我国的应用比例将会不断提升。钢混组合结构桥梁作为技术最为成熟的一种桥梁结构形式,兼具性能以及经济性优势,适应工业化与智能化建造的趋势,将会得到广泛的应用。试点项目创新相关技术,进一步论证了钢板组合梁的优势,完善了建造技术体系,为提升我国钢混组合结构桥梁的建造技术水平、保持我国钢混组合结构桥梁的国际领先地位提供助力或支撑条件。

1.2 国内外钢板组合梁桥发展情况

1.2.1 国外发展情况

20 世纪 60 年代是欧美各国和日本桥梁建设的黄金时期，组合结构以其整体受力的经济性，发挥两种材料各自优势的合理性以及便于施工的突出优点而得到了广泛的应用。国外先后建成了大量各种形式的组合结构桥梁，其中也包括大跨度斜拉桥所采用的组合桥面系统。梳理钢混组合梁发展，大致经历三个阶段：

1）初步发展阶段

加拿大的 Macking 于 20 世纪 20 年代首次对 T 形简支钢混组合梁进行试验研究；1926 年 J. Kahn 获得组合梁构件的专利权；至 1930 年组合梁结构体系取得了一些试验成功，并建立了组合梁弹性理论的计算方法。然而 1930 年以前的钢桥都是按照各种构件单独起作用的原则进行设计，即桥面板只作为一种局部传力构件，在设计时并未考虑其与组成桥面系统的共同作用。

2）推广应用阶段

20 世纪 30 年代末，英国、法国、德国、瑞典等国家也对组合梁进行了试验研究，并首次尝试用机械剪力连接件。随后，制定了有关组合梁的设计规范或规程，美国颁布于 1944 年，德国颁布于 1945 年。各国应用和研究组合梁起步都是从桥梁结构开始的。在此阶段，组合梁的设计理论也逐步完善，大致在 20 世纪 60 年代以前，基本上按弹性理论进行分析，60 年代以后逐步转为按塑性理论分析。

该阶段国外建设了大量的组合梁桥，如苏联于 1944 年建成了第一座组合梁公路桥，瑞典于 1955 年建成跨径为 182m 的斯曹松特桥，德国于 1956 年建成跨径为 58.8m 的比歇瑙尔桥，日本分别于 1960 年和 1975 年建成跨径为 128m 的腾獭桥和跨径为 83m 的大阪大和桥，英国于 1964 年建成跨径为 152m 的新港桥，美国分别于 1971 年、1976 年、1984 年、1988 年建成了跨径为 137m 的锡悟特港桥、跨径为 54m 的萨克拉门托河桥、跨径为 274m 的昆西桥、跨径为 250m 的威顿桥等，均采用了钢混组合梁。

3）全面推广阶段

1960 年美国钢结构协会（ATSC）与钢筋混凝土协会就联合组成 AISC-ACI 组合梁联合委员会开展工作。日本建筑学会于 1970 年出版《压型钢板结构设计与施工规范及其说明》。1971 年成立由欧洲国际混凝土协会（CEB）、欧洲钢结构协会（ECS8）、国际预应力联合会(FIP)及国际桥梁与结构工程协会(IABSE)共同组成的组合结构委员会,并于1981年发布了《组合结构》规范,为组合结构的发展及应用作了肯定的总结并展示了新的发展方向。

随后各国先后编制的规范中,也对钢混组合梁进行了充分的规定,如英国BS5400标准、德国DIN标准、美国AASHTO规范以及日本《混凝土组合结构设计规范》等,进一步促进了组合结构桥梁的发展。

综上,钢混组合结构的应用与研究自20世纪50年代之后得到了迅速的发展,从20~25m跨径的中小跨径梁桥到跨径近千米的斜拉桥,都有组合结构的应用。调研资料显示,法国20世纪80年代以来建造的公路桥梁以钢混组合桥梁为主,其中最有竞争力的跨径范围为60~80m,甚至可达110m,以这个跨径范围建设的桥梁有85%是组合结构桥梁。

钢板组合梁是一种钢材用量得到有效控制的组合结构,在中小跨度桥梁中具有较强的竞争力。国外对于钢板组合梁桥已经有较多的应用:法国建造了世界上最多的双工字钢梁组合梁桥;新西兰经过多年的工程实践也发布了工字梁组合梁桥设计指南,建议采用双工字或多工字钢梁组合梁;德国主要采用多工字钢梁;日本则是采用双工字钢梁组合梁较多的国家;美国建造了大量的工字梁组合梁桥。国外钢板组合梁桥主要应用形式如图1.3所示。

图1.3　国外钢板组合梁桥主要应用形式

1.2.2 国内发展情况

20 世纪 50 年代，我国从苏联引入组合结构概念。20 世纪 60 年代初，国内已将钢混组合梁应用于桥梁中，如在京广线信阳站在跨越十字江采用了 32m 跨径的简支组合板梁桥，在山西阳泉建成一座跨径为 48m 的简支组合板桥。但由于钢材匮乏，组合结构桥梁的应用受到限制。

1978 年以来，郑州工学院、哈尔滨建筑工程学院、山西省电力勘测设计院、华北电力设计院和清华大学等单位曾先后对钢混组合梁开展了研究和应用，取得了一系列具有重要理论意义和实用价值的成果。改革开放以来，上海在学习发达国家的斜拉桥新技术中引进了组合桥面斜拉桥的新形式，率先设计建造了上海南浦大桥和杨浦大桥，使得组合结构逐渐为中国桥梁工程师所认识。

1993 年建成的北京国贸桥，三个主跨采用了钢混叠合板连续组合梁，当时叠合板组合梁在国内城市立交桥中的应用尚属首次，比原现浇桥面板方案节省近 4000m^2 的高空支模工序和模板，减小现场湿作业量，缩短工期近一半，未中断下部交通，比钢筋混凝土梁桥自重减轻约 50%，比钢桥节省钢材 30% 左右。

2008 年建设的上海—成都高速公路湖北省宜昌—巴东段兴山互通上的 C 匝道桥(图 1.4)，平面位于 R =57.25m 的曲线上，桥面宽度为 10.0m，最大墩高 55.8m，采用了三主梁体系钢板组合梁，为该类结构在山区高墩小半径曲线条件下的桥梁设计和施工提供了借鉴。

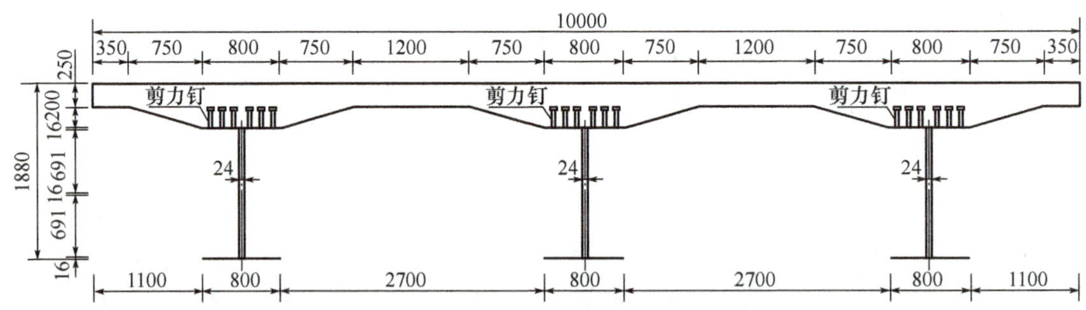

图 1.4 宜昌—巴东段兴山互通 C 匝道桥(尺寸单位：mm)

随着我国道路等级的不断提高和建设规模的扩大，在桥型不断多样化、结构不断轻型化的背景和需求下，传统的桥梁结构形式在许多情况下已经不能满足设计、建造和使用的要求。钢混组合桥梁由于兼有钢桥和混凝土桥的优点，适合我国基本建设的国情，近 20 年来已得到迅速发展。

2013 年，安徽济祁高速公路(图 1.5)首次在国内大规模应用了双工字梁钢板组合梁，其钢横梁与桥面板之间连接，属于支撑体系钢板组合梁；随后，在安徽省北沿江高速公路也有大量应用，构造进一步优化，钢横梁与桥面板不再连接，属于非支撑体系钢板组合梁。云南泸弥高速公路（图 1.6）也于 2019 年建成了多座钢板组合梁桥，主要采用了三主梁的非支撑体系钢板组合梁。

图 1.5 安徽济祁高速公路

图 1.6 云南泸弥高速公路

近年来，钢混组合梁桥由于建设速度快、外观较优，在城市高架桥中得以推广应用。如 2020 年通车的湖南长沙湘府路高架桥（图 1.7），采用了无加劲肋的钢板组合梁。由于桥面较宽，桥梁设计为多工字钢主梁体系，提前在工厂内组装两个工字钢与其上桥面板，形成“π”形，提高施工的稳定性。

图 1.7 湖南长沙湘府路高架桥

2020年建成的浙江省鄞州至玉环公路椒江洪家至温岭城东段公路工程钢板梁桥(图1.8),单幅采用四片工字钢主梁,逐跨吊装钢梁。与其他项目钢梁焊接连接不同的是,本项目钢梁分段加工后,采用栓接连接。

图1.8　浙江鄞州至玉环公路高架桥

截至2020年,钢板组合梁已在11个省(区、市)超过26个项目上开展了应用,实践表明,钢板组合梁桥技术成熟,在建造速度、综合造价、耐久与美观等方面表现出强大的竞争力。伴随着我国工业生产效率的提高以及可持续发展的需求日趋迫切,钢混组合结构桥梁在我国中小跨度的公路桥、铁路桥以及城市桥梁中将会得到持续广泛的应用。

1.3　项目概况及关键技术创新

1.3.1　项目概况

依托云茂高速公路试点项目开展东南地区高速公路钢板组合梁桥建造技术的探索与总结。云茂高速公路为广东省高速公路网规划的“48联”,广东省“十三五”规划的重要项目,跨云浮、茂名两市3个县、区,12个乡镇,东部起点位于云浮罗定境内,与罗阳高速公路相接。路线总长129.8km,按照双向四车道的标准设计建造,设计速度100km,工期为2016年12月—2021年6月。建成后直接连接佛山、广州等珠三角地区,穿过包茂高速公路后向高州市荷花镇延伸至粤桂省(区)界,向西对接广西壮族自治区规划的浦北至北流(清湾)高速公路,是广东省高速公路网规划的“九纵线”罗阳高速公路与“十纵线”包茂国家高速公路的联络线,也是粤西新增的一条出省通道。

云茂高速公路是广东省委、省政府关于加快县域经济发展、加快山区发展、促进粤东西北地区发展、推动产业和劳动力“双转移”等重要部署的项目,是贯通粤西北地区与珠三角地区的一条重要经济干线,对提高区域发展平衡性和协调性、加快推动乡村振兴具有重要发展战略意义。

钢混组合梁试点桥梁中，高台大桥由广东省交通规划设计研究院股份有限公司设计，由中交第二公路工程局有限公司承建，全长 680m，分孔布置 17×40m；老屋村大桥由安徽省交通规划设计研究总院股份有限公司设计，由广东冠粤路桥有限公司承建，桥梁全长 440m，分孔布置 11×40m。

采用双工字梁钢板组合梁，单幅组合梁桥面宽 12.5m，左右幅中间设置 50cm 宽分隔带，双幅全宽 25.5m，上部结构梁高均为 2.7m（其中钢板梁高 2.2m，桥面板厚 0.4m，铺装层厚 0.1m）。桥面板宽 12.3m，纵向上分 2.5m、3.0m、3.2m 三种规格预制，高台大桥共计 407 块，老屋村大桥共计 264 块。

1.3.2 关键技术创新

虽然钢板组合梁结构体系比较成熟，但不同建设条件的建设需求不同，钢板组合梁的适应性与优化有待解决。另外，桥梁建造不仅集中在设计层面，更要关注设计施工一体化、建管养统筹全面考虑，解决快速高质量建造以及长效耐久方面的问题。同时，需要紧跟桥梁工业化建造新技术发展的趋势，对自动化生产、量测关键技术进行突破。基于云茂高速公路试点桥梁的技术创新探索结论，本书聚焦如下关键问题，对技术成果进行全面总结。

1）钢板组合梁桥设计

在广泛调研的基础上，针对东南沿海地区的建造环境特点开展钢板组合梁桥设计。设计将包含选型、参数化设计以及标准化设计三个环节。以选型研究充分论证钢板组合梁桥的适应性，提出性能需求；通过参数化设计形成合理结构体系与合理局部构造；通过标准化设计形成可推广的设计技术成果。

2）钢板组合梁桥工业化建造

为充分发挥钢板组合梁桥的性能优势，提升施工安全、质量与效率，开展工业化建造成套技术的开发工作。两座大桥采用工厂化制造，为便于现场组拼分段加工，根据桥梁安装环境差异，分别采用顶推安装和架桥机安装两种工艺。通过充分总结施工工艺选型、关键技术要点、质量通病处治技术等，为此类桥梁施工提供多套质量可控、安全、经济的可选技术。

3）钢板组合梁精细化质量管控

钢板组合梁在我国的应用时间仍然偏短，相关质量控制与检验体系尚不健全。采取可靠的质量管控策略，可以起到保障结构性能、降低运营风险的作用。主要针对钢梁结构的受力与耐久关键性能，开展原材质量、焊缝质量、防腐涂装等检测，提出相应的检测指标、检测方法与评价标准，供此类桥梁质量管控体系的建立提供参考。

4)钢板组合梁桥施工控制

钢板组合梁具有轻柔的特点,钢梁和混凝土桥面板的分步实施以及顶推或者架桥机的作业方式,都会影响到阶段受力及最终变形。如何通过对施工过程的控制,在建成时得到预先设计的内力状态和几何线形,是此类桥梁施工的关键技术问题。通过开展全过程的施工控制工作,对结构受力与变形进行研判,并辅以过程中的密切观测、分析、修正,保障桥梁的建造安全与整体性能。

5)钢板组合梁桥新材料与新技术

基于东南沿海地区、公路建设条件对高耐久性的需求,开展超高韧性混凝土(STC)叠合板在负弯矩区的应用研究、免涂装耐候钢(CNH 型)在工字钢中的应用研究,大幅度提升混凝土桥面板以及钢梁的长效耐久,开展面向工业化的三维激光扫描检验技术研究,提高检测的精度与效率。开创性的创新与应用,符合现有技术发展方向,可以为行业技术的发展提供助力。

CHAPTER 2 第2章

钢板组合梁桥设计

2.1 概述

组合梁桥采用剪力连接件将钢主梁和混凝土桥面板结合成组合截面共同工作，具有较高的性能优势。当钢主梁采用工字形截面时为钢板组合梁，跨径范围可达30～130m，总长从几十米至上千米，桥宽最大可以达到20m左右。钢板组合梁具有对环境影响小、工期短、造价低的优点，同时充分发挥钢、混凝土各自的性能，目前在国内外市政、公路工程中大量使用。

钢梁、桥面板由工厂制造，现场分步拼装，质量可控。拼装时，先将钢梁架设就位，再安装桥面板。桥梁结构轻，降低了对运输、吊装设备的要求，桥面板以钢梁为支撑平台进行安装，工期短，减少施工期间对道路的占用，缩短封闭施工的时间，极大降低工地扬尘污染，减小噪声。随着钢材价格持续走低，人工、砂石料价格不断上涨，组合梁经济性愈加显著。

钢板组合梁桥的设计包括桥梁选型、总体布置、参数设计三个重要环节。东南地区由于兼具海洋环境与山区环境的特点，钢板组合梁的适用性有待论证，其性能需求有待进一步明确，总体布置应兼顾可施工性与经济性，标准化设计需充分结合当前国内外研究现状与应用情况，基于精细化的分析，选型合理尺寸、优化合理构造。本章总结云茂高速公路在高台大桥与老屋村大桥试点的钢板组合梁桥设计关键技术，为同类建造环境提供参考借鉴，推动行业设计技术的完善。

2.2 桥梁选型与总体布置

2.2.1 建造环境分析

自1989年起，广东省即成为我国第一经济大省，经济总量约占全国的1/8，达到中上等收入国家水平、中等发达国家水平，经济综合竞争力居全国第一。近年来，广东珠三角九座城市联手港澳，打造粤港澳大湾区，将使其成为与纽约湾区、旧金山湾区、东京湾区并肩的世界四大湾区之一。所建云茂高速公路将连接佛山、广州等珠三角地区，向西对接广西壮族自治区，同时也是广东省内罗阳高速公路与包茂国家高速公路的联络线，对于粤西地区以及广西的经济发展有着十分重要的战略意义。

云茂高速公路的运营对交通基础设施提出了严格的建设要求。一方面，交通基础设施将承担繁重的交通任务,满足货物及人员的来往需求;另一方面,交通基础设施应具备长效性能,能够持续服务区域经济发展。

项目地处粤西,地形以山地丘陵、台地、平原为主。云茂高速公路中间大部分线路穿越山地丘陵,高丘陵海拔 250 ~ 450m,低丘陵海拔 100 ~ 250m。低丘陵坡度平缓,多为 15° ~20°。云茂高速公路所处走廊带狭窄,沿线“三区一园”密布,自然保护区、生态严控区叠交,山高谷深、地形陡峭,对选线限制大,设计难度较高。

桥隧比高,施工安全、质量面临空前压力。越岭段桥隧比 66.64% ,设多座隧道和高墩高架桥梁,桥梁最大墩高达 98m,拟建高台大桥以及老屋村大桥,桥面距离自然地面的最大高差在 40 ~90m 之间,下部结构的物料成本较高,上部结构施工措施成本以及安全管控成本较高,施工安全、质量面临很大挑战。

丘陵地区为运输带来较大的困难。施工便道受山谷及桥隧隔断,工点分散,材料与桥梁构件运输困难,且线位远离既有道路,施工组织难以全面铺开,施工难度大,总体造价控制难度较大。

丘陵高起伏的环境也为桥梁运营期间的检测与维护带来了较大难度,登高设施及检修平台设置困难,采用桥检车也存在行车不便、检测效率低、成本偏高的问题。项目地区兼具沿海环境特征,距离东部海域最小直线距离仅约 100km,桥梁选型、建设以及运营都需要考虑到氯离子侵蚀的不利影响。在建设初期即采取可靠的技术措施,提升桥梁的耐久性,能够降低管养成本,保障桥梁长效运营,有着切实的经济效益。

建设环境分析表明,应设计合理的桥梁方案并采取可靠的技术措施,保障桥梁的力学性能,提升桥梁的耐久性能。所选桥型应具有成熟的施工技术支撑,以适应低丘陵地区的建造条件制约,并具有充分的经济性优势。

2.2.2 桥型选择

国内外实践表明,山地丘陵地区长联桥的下部结构多采用现浇墩身,上部结构多采用装配式简支 T 梁,经济跨径多选 40 ~60m。

下部结构现场浇筑工艺机动灵活,对运输条件要求较低,对现场复杂环境的适应性强,且整体性较好,高墩情况下的稳定以及抗震性能较佳,是山地丘陵地区主要采用的工艺形式。试点项目中也选择此工艺形式进行建造。

装配式梁可经由道路运输或由已经架设桥梁运输,其中简支 T 梁通过将桥梁横向分为多片,相较于节段梁或者小箱梁,减轻了单次的安装重量,降低了安装的难度,在东部山地、西南山区应用较广。T 梁运输与安装图如图 2.1 所示。

图 2.1　T 梁运输与安装

随着钢板组合梁技术不断完善，其在山地丘陵地区的竞争优势逐渐显现，主要体现在：①钢板组合梁自重减轻，只有传统 T 梁桥的 60%，极大地减少了下部结构的建造成本；②钢梁进一步拆分，单节运输尺寸小、重量轻，无论是道路运输或由已经架设桥梁运输，难度大大降低；③钢梁与混凝土桥面板拆分加工或预制，单次起重重量进一步降低，安装设备轻量化，安装成本进一步降低；④安装工艺多样，可选吊装、顶推或架桥机安装，适应不同的地形地势环境，安装更为灵活。钢板组合梁安装如图 2.2 所示。

图 2.2　钢板组合梁安装

对试点项目分别设计 40m 孔跨的钢板组合梁方案与 T 梁方案，开展技术优势、经济性优势的对比论证。

1）钢板组合梁

单幅采用双主梁体系，钢主梁高 2.2m，重 80t/跨；全宽预制桥面板，厚 0.4 ~ 0.26m，重 30.4t/块，桥面板横向湿接缝宽 50cm；采用群钉剪力键将主梁与桥面板连接共同受力。面层采用 11cm 厚沥青混凝土，见图 2.3。

2）T 梁

单幅横向布置 5 片，梁高 2.5m，单片梁重 130t。纵向湿接缝宽 78.5cm，桥面铺设 10cm 整体化现浇层，面层采用 11cm 厚沥青混凝土，见图 2.4。

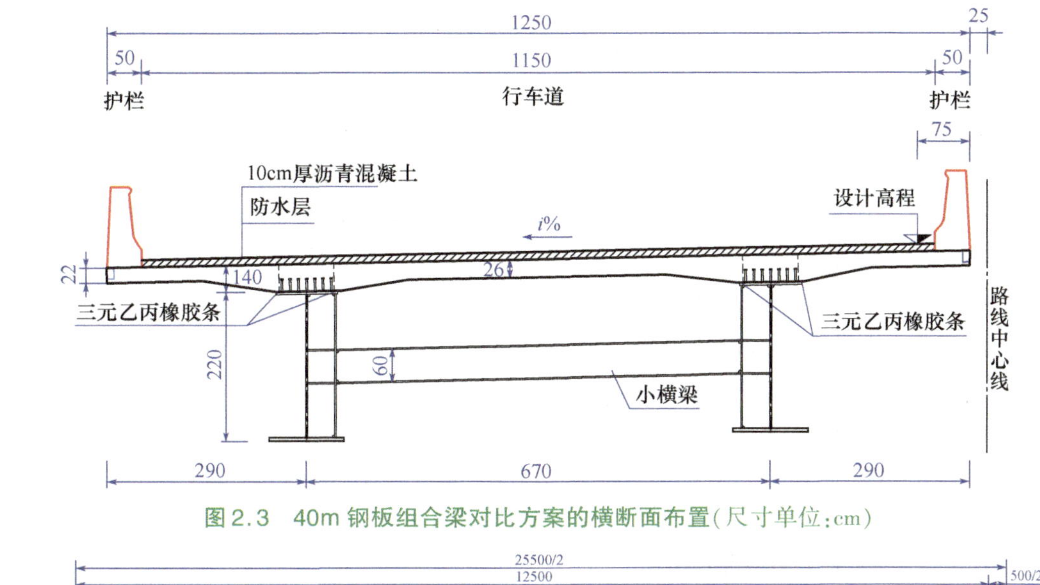

图2.3　40m钢板组合梁对比方案的横断面布置(尺寸单位:cm)

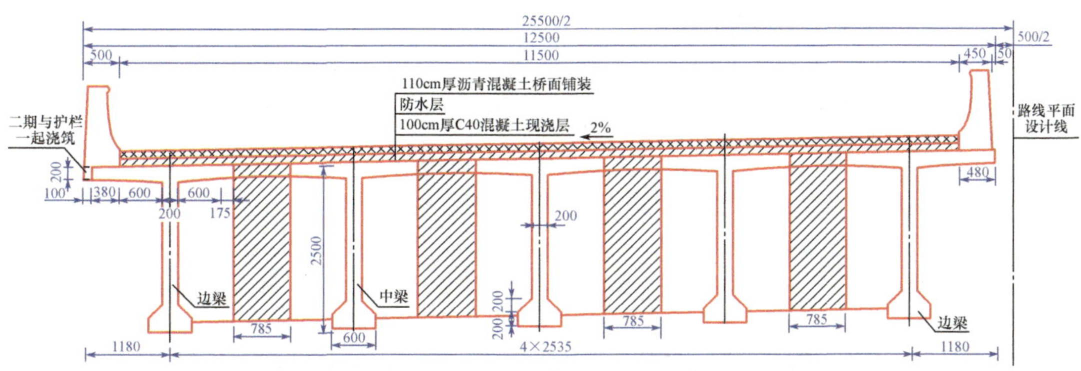

图2.4　40m T梁对比方案的横断面布置(尺寸单位:mm)

对比结构尺寸与自重:钢板组合梁总高度为2.72m,T梁总高度为2.71m,两者基本相当;上部结构自重,钢板组合梁桥计13.45kN/m²,T梁桥计23.38kN/m²,钢板组合梁桥仅为T梁桥的58%,为节约下部结构提供了条件,见表2.1。

钢板组合梁与T梁桥上部结构的对比　　表2.1

项　目	部　位	40m钢板组合梁	40m T梁
高度(m)	铺装+现浇层	0.11	0.21
	梁高	2.61	2.5
	总高度	2.72	2.71
自重(kN/m^2)	沥青混凝土	2.75	2.75
	现浇层	—	2.6
	T梁	—	16.12
	桥面板	7.8	—
	钢梁	1.7	—
	自重合计	13.45	23.38

开展下部结构的试设计,钢板组合梁桥墩高2.5m,下设承台接2根ϕ2m桩基础,T梁桥墩高2.8m,下设承台接4根ϕ1.6m桩基础,见图2.5、图2.6。

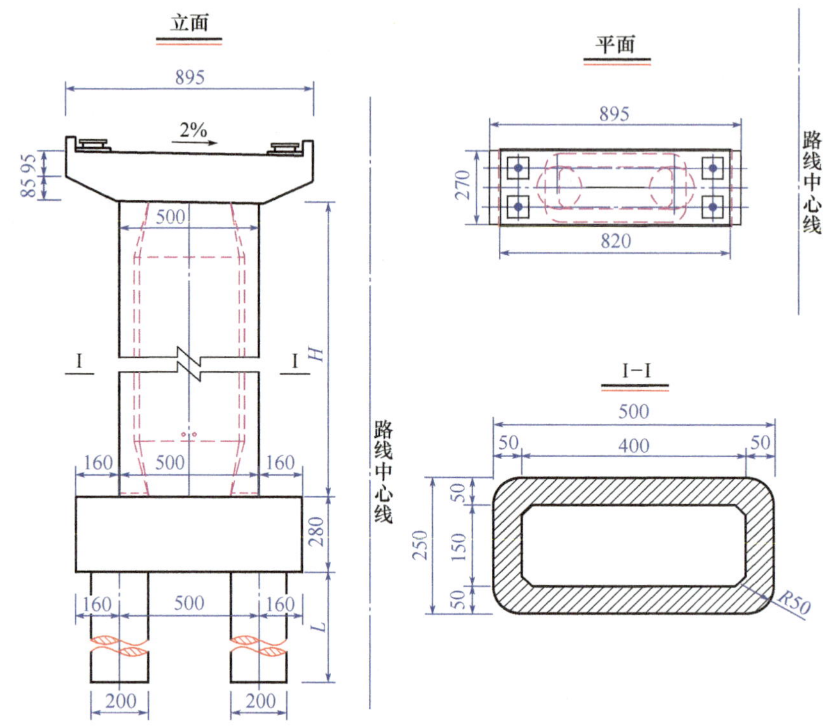

图 2.5　钢板组合梁桥下部结构设计(尺寸单位:cm)

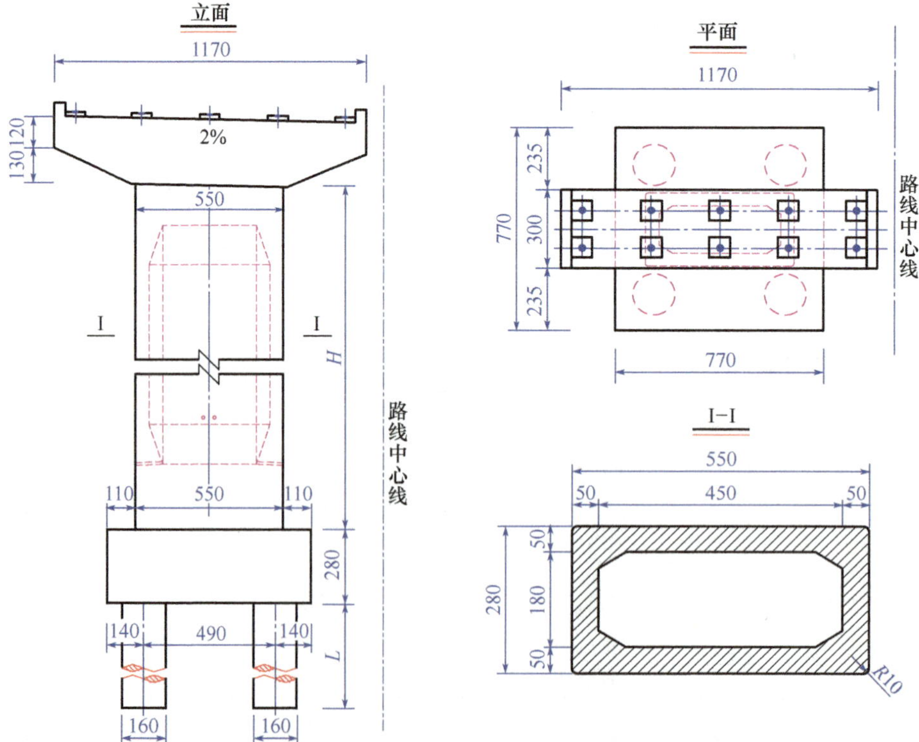

图 2.6　T 梁桥下部结构设计(尺寸单位:cm)

钢板组合梁桥与T梁桥的盖梁、桥墩、承台、桩基尺寸及工程量对比见表2.2，下部结构各分项结构的工程量节约在13% ~70%之间，具有显著的经济效益。

钢板组合梁桥与T梁桥下部结构的对比　　表2.2

项　　目	尺寸说明	钢板组合梁桥(m)	T梁桥(m)	钢板组合梁桥相较于T梁桥材料用量
盖梁	长×宽×高	8.95×2.7×1.8	11.7×3×2.5	-50.0%
桥墩	长×宽×壁厚	5.0×2.5×0.5	5.5×2.8×0.5	-13.0%
承台	长×宽×高	7.2×2.7×2.5	7.7×7.7×2.8	-70.0%
桩基	—	2根ϕ2.0m，长47m	4根ϕ1.6m，长42m	-13.0%

单片T梁重130t，且无法分段，需采用大吨位、超长的运梁车进行整梁运输；此处最大墩高普遍为30~80m，需采用大吨位的架桥机，吊装过程荷载大、风险高，是下部结构的主要控制因素，施工成本较高。

钢板组合梁的单跨钢梁重80t，钢梁可分3~4段运输吊装，单块桥面板重30.4t，钢板组合梁方案单件吊装运输重量最大为T梁的60%。因此，可采用小型吊装运输设备，小型设备机动灵活，对高墩和地形复杂区域较T梁有更强的适应性。

从生产加工的角度进行分析，钢梁为工厂标准化生产，桥面板构造简单，不需内模，采用工厂化预制，质量容易控制。钢板组合梁设计、生产、安装标准化，科学化管理、机械化施工，施工环境好，便于质量控制和管理，质量能得到保证，较传统T梁也有较大的优势。

从安装工期角度进行分析，钢板组合梁单孔安装时间为5d，混凝土T梁单孔安装时间为7d，综合工期可减少28.5%，见表2.3。

钢板组合梁与T梁桥工期对比(单孔)　　表2.3

序　　号	钢板组合梁		T梁	
	工序	持续时间(d)	工序	持续时间(d)
1	架桥机过孔就位	1	架桥机过孔就位	1
2	钢梁安装	2	T梁安装	2
3	桥面板安装	2	横梁浇筑	4
4	合计	5	合计	7

从全寿命周期成本方面考虑，钢板组合梁桥建设成本总体上增加500元/m^2，但养护费用(含回收节约费用)下降200元/m^2，总体成本相差不大。

环境保护方面，钢板组合梁符合桥梁工业化设计原则，工厂预制为主，现场施工为辅，工地现场粉尘量大大减少，噪声污染小，污水排放少，环境破坏小，资源利用率高。钢板组合梁大幅度减少了对混凝土的使用,由于混凝土的主要原料是砂石,就地开采砂石对环境造成严重破坏并污染大气,减少砂石用量有利于环境保护。根据调研,钢结构碳排放较混凝土结构下降 7kg/(m^2 · a),能耗下降 18 万 kJ/m^2,绿色环保性能较佳。

对于现状交通的影响方面,钢板组合梁桥方案施工时间短,运输设备小,对现场交通干扰小,基本不影响被交道路通行,通行断面压缩较小,被交道路占用时间大大缩短,具有显著的保通优势。

通过对比钢板组合梁桥和 T 梁桥的成本、施工便利性、工期、环境保护、交通影响等,钢板组合梁桥在该项目中具有更高的适应性,为本项目的优选桥型,适应东南沿海地区的地理环境与交通环境。

2.2.3　结构选型

钢板组合梁结构体系有多方面的选择,梳理国内外在结构、构造及施工方式上的差异,选型面临的主要问题及解决方案详述如下:

(1)工字钢梁的少主梁体系与多主梁体系

早期钢板组合梁桥采用多主梁体系,纵梁之间设置多道横梁、水平及竖向横撑,在腹板上焊接许多纵横向加劲肋。构件种类繁多,会使钢材用量增加,经济性变差。焊接等连接的工作量大,也使得加工成本提高,工期变长。根据调研总结,多主梁结构钢板梁用钢量指标约是 5.5 倍跨径,比如 40m 跨径钢板梁用钢量约为 5.5 × 40 = 220(kg/m^2)。

多主梁体系目前仍有较多应用,一方面,由于主梁片数多,应对突发风险的能力较强,强健性较佳,另一方面,主梁高度得以降低,适用于对建筑高度有要求的场景,例如城市桥梁或穿越城市的公路桥梁。浙江鄞州至玉环公路椒江洪家至温岭城东段公路工程钢板梁桥,单幅采用 4 片工字钢主梁,长沙市湘府路快速化改造项目,全宽范围内 10 片工字钢主梁,都是对多主梁体系的应用。

少主梁体系起源于 20 世纪 80 年代,可以大幅减少横撑和腹板加劲肋,克服多主梁体系的缺点,桥面板通过引入预应力技术,提高承载与耐久性能。少主梁结构钢板组合梁用钢量较多主梁体系下降 10%,指标约是 5 倍跨径,如 40m 跨径钢板梁用钢量约是 5 × 40 = 200(kg/m^2)。多主梁体系向少主梁体系的演变如图 2.7 所示。

云茂高速公路为典型公路工程,无建筑高度限制要求,但受运输条件限制,且高空作业风险程度高,宜选择构件相对较少、便于实施且经济性较好的结构形式。钢结构桥梁涂装寿命有限,全寿命周期中需要开展 4 ~ 5 次的涂装更换,多主梁体系的总表面积大,也无疑增大了高速公路的养护难度,故选用少主梁体系。

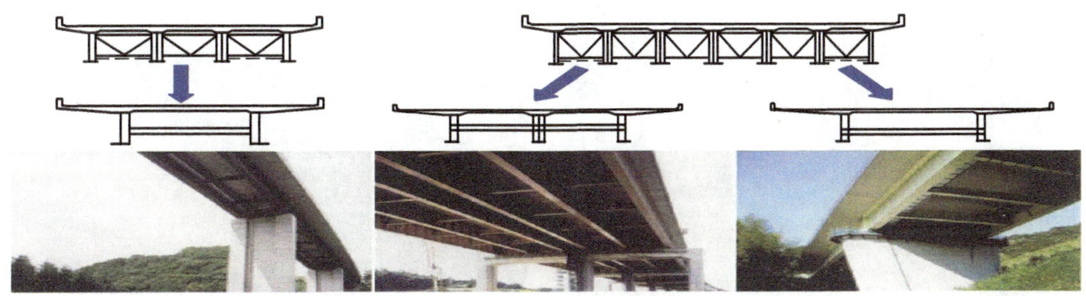

图 2.7　多主梁体系向少主梁体系的演变

(2)工字钢梁的焊接连接与栓接连接

钢主梁分段之间、钢主梁与钢横梁之间需开展现场连接工作,常规存在焊接与栓接两种连接形式,如图 2.8 所示。焊接是一种适应性较强的连接形式,施工便利程度较高,且成本可控;栓接形式是出于控制焊接质量风险提出的,抗疲劳性能好,常用于大桥或特大桥工程的关键节点连接,但用钢量明显增加,物料成本较高。

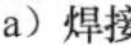

a) 焊接

b) 栓接

图 2.8　钢梁连接形式现场照片

调研表明,大多数钢板组合梁采用了焊接,仅浙江台州路泽太高架快速路连续钢板组合梁采用了栓接方式。云茂高速公路出于成本与效率控制,选用焊接。

(3)钢横梁支承桥面板与不支承桥面板

横梁非支承,桥面板架于钢梁之上,横梁在高度上居中布置,仅连接钢梁,与桥面板无接触;横梁支承,桥面板架于钢梁与横梁之上,横梁在高度上居上布置,不仅连接横梁,还设置剪力钉与桥面板连接。横梁布置形式现场照片如图 2.9 所示。

横梁非支承情况下,桥面板全宽预制,预制构件的数量可控。桥面板与桥面板之间设一

a）横梁非支承

b）横梁支承

图2.9　横梁布置形式现场照片

道湿接缝进行连接，桥面板预留剪力钉预留槽口，浇筑作业量小。横梁支承情况下，桥面板受力减小，性能提升，但由于纵、横双向切缝断开，预制数量翻倍，且浇筑作业量非常大。

工程实践中横梁支承形式应用较少，目前主流采用预制、安装便利的非支撑体系。云茂高速公路同样选择横梁非支撑体系。

(4)桥面板预制与桥面板现浇

桥面板预制：桥面板通过工厂化预制，桥面板之间采用湿接缝连接，桥面板与钢梁之间采用预留槽口布设剪力键连接。桥面板现浇：设置移动模架，现浇桥面板，桥面板与钢梁之间采用均匀布置的剪力键连接。

预制桥面板适用于大规模生产，施工效率高，但湿接缝较多降低整体性，且湿接缝钢筋构造复杂，增加钢筋用量。桥面板现浇在国外大量采用，但国内尚处于起步阶段，缺少相应的设备与经验。现浇桥面板整体性好，对抗震有利，也适用于运输条件较差的情况，但由于浇筑后需要等待混凝土强度增长，施工周期较长。桥面板施工方式现场照片如图2.10所示。

a）桥面板预制

b）桥面板现浇

图2.10　桥面板施工方式现场照片

考虑到现浇桥面板不具备成熟技术,高空作业风险程度高,且现浇需要养护,受浇筑天气影响大,为了技术可控、质量可控、提高施工效率,云茂高速公路采用桥面板预制的构造方式(图2.11)。

图2.11　云茂高速公路钢板组合梁三维视图

2.2.4　总体布置

云茂高速公路试点项目高台大桥与老屋村大桥桥位地处低缓丘陵,跨越丘陵间谷地,沿丘陵坡脚展布,地势起伏较大。综合上部与下部结构的经济性,选择40m标准分孔跨径的钢板组合梁桥,根据所跨越地形特征规划总体布置。

1)高台大桥

高台大桥桥梁总长680m,左幅桥跨组合为4×40m+4×40m+3×40m+3×40m+3×40m,5联17跨,右幅桥跨组合为4×40m+4×40m+3×40m+4×40m,4联15跨,如图2.12所示。

下部结构采用柱式墩、空心薄壁墩、柱式台。高台大桥位于由正反两段圆曲线及缓和曲线组合而成的“S”形平面曲线上,平面正曲线半径为1400m,反曲线半径为2000m,全桥纵坡为2.5%。

2)老屋村大桥

老屋村大桥桥梁全长448m。左右幅桥跨布置均为4×40 m +4×40 m +3×40m,3联11跨,如图2.13所示。

下部结构采用柱式墩、柱式台。老屋村大桥平面位于R=1316.085m的右偏圆曲线上。纵断面位于R=21000m的竖曲线上。

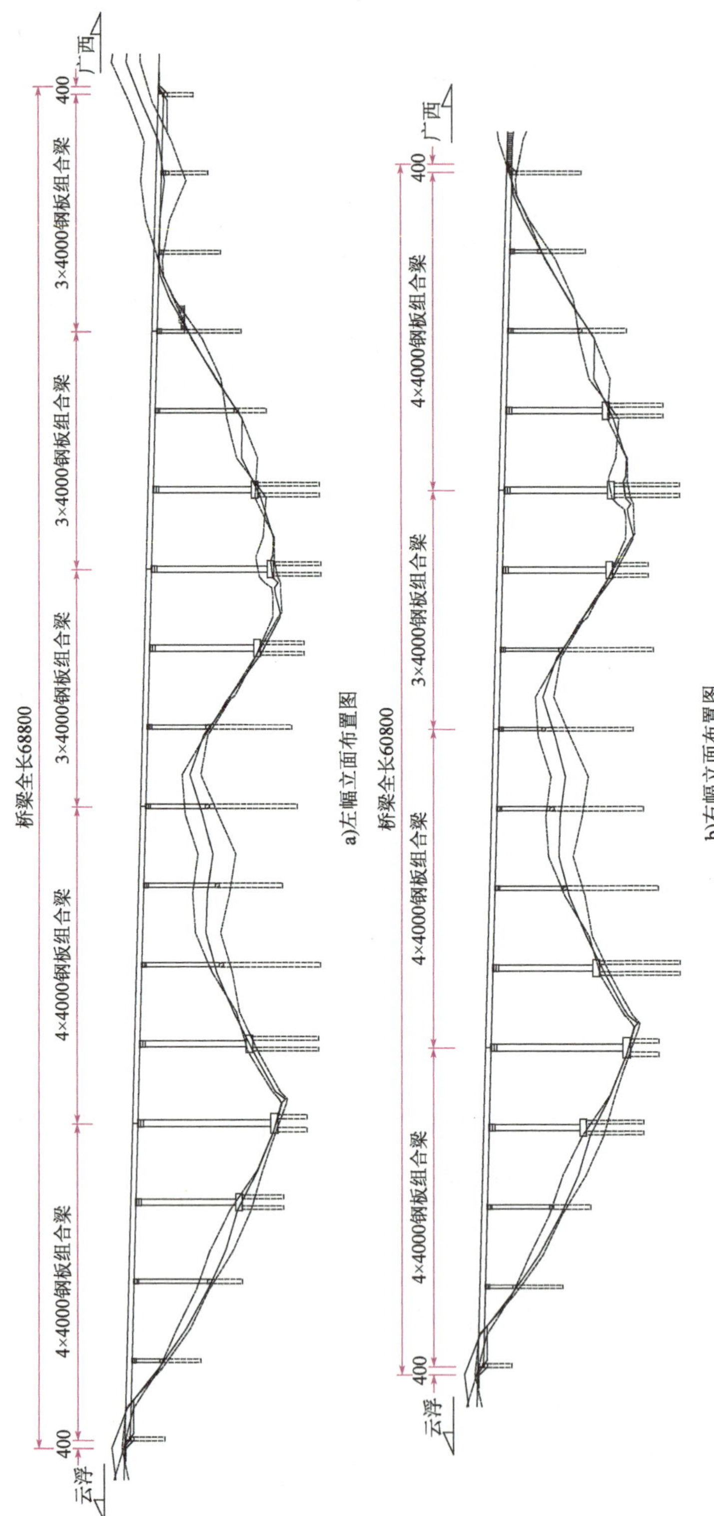

图2.12　高台大桥立面布置图（尺寸单位：cm）

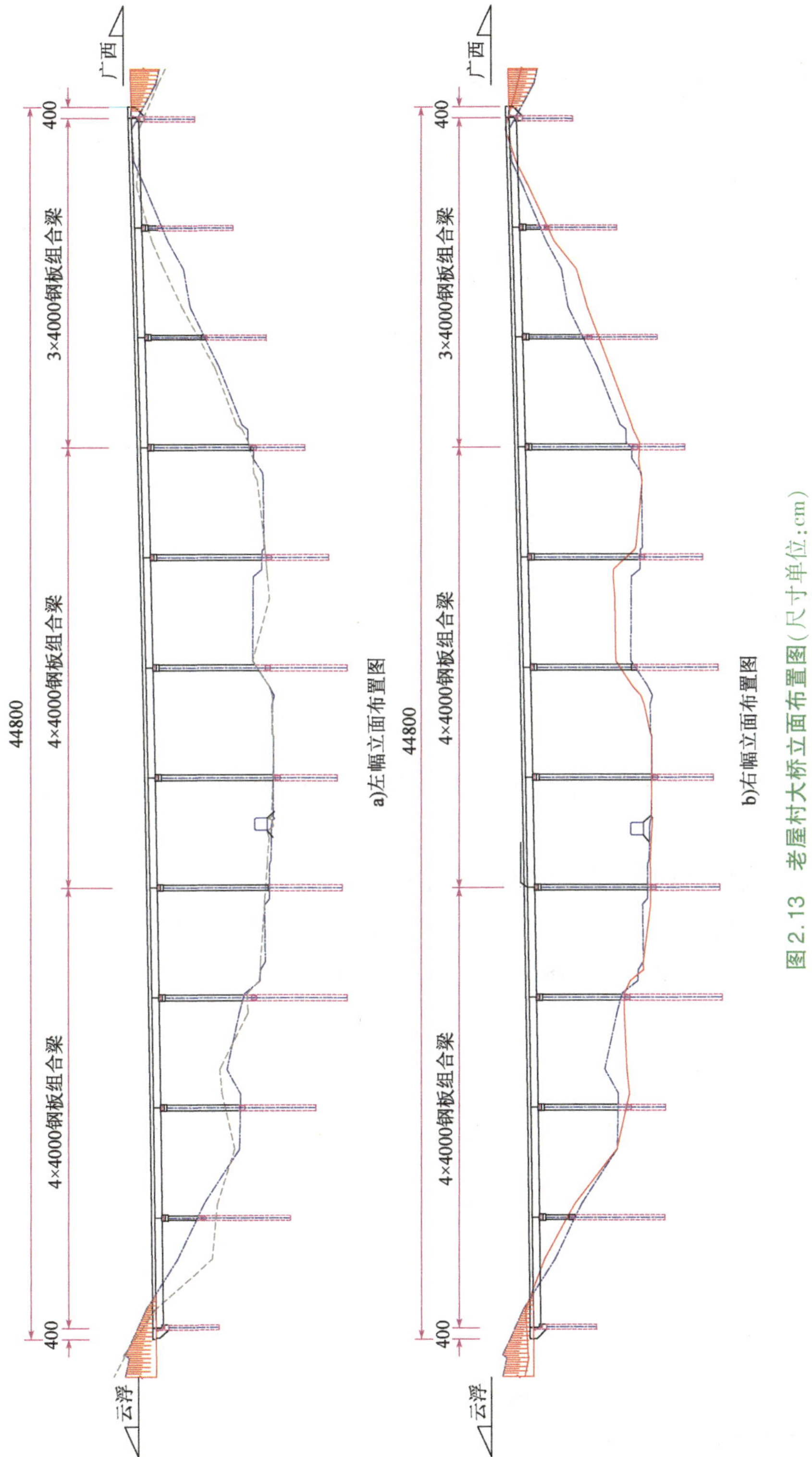

图 2.13 老屋村大桥立面布置图(尺寸单位:cm)

2.3 钢板组合梁参数设计

钢板组合梁设计过程中需要考虑主梁梁高与间距(数量)、钢梁翼缘尺寸、腹板与加劲肋板厚、横梁尺寸与间距、桥面板尺寸与构造等,采用板壳单元与实体单元相结合的精细化分析手段,对总体参数变化的影响进行分析,选择合理参数。

2.3.1 设计标准

1)技术标准

按现有规范制定设计标准,结构设计基准期取用100年,设计环境类别Ⅰ类,设计安全等级一级,设计速度100km/h。桥梁设计荷载为公路—Ⅰ级,并根据广东省的车流情况采取地方的车辆荷载模式,以公路—Ⅰ级荷载为基础,适当考虑大比例重载交通的影响。

2)荷载标准

(1)永久作用

按规范与一般技术条件取用,考虑重力荷载与二期荷载,不均匀沉降10mm。

(2)可变作用

①整体升降温,按照当地气候条件,升温27℃,降温24℃。

②梯度升降温,按照《公路桥涵设计通用规范》(JTG D60—2015),桥面铺装采用10cm沥青混凝土,梯度升温14°,梯度降温-7°,如图2.14所示。

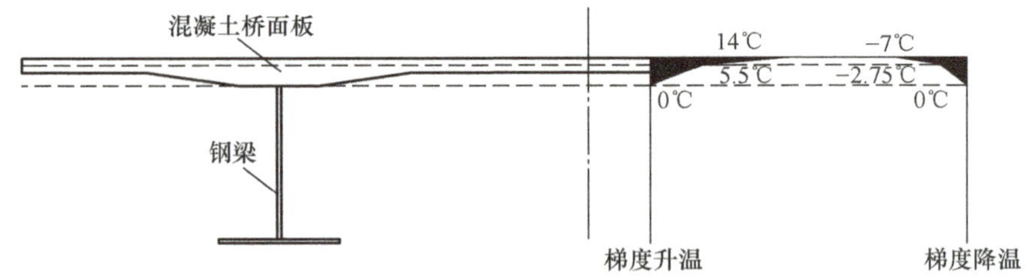

图2.14 梯度升降温

③汽车荷载。针对广东省内高速公路运营阶段的车辆超载问题,本次钢板梁结构设计采用公路—Ⅰ级车道荷载模式,并乘以汽车荷载效应修正系数ζ_q。车道荷载均布荷载标准值取10.5kN/m,集中荷载标准值P_k取值见表2.4,汽车荷载效应修正系数$\zeta_q=1.843$。

集中荷载 P_k 取值　　表 2.4

计算跨径 L_0(m)	$L_0 \leq 5$	$5 < L_0 \leq 50$	$L_0 \geq 50$
P_k(kN)	270	$2 \times (L_0 + 130)$	360

横桥向布置多车道汽车荷载时,应考虑汽车荷载的折减,横向各车道的车道加载系数和多车道折减系数应符合表 2.5 的规定,多车道布载的荷载效应不得小于两车道最不利布载的荷载效应。

多车道车道加载系数和折减系数　　表 2.5

加载车道数	车道加载系数 γ_i			倾覆弯矩效应折减系数 η_i	剪力效应折减系数 η_i
	车道 1γ_1	车道 2γ_2	车道 3γ_3		
单车道加载	1.00	—	—	1.00	1.00
两车道加载	2.00	1.00	—	1.00	0.71
三车道加载	1.00	1.00	1.00	0.95	0.55

汽车荷载纵向整体冲击系数 μ 按照结构基频进行计算。通过分析,结构基频 $f =$ 3.34Hz,冲击系数 $\mu = 0.197$。

3)计算模型

钢板组合梁共有两种建模手段:一种是空间精细化模型,钢结构以板壳单元建模,桥面板以实体单元建模,板壳与实体单元之间节点进行耦合;另一种是梁单元模型,钢梁和混凝土桥面板均采用梁单元建模(或考虑为联合截面)。双梁模型中,梁单元之间采用钢臂或弹性连接进行耦合。如图 2.15 所示。

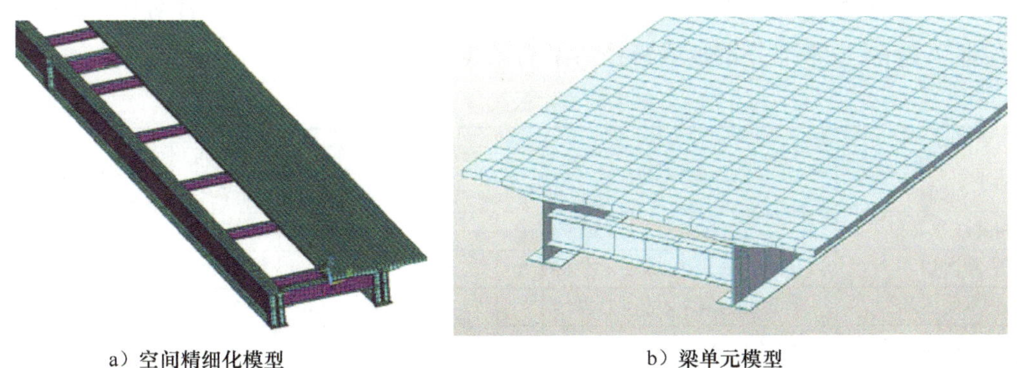

a)空间精细化模型　　b)梁单元模型

图 2.15　有限元模型

采用两种建模手段同步分析,结果相互校核。计算中,应考虑墩顶负弯矩混凝土拉裂失效的情况,仅计入内部钢筋的刚度作用。

2.3.2 钢主梁梁高及间距

主梁高度是钢板组合梁桥最为重要的设计参数，对桥梁的强度、刚度等主要性能起决定作用。国内外设计指南均基于实践经验对梁高参数的取值进行了建议，其中中国《组合结构桥梁》及欧洲 *Steel-Concrete Composite Bridges Sustainable Design Guide* 中对梁高尺寸建议的高跨比及计算公式汇总如表 2.6 所示。

梁高建议尺寸及计算公式汇总　　表 2.6

参考内容	梁高
《组合结构桥梁》	高跨比 1/20 ~ 1/18
Steel-Concrete Composite Bridges Sustainable Design Guide	$\max\left[\frac{X}{28}\left(\frac{L_T}{12}\right)^{0.45}, 0.40+\frac{X}{35}\right]$ （注：X 为跨径，L_T 为桥面宽度）

通过上表可以看出，对于双钢板组合梁高跨比这一最重要的设计参数，中国设计指南主要考虑了跨径这一因素，而欧洲设计指南则针对双主梁钢板组合梁桥考虑了跨径和桥面板宽度这两个因素。

经过相关计算，在一般 3 ~ 4 车道的 10 ~ 15m 的桥面宽度下，只有当跨径大于 50m 时桥面宽度的因素才会影响高跨比，且影响并不十分显著；对于 50m 以下的跨径，其高跨比仍然由跨径决定。当取桥面宽度为 13m 左右、跨径范围在 30 ~ 50m 时，根据欧洲设计指南的规定，其高跨比为 1/27 ~ 1/23。日本双主梁钢板组合梁钢梁高 h 为 $L/20$ ~ $L/14$。

综合比较中外设计指南对于梁高的取值建议，在 30 ~ 50m 的中等跨径范围内，其高跨比范围在 1/27 ~ 1/16 之间。本项目钢板组合梁标准跨径为 40m，经过综合对比，主梁梁高取 $1/18L$，即 2.2m。日本部分钢板梁跨径与梁高见表 2.7。

日本部分钢板梁跨径与梁高　　表 2.7

桥名	跨径（m）	最大跨度（m）	桥宽（m）	钢梁高（m）	高跨比	用钢量（kg/m^2）
祖父江北高架	36.2 + 2 × 46 + 52 + 4 × 50 + 46.1	52	11.8	2.7	1/19	182
新湊川	34 + 35 + 3 × 51.7 + 2 × 55 + 37.9	55	14	2.9	1/18	191
本驹桥	43.7 + 5 × 53 + 43.7	53	10.15	2.9	1/18	271
新木场地区海侧高架	46.2 + 2 × 47 + 48 + 55 + 44.2	55	9.75	2.9	1/18	192
中落堀高架	4 × 35 + 40 + 2 × 35 + 37.5 + 37	40	11.4	2.5	1/16	145

主梁间距是钢板组合梁设计中的一个重要参数，不同的主梁间距对结构的受力性能，尤其是桥面板的横向受力性能影响很大。当主梁间距过大时，桥面板横向跨度较大，在车辆荷载作用下桥面板中心横向正弯矩较大，会导致该位置处的预应力储备较少，甚至出现拉应力

或开裂现象；主梁间距过小时，桥面板的悬臂板长度较长，在横向车辆荷载作用下，钢主梁上缘混凝土横向负弯矩较大，致使该处预应力储备较小，甚至出现破坏现象。过大或过小的主梁间距均会对桥面板受力性能产生不利的影响，因此，确定合理的主梁间距对于钢板组合梁桥的设计来说具有重要意义。

对于组合梁主梁间距的大小并没有明确的规定，主梁间距的设计主要是考虑桥面宽度的大小，在规定的桥面宽度范围内，保证两个关键截面(桥面板横向跨中位置和钢主梁上部桥面板位置)存在一定的压力储备。

欧洲 *Steel-Concrete Composite Bridges Sustainable Design Guide* 针对双主梁钢板组合梁桥的双主梁间距建议如下：对于带有钢承托的钢板组合梁桥，$L_A \approx 0.55L_T$，即约取桥面板宽度的0.55倍；对于不带钢承托的钢板组合梁桥，$L_B = L_T - 4\text{m}$。

由此可见，对于带有悬臂支承结构的双主梁桥，主梁间距主要由桥面板的支承跨度决定，一般主梁间距取0.55倍桥面宽度最为合理；而对不带悬臂支承结构的双主梁桥，双主梁间距则由桥面板总宽度和悬臂部分长度决定。横梁支承体系双主梁钢板组合梁桥截面如图2.16所示。本项目钢板组合梁主梁间距为6.7m，悬臂长度为2.9m。

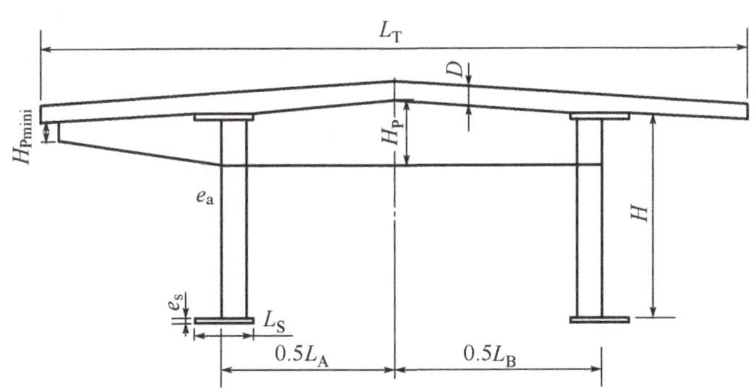

图2.16 横梁支承体系双主梁钢板组合梁桥截面

2.3.3 钢主梁翼缘板

翼缘板是主梁抗弯受力的关键部件，其主要尺寸由应力控制的翼缘面积和屈曲稳定控制的翼缘宽厚比两个部分构成。现有的相关设计规范及设计指南对主梁翼缘板的相关规定大多参照钢板梁桥得出，并非完全针对钢板组合梁桥。对于钢板组合梁桥来说，其与钢板梁桥最大的不同点在于运营阶段混凝土与上翼缘板紧密结合，在混凝土板的限制作用下翼缘板基本不会出现屈曲现象；但由于混凝土板的作用，钢板组合梁的上翼缘通常较下翼缘较薄，且施工阶段非组合梁状态的上翼缘板会受到比较大的压应力，因此上翼缘板施工阶段的屈曲稳定性能仍值得关注。

表2.8为各个规范及设计指南对于翼缘板设计参数的建议尺寸。可以发现,除满足强度条件外,从稳定性的角度出发,各规范都对翼缘板的自由肢宽厚比进行了规定。日本《道路桥示方书》区分了受压及受拉翼缘,对于受压翼缘,在Q345D钢材的条件下,建议宽厚比控制在12.6之内,而受拉翼缘则统一规定为宽厚比限制在16之内;美国AASHTO规范未区分受拉翼缘及受压翼缘,建议翼缘板的宽厚比控制在12~13;中国公路钢桥规范在Q345D钢材的条件下,规定翼缘板宽厚比的限制值在12.4以内。可见,为了保证上翼缘板在施工阶段的屈曲稳定性能,各设计规范对于钢板组合梁受压翼缘板的宽厚比限值较为接近,均为12左右。

翼缘厚度建议尺寸　　表2.8

参考内容	参考计算及尺寸
《公路钢结构桥梁设计规范》(JTG D64—2015)	当强度和稳定计算中取 $\gamma=1.0$ 时,b/t 可放宽至15 $\sqrt{235/f_y}$ (t 为翼缘板厚,b 为翼缘板自由外伸宽度)
《钢-混凝土组合桥梁设计规范》(GB 50917—2013)	翼板厚度≥16mm;上翼缘宽度≥250mm,≤24倍板厚
Steel-Concrete Composite Bridges Sustainable Design Guide	下翼缘宽度 $0.25+\frac{L_T}{40}+\frac{X}{125}$ 上翼缘宽度:两车道桥:下翼缘宽度-100m;四车道桥:下翼缘宽度-200mm (注:X 为跨径,L_T 为桥面宽度)
AASHTO	对受拉及受压翼缘都应满足长细比要求, $\frac{b_f}{t_f}\leqslant 12$ (t_f 为翼缘板厚,b_f 为翼缘板自由外伸宽度)
《道路桥示方书》	受压侧翼缘宽厚比限制与钢材强度有关,对于抗拉强度400MPa的钢材,$\frac{b_f}{t_f}\leqslant 12.6$; 受拉侧翼缘宽厚比则统一规定为 $\frac{b_f}{t_f}\leqslant 16$ (t_f 为翼缘板厚,b_f 为翼缘板自由外伸宽度)

对于施工阶段上翼缘应力不超过材料设计强度的65%,并且有足够的剪力连接件与桥面板连接时,上翼缘的自由伸出肢宽与厚度之比的最大限值可以放宽到15左右;为了防止受拉翼板在制作、运输、安装过程中可能出现的局部失稳,受拉翼缘的伸出肢宽不应大于其厚度的16倍。为了提高材料的利用效率,防止翼缘达到屈服后腹板承担过大的弯矩,翼板

厚度不小于腹板厚度的1.1倍。工字形钢梁的受压翼缘应该有足够的宽度,确保钢板梁不致产生整体弯扭失稳。

采用有限元分析方法,保持主梁截面刚度不变(保持腹板及上、下翼缘板的面积相同),调整翼缘板宽厚比分别为8、10、12、14、16、18,计算该桥的弹性稳定系数。由于混凝土桥面板的可靠支撑作用,主梁翼缘板不会发生失稳破坏,因此仅对组合梁桥非组合阶段的弹性稳定系数进行比较。组合梁桥非组合阶段的弹性稳定系数随翼缘板宽厚比变化如图2.17所示。

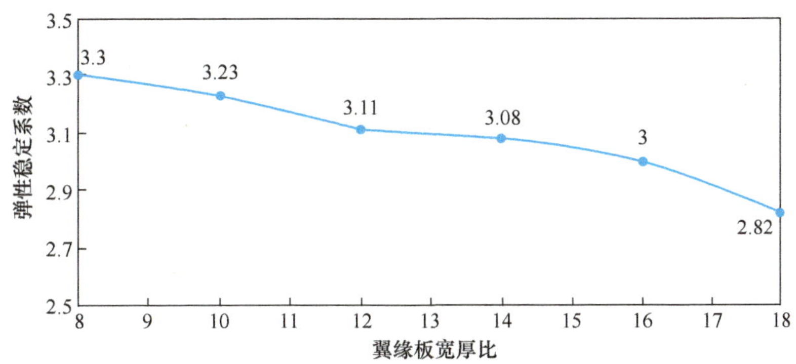

图2.17 组合梁桥非组合阶段弹性稳定系数随翼缘板宽厚比变化

随着翼缘板宽厚比增大,组合梁桥非组合阶段的弹性稳定系数逐渐降低,翼缘板宽厚比从8增加到18,弹性稳定系数从3.30降低到2.82;翼缘板宽厚比小于12时,弹性稳定系数值较为合理,且随宽厚比变化缓慢,说明此时减小翼缘板宽厚比对提升整体稳定性并不敏感。

分析结果表明,受压翼缘板宽厚比小于12时,翼缘板稳定性能够得到较大保障,这与美国AASHTO规范及日本《道路桥示方书》所提出的建议一致。

考虑本项目钢板梁跨径较大,结合广东省高速公路的超载现象开展计算分析,得到最优翼缘尺寸,钢梁上翼缘宽度取900mm,下翼缘宽度取1300mm。

出于节约材料、最大化发挥材料性能的目的,根据弯矩的大小调整主梁截面,调整主梁截面的方法有改变梁高、板厚和翼缘板宽度。增加梁高是增大截面抗弯惯矩的最有效方法,在大中跨径混凝土桥梁中广泛应用。但是对于钢梁,由于变梁高的钢板梁制作、运输和安装麻烦,特别是顶推法施工时要求采用等梁高,因此,钢梁通常是采用改变翼缘板板厚和宽度的方法。

从减轻梁重的角度,截面变化多一些好,但是加工制作工作量大,而且对接焊缝多,对主梁受力不利。因此,截面变化的数量和位置的确定应该综合考虑主梁的弯矩变化大小、加工制作工作量和连接位置的受力等。当跨径较大、截面弯矩变化大时,截面变化的数量可以多一些。但是从加工制作的角度,同一截面的最小长度不宜太短。日本规范规定,同一截面的最小长度最好不小于3m。

从受力的角度，钢梁翼缘板截面变化数量和位置可以参考图2.18和表2.9。从加工制作的角度，截面变化位置应该尽可能设置在工地连接位置。

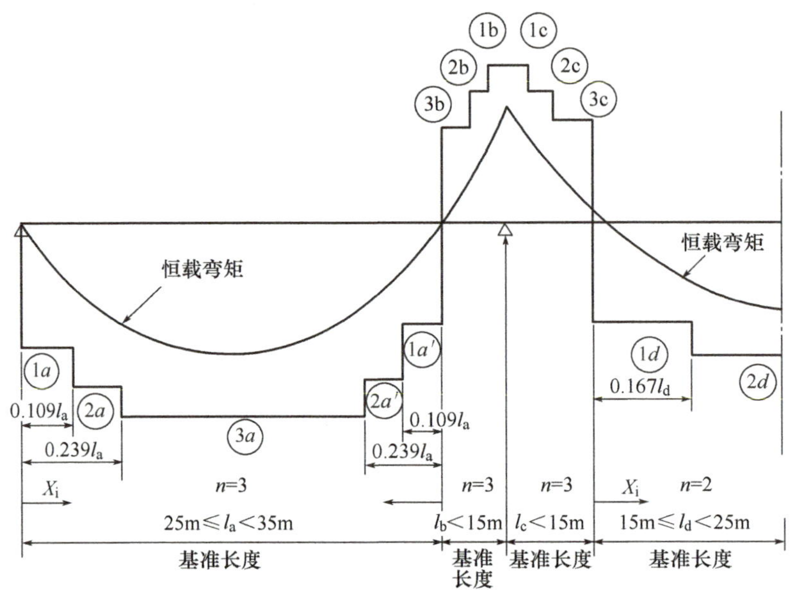

图2.18 钢梁截面变化数量和位置示意图

钢梁翼缘板截面变化数量和位置 表2.9

基准长度 l (m)	简支梁或连续梁正弯矩区段							连续梁负弯矩区段
	截面数量 n	X_1	X_2	X_3	X_4	X_5	X_6	截面数量 n
$l<15$	1~2	0.167l	—	—	—	—	—	2~3
$15\leq l<35$	2	0.167l	—	—	—	—	—	4
$35\leq l<45$	3	0.109l	0.239l	—	—	—	—	5
$45\leq l<55$	4	0.081l	0.172l	0.282l	—	—	—	—
$55\leq l<75$	5	0.065l	0.136l	0.215l	0.310l	—	—	—
$75\leq l<85$	6	0.054l	0.112l	0.175l	0.246l	0.330l	—	—
$85\leq l<95$	7	0.046l	0.096l	0.148l	0.205l	0.269l	0.346l	—

通过如上研究，边跨由A、B1、E、B、D五个节段组成，中跨由D、B、C、B、D1五个节段组成，见图2.19。各节段的钢板厚度见表2.10。

各节段钢板厚度 表2.10

梁段编号	A	B、B1	C	D	D1	E
上翼缘厚 t_1(mm)	20	28	28	40	32	28
腹板厚 t_f(mm)	24	20	20	28	28	20
下翼缘厚 t_2(mm)	36	36	28	54	44	44

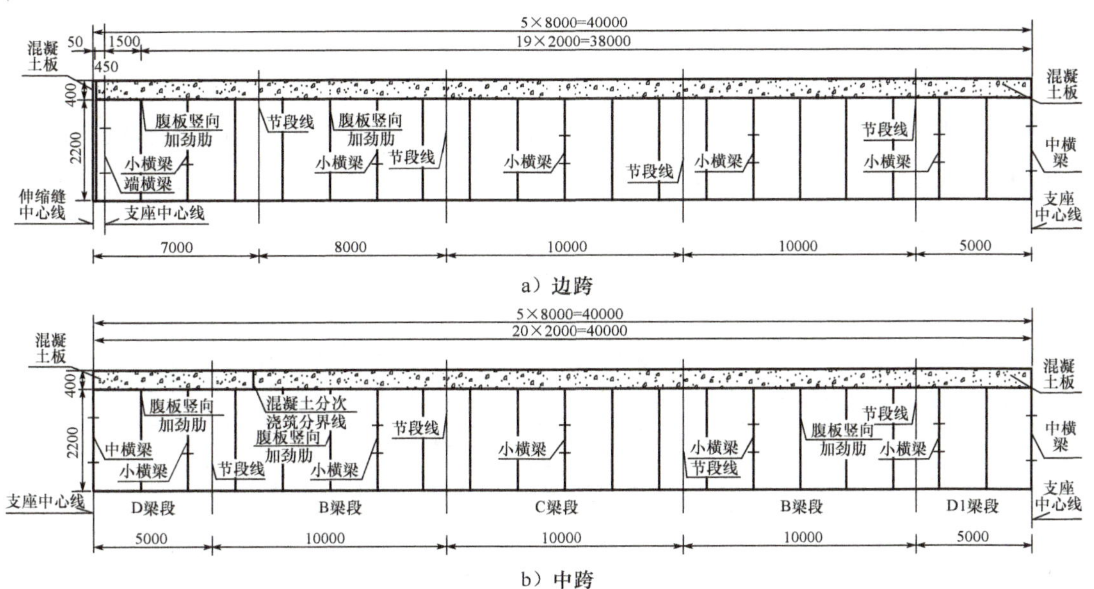

图 2.19 钢梁分段布置图（尺寸单位：mm）

2.3.4 钢主梁腹板与加劲肋

在弯矩和剪力作用下，腹板同时存在弯曲正应力 σ 和剪应力 τ。腹板不仅要满足强度要求，而且必须满足稳定的要求。表 2.11 列出了部分桥梁设计规范规定的钢梁桥腹板最小厚度要求，它与钢材的屈服强度和加劲肋的设置有关。表中适用于最大应力状态下，中性轴位于腹板中心附近的情况；当腹板的受压区高度小于受拉区高度时，表中的相关规定是偏于安全的。组合梁桥应力控制设计状态下，正弯矩区的腹板受压区高度往往远小于受拉区高度，该情况下可以适当放宽对纵向加劲肋的设置要求。负弯矩区的腹板受压区高度有可能大于受拉区高度，当受压区高度很大时，加劲肋应该适当加密。

横向和纵向加劲肋的设置与最大腹板高厚比　　表 2.11

规　范	钢 材 种 类	不设横向和纵向加劲肋	仅设横向加劲肋	设横向加劲肋和一段纵向加劲肋	设横向加劲肋和两段纵向加劲肋
《公路钢结构桥梁设计规范》（JTG D64—2015）	Q235	70	160	280	310
	Q345	60	140	240	310
《铁路桥梁与钢结构设计规范》（TB 10091—2017）	—	50	140	250	—
日本《道路桥示方书》	SS400，SM400	70	152	256	310
	SM490	60	130	220	310
	SM520，SM490Y	57	123	209	294
	SM570	50	110	118	262

结合中外桥梁设计经验及计算结果，并考虑本项目钢板梁跨径较大，钢主梁腹板厚度依据计算结果取值范围为 20～28mm。

采用有限元分析方法对高厚比进行验证，保持主梁截面刚度不变，调整腹板高厚比分别为 80、90、110、125、150，计算该桥的弹性稳定系数。不同腹板高厚比下组合梁桥的弹性稳定系数及失稳位置见表 2.12。

不同腹板高厚比下组合梁桥的弹性稳定系数及失稳位置　　表 2.12

腹板高厚比	腹板厚度(mm)	非组合阶段		组合阶段	
		弹性稳定系数	失稳位置	弹性稳定系数	失稳位置
80	22	4.97	翼缘板	5.97	腹板
90	20	3.5	翼缘板	3.7	腹板
110	16	3.11	腹板	3.0	腹板
125	14	2.54	腹板	2.0	腹板
150	12	1.5	腹板	1.2	腹板

随着腹板高厚比增大，组合梁桥的弹性稳定系数逐渐降低，且腹板高厚比小于 90 时，稳定系数变化较快；在非组合阶段，当腹板高厚比大于等于 110 左右时，即高厚比较大、翼缘板相对于腹板较薄时，失稳发生在腹板位置；而当腹板高厚比小于 110 时，失稳发生在翼缘板位置；在组合阶段，失稳均发生在腹板上，这是由于桥面板与钢梁上翼缘板的连接作用。

由以上分析可知，对于有极限承载力需求的桥梁，可采用小于 90 的腹板高厚比进行设计；腹板高厚比取 110～125 时，腹板的稳定性能有所保障，且能保证受压翼缘板不发生失稳。这一限值与美国 AASHTO 及日本道路桥示方书给出的建议也一致。因此，对于腹板及翼缘板的截面设计，国内桥梁可以参考这两种规范来进行设计。

本项目腹板厚度取 20～28mm，腹板高厚比在 70～100 之间，在跨中区域取用较小的高厚比，在四分点至支点取用较大的高厚比。为进一步提高腹板稳定性，布置腹板竖向加劲，见图 2.20。

为了确定腹板竖向加劲肋对钢-混组合梁桥整体稳定性能的影响，分别从竖向加劲肋的厚度和布置间距两个方面开展研究。

加劲肋是钢-混组合梁中的次要构件，相关规范对于其厚度并无直接规定。为了确定腹板加劲肋厚度对组合梁桥稳定性能的影响，分别调整加劲肋厚度为 8mm、10mm、12mm、14mm、16mm、20mm，计算组合梁桥的线弹性稳定系数。计算结果表明：组合梁桥在非组合阶段失稳模式均为跨中翼缘板屈曲，组合阶段失稳模式均为近支点处腹板屈曲，加劲厚度对稳定性的影响不大。

工程上一般从施工及焊接角度考虑，使加劲肋厚度与对应翼缘板及腹板相匹配，其厚度一般取 12～16mm。

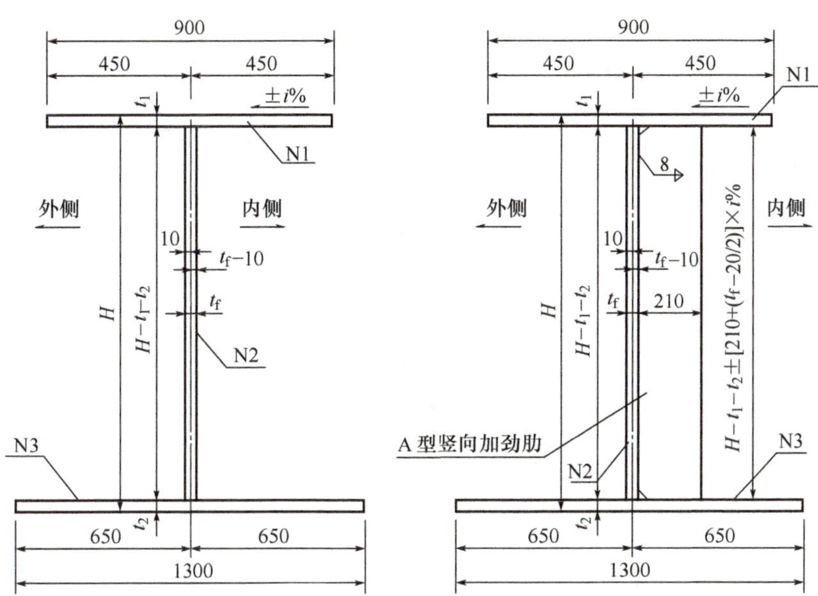

图 2.20　钢梁腹板增加加劲示意图(尺寸单位:mm)

参考相关规范对竖向加劲肋布置的说明,其关注参数为腹板的纵横比 α,即竖向加劲肋的间距 a 与上、下翼缘板间距 b 的比值。为了研究竖向加劲肋间距对钢混组合梁桥稳定性能的影响,保持其他参数不变,调整加劲肋的间距分别为 0.5m、1m、1.25m、2.5m、5m,计算组合梁桥的弹性稳定系数。组合梁桥的弹性稳定系数随加劲肋间距变化如图 2.21所示。

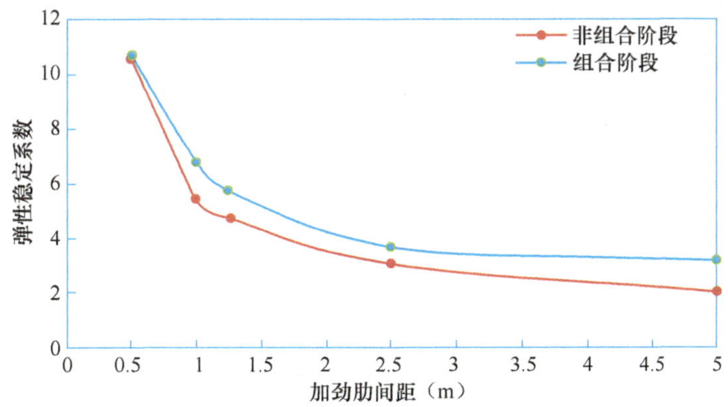

图 2.21　组合梁桥的弹性稳定系数随加劲肋间距变化情况

由图可知:组合梁桥的弹性稳定系数随加劲肋间距的增大而减小。加劲肋间距从 1m 降低至 0.5m,非组合阶段稳定系数由 5.2 提升至 10.6,组合阶段稳定系数由 6.8 提升至 10.7;加劲肋间距进一步增大时,此时两中横梁之间已经趋向于少加劲肋,甚至不设竖向加劲肋,其稳定系数降低并不明显,加劲肋间距由 2.5m 增加至 5m,非组合阶段稳定系数由 3.1 下降至2.0,组合阶段稳定系数由3.9下降至3.7。

因此,加劲肋的设置对结构的极限承载力有一定的影响,且随着加劲肋的密集设置,其极限承载力提升愈发显著。虽然加劲肋设置稀疏,对稳定性有一定削弱作用,但根据美国规范AASHTO中对一般钢混组合梁桥的加劲肋间距设置为2.5m可知,稀疏设置的加劲肋对稳定性有一定保障。本项目竖向加劲肋间距按2m间隔布置,见图2.22。

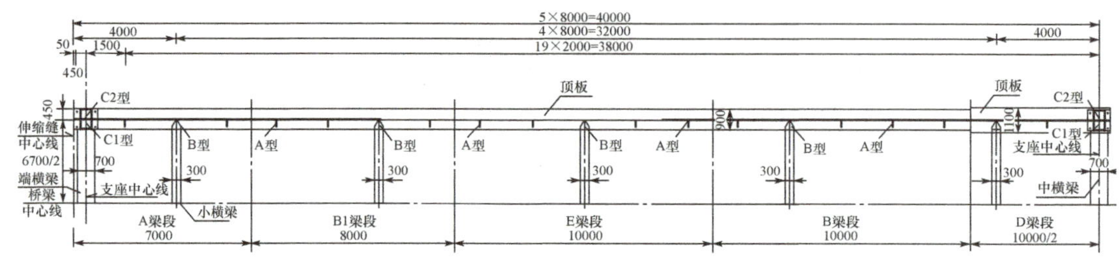

图2.22　竖向加劲肋布置间距(尺寸单位:mm)

在支承处及外力集中处应设置加劲肋或横隔板,承受支座反力或集中荷载的作用。工字形组合梁的支承加劲肋应成对设置。加劲肋与下翼缘板应该采用全熔透焊连接,加劲肋与腹板可以采用角焊缝连接。为了分散集中荷载作用和调整梁底的纵横坡度,支承处下翼缘设置支垫板。为了防止支垫板处的疲劳破坏,支垫板最好采用螺栓与下翼缘连接。

支承加劲肋由于集中荷载的作用,加劲肋与腹板的角焊缝焊脚高度可根据计算确定。直接承受集中力的翼缘板与加劲肋的连接应该采用全熔透焊,间接承受集中力的翼缘板与加劲肋的连接可以采用角焊缝。竖向劲肋和腹板焊接时,由于在腹板受拉区的贴角焊缝端部往往会引起疲劳破坏,所以焊缝应该在加劲肋切口处绕转一圈,不得间断。

支承加劲肋应满足下列要求:

$$\gamma_0 \frac{R_v}{A_s + B_{eb} t_w} \leqslant f_{cd}$$

$$\gamma_0 \frac{2R_v}{A_s + B_{ev} t_w} \leqslant f_d$$

式中:R_v——支座反力设计值;

A_s——支承加劲肋面积之和;

B_{eb}——腹板局部承压有效计算宽度,考虑支点板的45°扩散作用,

$$B_{eb} = B + 2(t_f + t_b)$$

t_w——腹板厚度;

其中,B——上支座宽度;

t_f——下翼缘厚度;

t_b——支座垫板厚度;

B_{ev}——如图 2.23 所示,按下式计算腹板有效宽度:

$$B_{ev} = (n_s - 1)b_s + 24t_w (b_s < 24t_w)$$

$$B_{ev} = 24n_s t_w (b_s \geqslant 24t_w)$$

其中,n_s——支承加劲肋对数;

b_s——支承加劲肋间距。

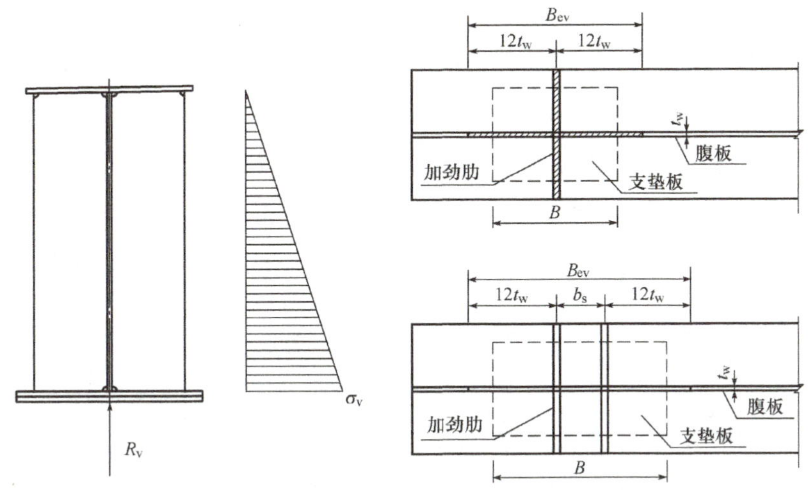

图 2.23　支承加劲肋的腹板有效计算宽度

2.3.5　钢横梁

由于钢板梁横向抗弯惯矩和抗扭惯矩很小,在面内弯矩、水平力和扭矩作用下,易产生弯扭失稳。因此,一般情况下,钢板梁单根主梁不能单独承担水平力和扭矩等,主梁与主梁间必须通过横梁联结共同受力。

横向联结系的作用是:①防止主梁侧倾失稳,能够起到荷载分配作用,使各主梁受力均匀,防止主梁间相对变形过大导致桥面板受力不利;②与主梁及纵向联结系构成空间桥架抵抗水平荷载;③桥梁安装架设时可用于主梁的定位;④抵抗桥梁的扭矩,将扭矩和水平力传递到支座上;⑤能够桥面板端部起到横向支承的作用等。

对于作用①~③,横向联结系设置在跨间较为有效;但是对于作用⑤和⑥,横向联结系设置在支承处较为有效。因此,钢板梁桥在支承处必须设置横向联结系,并且要求有足够的刚度。

横梁一般分为跨间横梁和支点横梁,支点横梁分为端横梁和中横梁。法国设计指南认为跨间横梁应等间距布置,间距为 6~8m。有时需要在支点附近减小横梁间距,以防止负弯矩主梁下翼缘受压而发生侧扭失稳。日本的设计经验总结为:跨间横梁间距大多控制在不超过 10m,中支点附近变为下翼缘受压,横梁间距宜为跨中的 1/2 且不超过 6m;日本相关文件也对不同横梁间距下钢梁的屈曲荷载进行了分析,见图2.24。

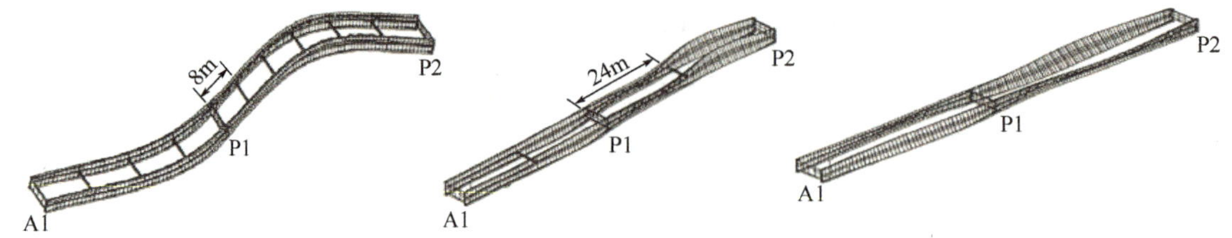

a)横梁间距8m,系数3.55　　b)横梁间距24m,系数1.62　　c)无横梁,系数0.77

图2.24　架设桥面板安装屈曲模态与屈曲系数

综合日本已经建成的双主梁钢板组合梁横梁间距及横梁梁高的调研数据,结果如表2.13所示。从经济性及制造考虑,横梁布置过密将造成浪费,横梁布置过少将引发整体屈曲。综合考虑,横梁间距跨中区域不宜大于8m,中支点区域不宜大于6m。

日本双主梁钢板组合梁横梁间距及梁高统计　　表2.13

桥　　名	跨径(m)	桥宽(m)	钢梁高(m)	横梁间距(m)	跨间横梁高(mm)
新凑川	34+35+3×51.7+2×55+37.9	14	2.9	5.1+5×8.3+5=51.7	600
新木场地区海侧高架	46.2+2×47+48+55+44.2	9.75	2.9	4+3×8+4=40	600
中落堀高架	4×35+40+2×35+37.5+37	11.4	2.5	5+3×8.3+5=35	750
下大崎第一高架桥	35+35+2×37+3×35+34+33	11.4	2.5	5+3×8.3+5=35	700
室原北高架	38.3+3×39+2×45+45	11.8	2.7	6+4×8.25+6=45	700
本川工区高速3号线	50+60.1+59.3+58.8+47	11.2	2.9	3.9+8.5×6+3.9=58.8	600
茶路川	46+59+58+54+33	11.2	3	10×4.9=49	720
栢间沼第一高架	34.2+4×35+30+39.2	11.4	2.5	5+5×8.8+5=54	500
下在来高架	6×35	11.4	2.5	4.3+3×8.8+4.3	700

以云茂高速公路钢板组合梁为例,跨间横梁高600mm,支点横梁高1000mm,调整跨间小横梁间距分别为2.5m、5m、8.75m、17.5m,采用空间实体有限元,计算汽车荷载作用下,主梁翼缘板的稳定系数、横向最大位移、相对位移及钢梁最大应力,结果如表2.14所示。

不同小横梁间距下钢混组合梁桥下翼缘的位移及应力　　表2.14

小横梁间距(m)	稳定系数		钢梁下翼缘横向位移(mm)		钢梁最大应力(MPa)	
	钢混未组合	钢混组合	横向最大位移	横向相对位移	跨中拉应力	支点压应力
2.5	3.20	3.90	4.2	0.0	176.2	206.2
5.0	3.02	3.68	4.3	0.3	175.8	203.6
8.75	3.01	3.66	4.5	0.5	178.2	202.5
17.5	1.48	1.80	4.7	0.8	182.1	201.7

随着小横梁间距的增大,组合梁桥的弹性稳定系数逐渐减小;下翼缘板最大横向位移和相对横向位移逐渐增大,但总体变化较小;钢梁下翼缘板跨中最大拉应力逐渐增大,支点最大压应力逐渐减小,但变化幅度不大,均在5MPa以内。本项目钢板组合梁跨中间距为8m,

支点位置加密到4m,横梁构造见图2.25、图2.26所示。

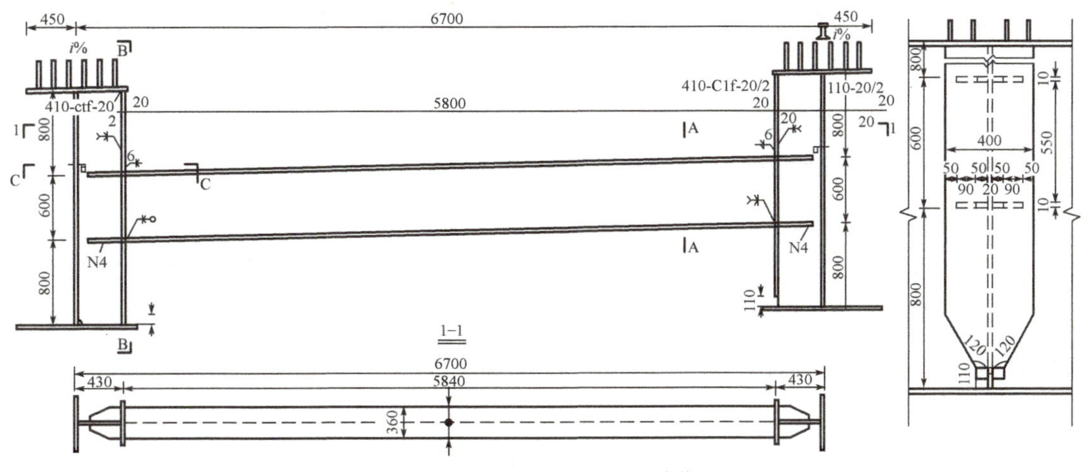

图2.25 小横梁构造图(尺寸单位:mm)

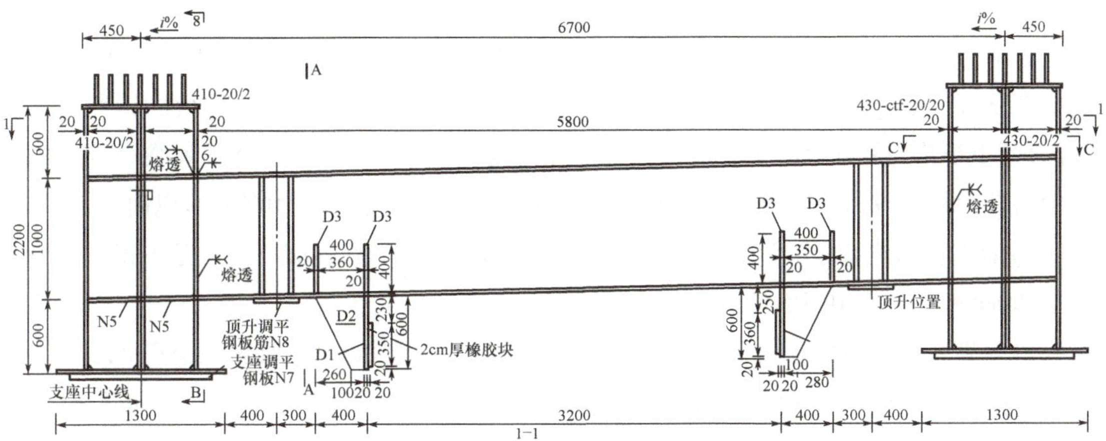

图2.26 中横梁及端横梁构造图(尺寸单位:mm)

2.3.6 桥面板

桥面板一般做成两端悬臂的连续板,支承于钢梁腹板处的顶板。桥面板在腹板处的顶板或桥面系梁格上设置倒梯形梗肋,梗肋之间一般做成等截面,悬臂部分做成变截面的形式。为了减小桥面板截面变化处的应力集中,梗肋的坡度一般小于1∶3。

桥面板由于以下原因等,钢桥的钢筋混凝土桥面板的强度和裂缝宽度限制比钢筋混凝土桥梁更高:

(1)桥面板直接承受车轮荷载作用和车轮荷载的冲击作用,桥面板的活载占总设计荷载的比例较大,容易产生疲劳破坏。

(2)钢桥的刚度一般比钢筋混凝土桥梁小,桥面板的受力较复杂。特别是为了减小桥面板跨径在主梁与主梁之间设置刚度较小的纵梁时，主梁与纵梁刚度差别较大，使桥面板受力不均匀。

(3)桥面板厚度与钢筋混凝土主梁梁高相比很小，截面尺寸的误差对桥面板承载能力的影响较大。

(4)桥面板直接承受超重车辆的车轮集中荷载，使得桥面板承受的实际荷载大于设计荷载。

(5)桥面板容易受到桥面上雨水等的侵蚀，钢筋容易被腐蚀。

我国对钢桥钢筋混凝土桥面板的研究较少，在这方面，规范没有明确的规定。特别是对钢筋混凝土桥面板疲劳问题，其破坏机理和计算方法都没有很明确。需要特别指出的是：尽管我国《公路桥涵设计通用规范》(JTG D60—2015)中对钢筋混凝土桥面板有较详细的规定，但是鉴于以上所述的钢桥桥面板的受力特点和工作特点，在参考有关规定时仍须特别注意。

国外根据多年使用经验和混凝土桥面板损坏特点，有的采取增加板厚和限制桥面板主筋使用应力的方法，以提高桥面板的承载能力和耐久性。尽管根据静力计算要求的板厚较小，但日本《道路桥示方书》规定，钢桥钢筋混凝土桥面板的最小厚度必须满足表2.15的要求，并且车行道部分的桥面板厚度不得小于160mm。对于钢筋混凝土桥面板的钢筋最大使用应力要小于普通钢筋混凝土结构钢筋容许应力的80%左右；对于结合梁等维修困难的桥梁，钢筋最大使用应力一般控制在普通钢筋混凝土结构钢筋容许应力的67%以内。

(1)简支板和连续板的计算跨径 L 为沿主筋方向的支承梁间的距离，但是不得大于沿主筋方向的净跨径与跨中断面的板厚之和。

(2)悬臂板的计算跨径 L 如图2.27所示。计算恒载弯矩时，L 取翼缘悬臂部分的1/2处到悬臂端的距离；计算桥面板的跨径与行车方向垂直情况下的活载弯矩时，L 取翼缘悬臂部分的1/2处到距离缘石边缘25cm处的距离；计算桥面板的跨径与行车方向平行情况下的活载弯矩时，L 取翼缘悬臂部分的1/2处到距离板端10cm处的距离。

日本规范规定的车行道部分钢筋混凝土桥面板的最小厚度(单位：mm)　　表2.15

桥面板的类型		桥面板的跨度方向	
		垂直于行车方向	平行于行车方向
简支板		$40L+110$	$65L+130$
连续板		$30L+110$	$50L+130$
悬臂板	$0<L\leq0.25$m	$280L+160$	$240L+130$
	$L>0.25$m	$80L+210$	

注：L 为桥面板活载计算跨径(m)。

云茂高速公路钢板组合梁桥面板断面如图2.28所示，桥面板悬臂端部厚度220mm，悬臂根部厚度400mm，桥面板跨中厚度260mm，梗肋变化段长度1000mm。

桥面板相邻预制板间为50cm湿接缝。预制桥面板宽度一般根据运输条件确定，国内汽运宽度通常限制在3.6m以下,施工临时便道宽度一般在4m左右。综合考虑,预制桥面板标准段宽度为3m,并使用2.5m作为调整。

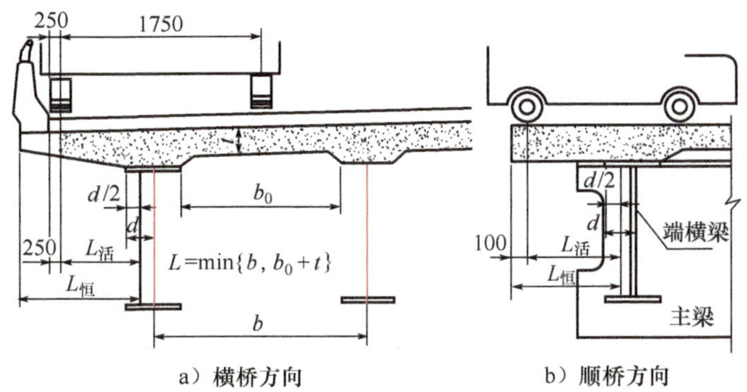

图2.27　日本规范中的桥面板计算跨径 L(尺寸单位:mm)

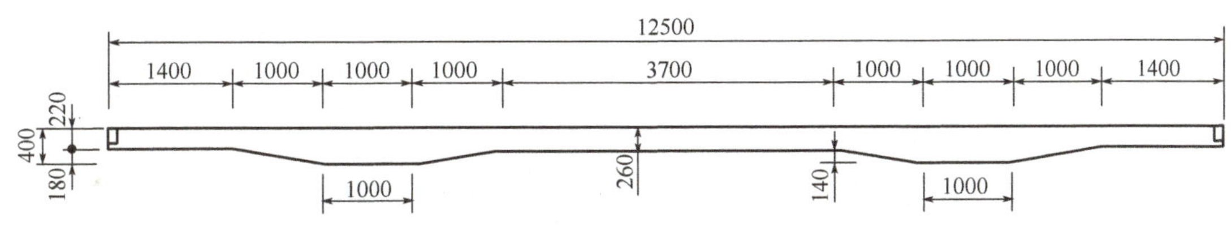

图2.28　钢板组合梁桥面板尺寸(尺寸单位:mm)

桥面板一共分A、B、C、D、E、F五类,其中A类桥面板为每联两端桥面板,平面尺寸为12.3m×3.2m;B、C类桥面板平面尺寸均为12.3m×3m,两类桥面板配筋不同;D、E、F类桥面板平面尺寸均为12.3m×2.5m,三类桥面板配筋不同。A~E类桥面板全部采用C50混凝土,其中F类桥面板由C50混凝土和超高韧性混凝土(STC)组成,顶层10cm采用超高韧性混凝土。所有桥面板两侧均有10cm C50混凝土后浇带。

标准段钢筋骨架,由钢筋网片纵向排列,以通用U形筋封端,以纵向钢筋串连而成。钢筋网片由通用钢筋组合而成。调整段、端部段钢筋骨架,由标准段钢筋骨架调整而成。如图2.29所示。

相邻桥面板间的纵筋一般连接形式为焊接,有关规范规定了焊接的搭接长度,但是焊接现场工作量大、效率低,在起弧、落弧位置对钢筋损伤大。除了焊接的连接形式,还有环接的连接形式,环形搭接的连接形式现场工作量很小,但是国内规范没有相关规定。为了解决这一问题,安徽省交通规划设计研究总院股份有限公司联合同济大学以北沿江高速公路为工程背景进行了纵向钢筋环形搭接的科研,并进行了环接性能试验。如图2.30、图2.31所示。

试验结果表明,环形筋湿接缝的破坏模式均为钢筋受拉屈服,湿接缝工作性能与一般钢筋焊接或搭接工程基本无差别。本项目预制桥面板之间均采用环接的方式,极大地减少了现场焊接工作,提高了施工效率及质量。

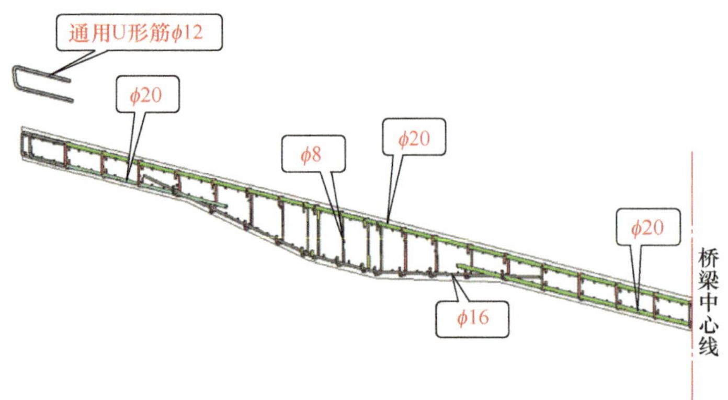

图2.29　桥面板钢筋骨架

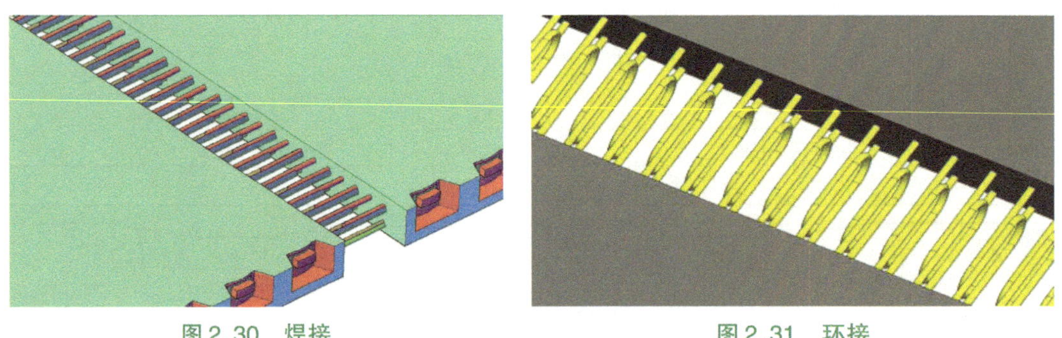

图2.30　焊接

图2.31　环接

为提高横向受力性能，主梁间距4.5m以上桥面板一般设置横向预应力。本项目主梁间距为6.7m，桥面板每隔500mm设置一道$\phi^s15.2-4$的横向预应力。如图2.32所示。

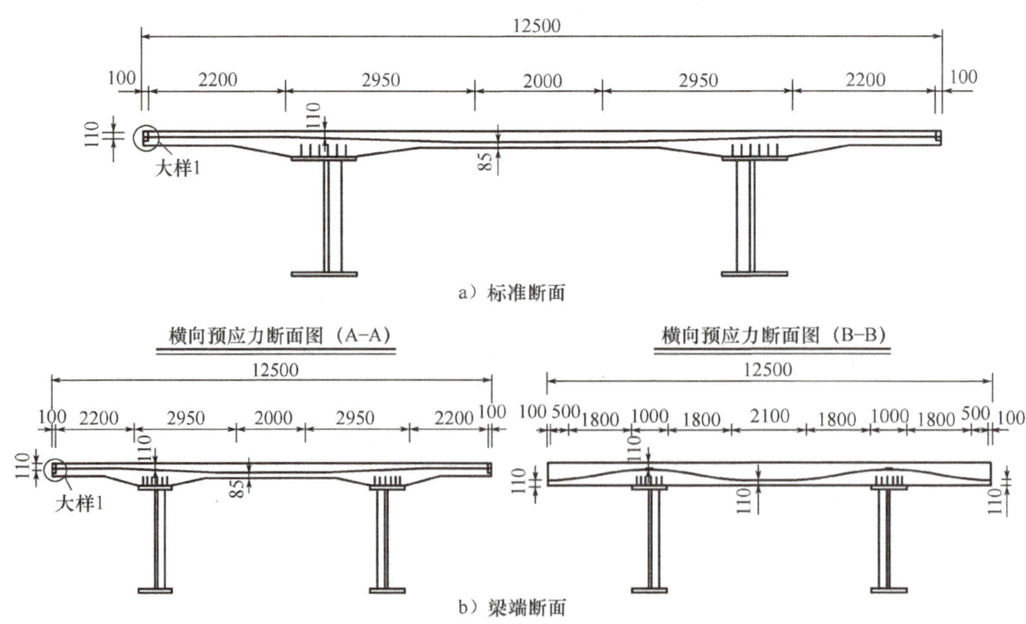

图2.32　横向预应力布置形状（尺寸单位：mm）

2.3.7 连接件

为了使钢筋混凝土桥面板与钢梁共同工作，两者之间必须设置剪力连接件，使得钢筋混凝土桥面板与钢梁之间不产生相对错动。连接件的选取原则是确保钢梁和混凝土桥面板能够有效组合，通常采用焊钉连接件，也可采用开孔板连接件和型钢连接件。云茂高速公路钢板组合梁采用焊钉连接件。剪力钉的布置一般满足下列要求：

(1)剪力钉的钉头下表面高出桥面板底部钢筋顶面不宜小于30mm；

(2)剪力钉的外侧边缘与钢梁翼缘边缘之间的距离不应小于30mm；

(3)剪力钉在剪力作用方向上的间距不宜小于其直径的5倍，且不得小于100mm；在剪力作用垂直方向的间距不宜小于其直径的2.5倍，且不得小于50mm；

(4)剪力钉顶面的混凝土保护层厚度不应小于15mm；

(5)剪力钉连续布置的间距不应超过400mm。

预制桥面板采用剪力钉群连接时，剪力钉群边长可取500～800mm，间距可取1.2～1.5m。剪力钉在剪力作用方向上的间距可减小至100mm，如图2.33所示。

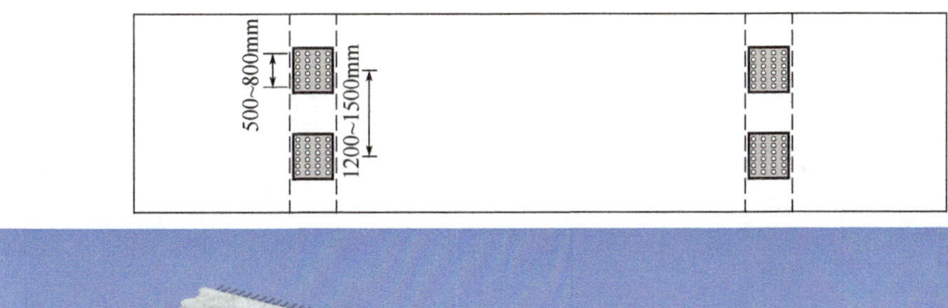

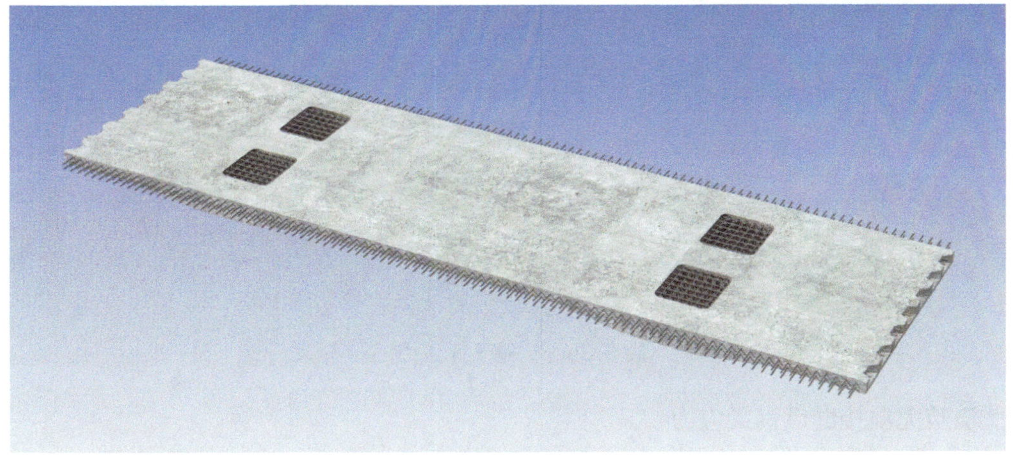

图2.33 剪力钉群布置

2.4 钢板组合梁性能分析与验证

2.4.1 钢梁受力

(1)短暂状况应力验算

根据《钢-混凝土组合桥梁设计规范》(GB 50917—2013)第4.4.3条的规定,钢梁应力不应大于80%强度设计值,即$0.8f_d=0.8\times270=216$(MPa)(板厚0~40mm),$0.8f_d=0.8\times260=208$(MPa)(板厚40~63mm)。

①钢梁自重作用下应力

如图2.34、图2.35所示,架设完钢梁后,钢梁上翼缘最大压应力为17.1MPa(边跨跨中);最大拉应力为17.1MPa(墩顶)。下翼缘最大拉应力为11.4MPa(边跨跨中);最大压应力为13.6MPa(墩顶)。

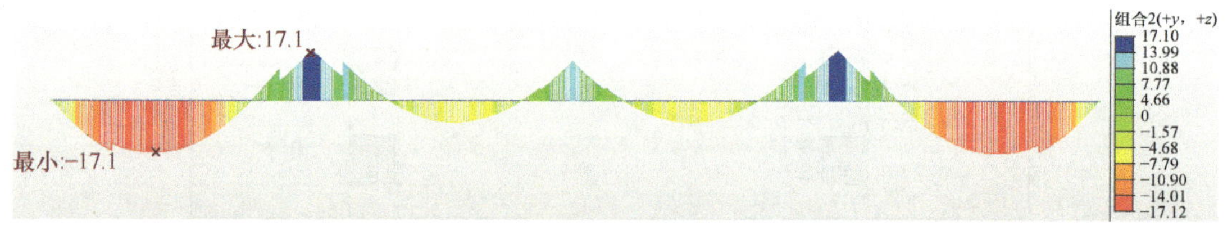

图2.34 钢梁上缘应力图

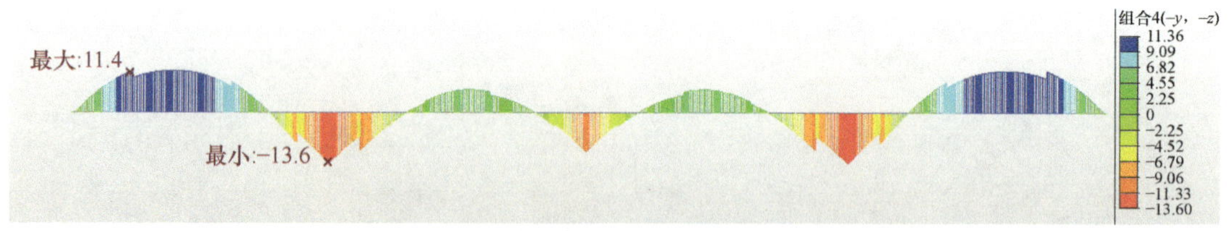

图2.35 钢梁下缘应力图

②浇筑完湿接缝后钢梁应力

如图2.36、图2.37所示,在浇筑完湿接缝后,钢梁上翼缘最大压应力为90.6 MPa(边跨跨中);最大拉应力为91.1MPa(墩顶)。下翼缘最大拉应力为59.9MPa(边跨跨中);最大压应力为72.3MPa(墩顶)。

图 2.36　钢梁上缘应力图

图 2.37　钢梁下缘应力图

③二期恒载后钢梁应力

如图 2.38、图 2.39 所示，在二期恒载后，钢梁上翼缘最大压应力为 96.3MPa（边跨跨中）；最大拉应力为 107.7MPa（墩顶）。下翼缘最大拉应力为 79.6MPa（边跨跨中）；最大压应力为 97.5 MPa（墩顶）。

图 2.38　钢梁上缘应力图

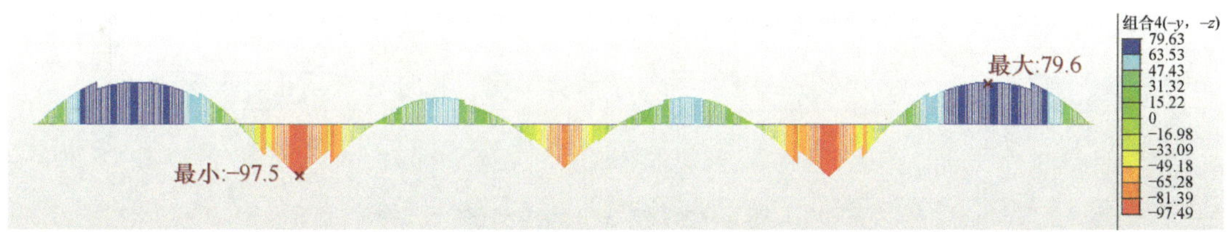

图 2.39　钢梁下缘应力图

（2）持久状况应力

根据《钢-混凝土组合桥梁设计规范》（GB 50917—2013）第 4.4.2 条的规定，钢结构应力不应大于 75% 强度设计值，即对于板厚 0 ~ 40mm，$0.75f_d = 0.75 \times 270 = 202.5$MPa；对于板厚 40 ~ 63mm，$0.75f_d = 0.75 \times 260 = 195$（MPa）。

如图 2.40、图 2.41 所示，运营阶段钢梁上翼缘最大压应力为 140.2MPa（边跨跨中），最大拉应力为 174.6MPa（墩顶）。下翼缘最大拉应力为 155.2 MPa（边跨跨中），最大压应力为 177.2MPa（墩顶）。安全系数为 1.1 ~ 1.4。

图 2.40　钢梁上缘应力图

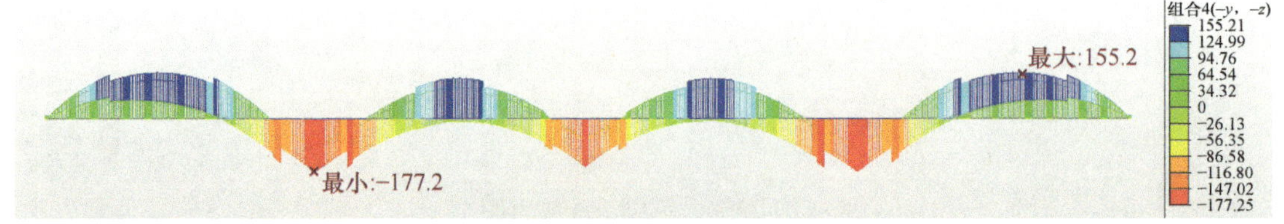

图 2.41　钢梁下缘应力图

(3)承载能力极限状态应力

根据《钢-混凝土组合桥梁设计规范》(GB 50917—2013)4.2.2 进行承载能力极限状态应力验算，Q345qD 钢材的抗拉、抗压和抗弯强度设计值，当板厚小于等于 40mm 时为 270MPa，当板厚处于 40～63mm 时为 260MPa。

如图 2.42、图 2.43 所示，基本组合上翼缘最大压应力为 161.8MPa(边跨跨中)，最大拉应力为 206.5MPa(墩顶)。下翼缘最大拉应力为 198.3MPa(边跨跨中)，最大压应力为 211.3MPa(墩顶)。安全系数 1.2～1.4。

图 2.42　钢梁上缘应力图

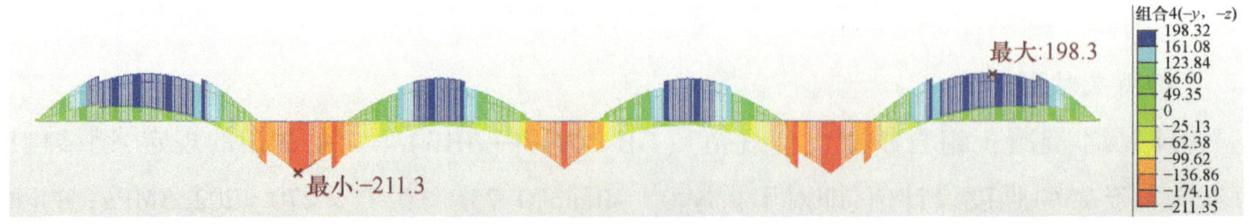

图 2.43　钢梁下缘应力图

(4)钢梁抗剪承载力验算

根据《钢-混凝土组合桥梁设计规范》(GB 50917—2013)规定，Q345qD 钢材的抗剪强度设计值：当板厚小于等于 40mm 时为 155MPa，当板厚处于 40～63mm 时为 150MPa。

根据《钢-混凝土组合桥梁设计规范》(GB 50917—2013)5.2.1 条规定,抗剪承载力可采用下式进行计算:

$$\gamma_0 V \leqslant h_w t_w f_{vd}$$

本结构腹板厚度均小于 40mm,钢材强度设计值均取 155MPa。

如图 2.44 所示,次边支点处为最不利位置,此处剪力为 5123.6kN。腹板厚度 28mm,腹板高度 2090mm,则有:

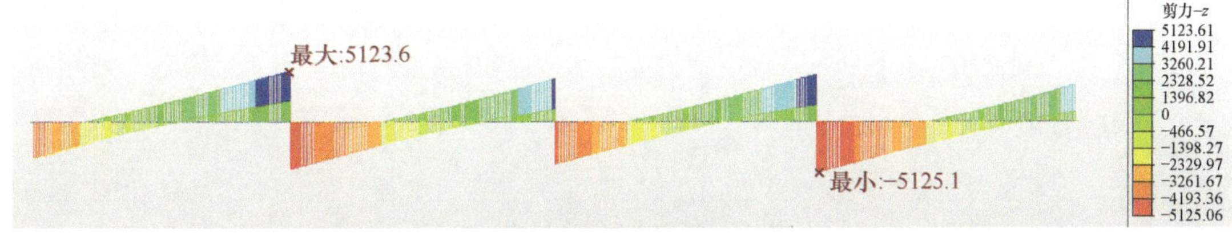

图 2.44　钢梁剪力图

$$\gamma_0 V = 5636.0\text{kN} \leqslant h_w t_w f_{vd} = 0.028 \times 2.09 \times 155 \times 10^6 (\text{N}) = 9070.6\text{kN}$$

抗剪安全系数为 1.6。

假定剪力全部由钢梁腹板承担,则剪应力:

$$\tau = \frac{\gamma_0 V}{h_w t_w} = \frac{5636.0 \times 10^3}{28 \times 2090} = 96.3(\text{MPa})$$

最大折算应力:

$$\sqrt{\sigma^2 + 3\tau^2} = \sqrt{211.3^2 + 3 \times 96.3^2} = 269.2 < 1.1 f_d = 1.1 \times 270 = 297(\text{MPa})$$

最大折算应力安全系数为 1.1。

2.4.2　桥面板受力

桥面板为钢筋混凝土结构,模型中并未考虑钢筋的作用,因而只验算桥面板压应力。

根据《公路钢筋混凝土及预应力混凝土桥涵设计规范》(JTG 3362—2018),施工阶段钢筋混凝土受弯构件混凝土边缘压应力需满足:

$$\sigma_{cc}^{t} = \frac{M_k^t x_0}{I_{cr}} \leqslant 0.80 f'_{ck} = 0.80 \times 32.4 = 25.9(\text{MPa})$$

成桥阶段混凝土边缘压应力需满足:

$$\sigma_{cc} \leqslant 0.50 f'_{ck} = 0.50 \times 32.4 = 16.2(\text{MPa})$$

(1)二期铺装完成后桥面板应力

如图 2.45、图 2.46 所示,二期铺装完成后桥面板上缘最大压应力为 0.9MPa,下缘最大压应力为 0.6MPa,均小于规范要求的 25.9MPa,安全系数大于 20.0。

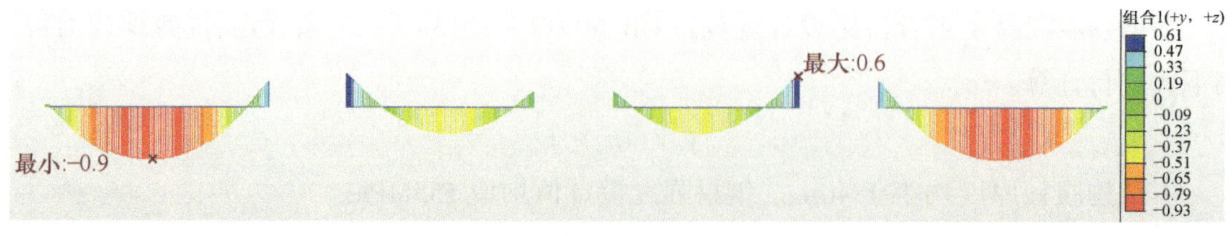

图 2.45　桥面板上缘应力图

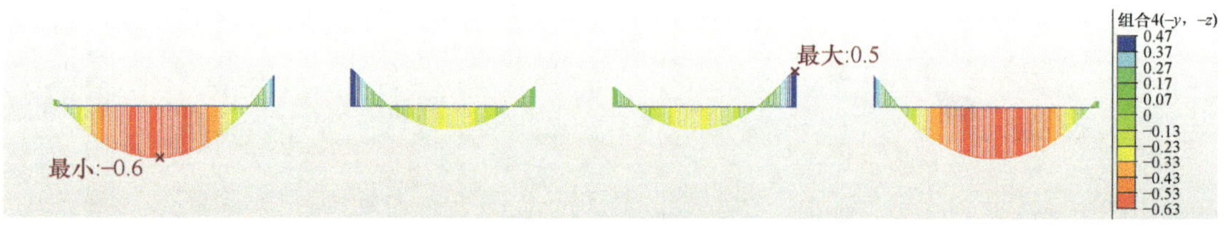

图 2.46　桥面板下缘应力图

(2)成桥后桥面板应力(标准组合)

如图 2.47、图 2.48 所示,成桥后桥面板上缘最大压应力为 7.9MPa,下缘最大压应力为 3.7MPa,均小于规范要求的 16.2MPa,安全系数大于 2.0。

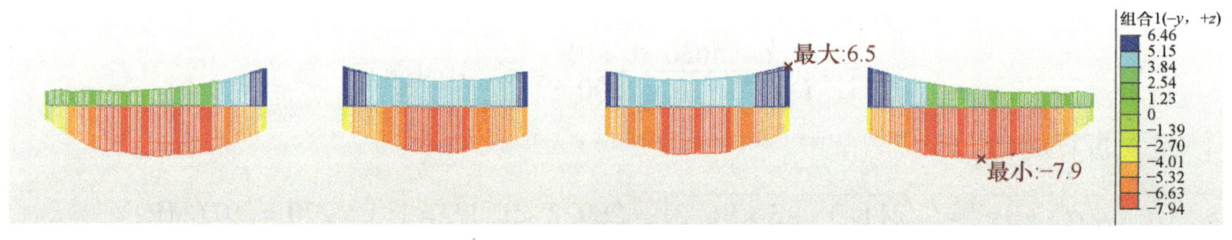

图 2.47　桥面板上缘应力图

图 2.48　桥面板下缘应力图

2.4.3　桥梁总体刚度

刚度方面,钢梁竖向挠度如表 2.16 所示,活载引起的上拱为 8.8 ~ 11.4mm,引起的下挠为 22.4 ~ 24.0mm,累计变形幅度为 32.8 ~ 33.8mm,远小于控制值 $L/500$ = 80mm,表明结构刚度较佳。

钢梁竖向挠度(汽车活载不计冲击力) 表2.16

位　　置	边跨跨中	中跨跨中	L/500	是否满足
活载上拱(mm)	8.8	11.4	—	—
活载下挠(mm)	24.0	22.4	—	—
合计(mm)	32.8	33.8	80.0	满足

2.4.4 桥梁稳定性

需要关注钢板组合梁的整体稳定性与局部稳定性。

1)整体稳定

根据《钢-混凝土组合桥梁设计规范》(GB 50917—2013)第5.3.1条验算整体稳定。由于是组合结构,整体稳定性问题只存在于下缘,下缘只在支点附近受压,因此只进行支点下缘的整体稳定性验算,可不验算整体稳定。

$$\frac{l_1}{b_1}=\frac{4}{1.1}=3.64<13.0$$

式中:l_1——受压翼缘侧向支点间的距离;

b_1——受压翼缘的宽度。

2)局部稳定

根据《公路钢结构桥梁设计规范》(JTG D64—2015)第5.3.3条验算局部稳定。

(1)对于端、中横梁:

$$t_w=20\text{mm}>\frac{h_w}{60}=\frac{960}{60}=16(\text{mm})$$

不需设竖向加劲肋及纵向加劲肋。

(2)对于中小横梁:

$$t_w=16\text{mm}>\frac{h_w}{60}=\frac{560}{60}=9.3(\text{mm})$$

不需设竖向加劲肋及纵向加劲肋。

2.4.5 抗剪连接件承载性能

根据《钢-混凝土组合桥梁设计规范》(GB 50917—2013)第7.2.1条计算单个栓钉连接件的抗剪承载力:

当发生栓钉剪断破坏时:

$$N_v^c = 1.19A_{std}f_{std}\left(\frac{E_c}{E_s}\right)^{0.2}\left(\frac{f_{cu}}{f_{std}}\right)^{0.1} = 102.8\text{kN}$$

当发生混凝土压碎破坏时：

$$N_v^c = 0.43\eta A_{std}\sqrt{f_{cd}E_c} = 128.0\text{kN}$$

故取

$$N_v^c = 102.8\text{kN}$$

剪跨区的划分以弯矩绝对值最大点及零弯矩点为界，见图2.49。

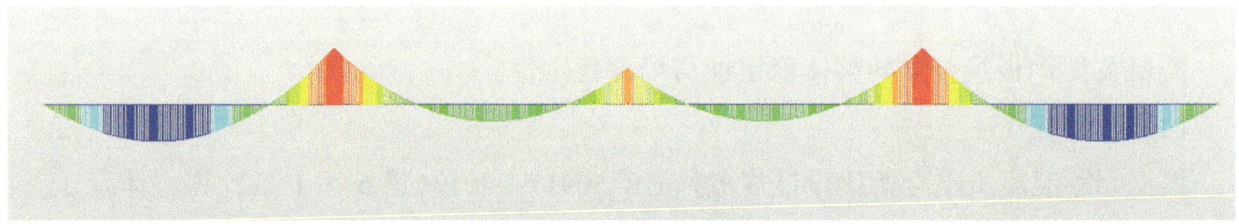

图2.49　弯矩图

1）次边支点

次边支点负弯矩区剪跨区段内每片主梁的纵向剪力：

$$V_s = A_{rt}f_{sd} = 20726.2\text{kN}$$

抗剪连接件的数目：

$$n_f \geqslant \frac{V_s/N_v^c}{0.9} = 224(\text{个})$$

由弯矩图可知次边支点负弯矩区剪跨区长度为21m，实际配置数目为630个，安全系数为2.8。

2）中支点

中支点负弯矩区剪跨区段内每片主梁的纵向剪力：

$$V_s = A_{rt}f_{sd} = 20726.2\text{kN}$$

抗剪连接件的数目：

$$n_f \geqslant \frac{V_s/N_v^c}{0.9} = 224(\text{个})$$

由弯矩图可知中支点负弯矩剪跨区长度为17m，实际配置数目为525个，安全系数为2.3。

3）边跨

边跨正弯矩区剪跨区段内每片主梁的纵向剪力：

$$V_s = \min\{A_s f_d, A_c f_{cd}\} = 31406.4\text{kN}$$

抗剪连接件的数目：

$$n_f \geqslant \frac{V_s}{N_v^c} = 306(\text{个})$$

由弯矩图可知边跨正弯矩剪跨区长度为31m，实际配置数目为945个，安全系数为3.1。

4)中跨跨中

中跨跨中正弯矩区剪跨区段内每片主梁的纵向剪力：

$$V_s = \min\{A_s f_d, A_c f_{cd}\} = 26157.6\text{kN}$$

抗剪连接件的数目：

$$n_f \geqslant \frac{V_s}{N_v^c} = 255(\text{个})$$

由弯矩图可知中跨跨中正弯矩剪跨区长度为20m，实际配置数目为578个，安全系数为2.3。

2.4.6 承托抗剪性能

根据《钢-混凝土组合桥梁设计规范》(GB 50917—2013)第7.4条对钢-混凝土组合梁承托及桥面板纵向抗剪承载力进行验算，针对本桥主要验算 a-a、b-b 两个总线受剪界面，见图2.50。

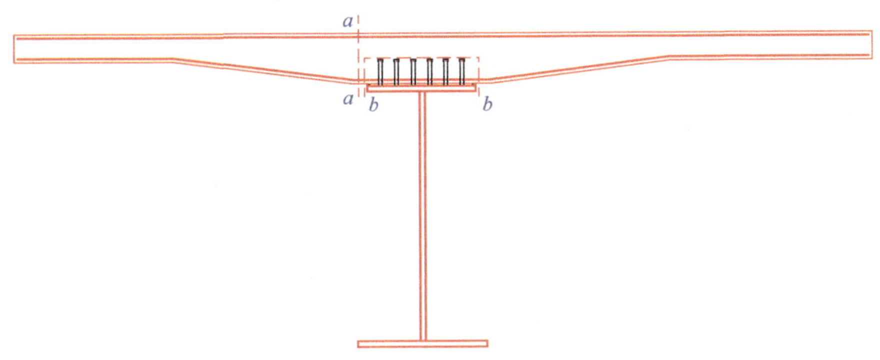

图2.50 混凝土桥面板纵向受剪界面

1)配筋率验算

根据《钢-混凝土组合桥梁设计规范》(GB 50917—2013)第7.4.2条规定，单位梁长混凝土桥面板内钢筋总面积应满足下式要求：

$$A_e > 0.8L_s/f_{sd}$$

对 a-a：

$$A_e = \frac{\left(\dfrac{3.14\times20^2+3.14\times20^2}{4}\right)}{125} = 5.026 > 0.8\frac{L_s}{f_{sd}} = 0.8\times400/330 = 0.97$$

对 b-b：

$$A_e = \frac{\left(\dfrac{3.14\times20^2+3.14\times20^2}{4}\right)}{125} = 5.026 > 0.8\frac{L_s}{f_{sd}} = 0.8\times1200/330 = 2.909$$

均满足规范要求。

2）桥面板纵向抗剪承载力验算

根据《钢-混凝土组合桥梁设计规范》（GB 50917—2013）第 7.4.4 条规定，钢-混凝土组合梁承托及桥面板纵向界面受剪承载力计算应符合下式要求：

$$V_{\mathrm{ld}} \leqslant V_{\mathrm{lRd}}$$

式中：V_{ld}——形成组合作用以后，单位梁长内混凝土桥面板各纵向受剪界面的纵向剪力（N/mm）；

V_{lRd}——单位梁长内各纵向受剪界面受剪承载力设计值（N/mm）。

本桥基本组合下竖向剪力见图 2.51，对 a-a：

$$V_1 = \frac{V_{\mathrm{d}} S_{0\mathrm{c}}}{I_0} = \frac{5123.6 \times 10^3 \times 1.54 \times 10^8}{3.77 \times 10^{11}} = 2093(\mathrm{N/mm})$$

$$V_{\mathrm{ld}} = \max\left\{V_1 \frac{b_1}{b_{\mathrm{c}}}, V_1 \frac{b_2}{b_{\mathrm{c}}}\right\} = 919.2(\mathrm{N/mm})$$

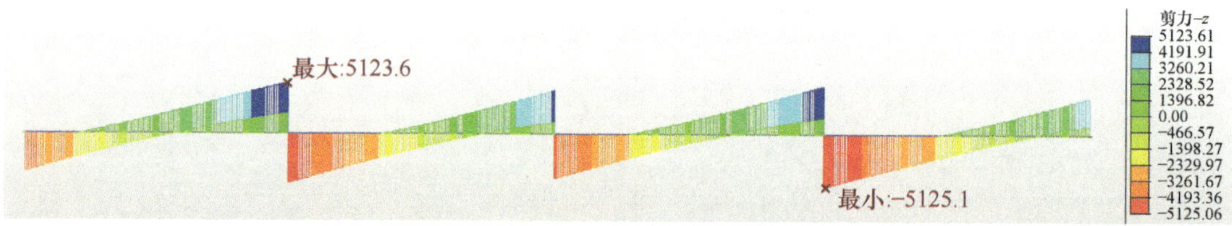

图 2.51　基本组合下竖向剪力

V_{lRd}按下列公式计算取较小值：

$$V_{\mathrm{lRd}} = 0.7L_{\mathrm{s}} f_{\mathrm{td}} + 0.8A_{\mathrm{e}} f_{\mathrm{sd}} = 0.7 \times 400 \times 1.83 + 0.8 \times 5.03 \times 330 = 1840.32(\mathrm{N/mm})$$

$$V_{\mathrm{lRd}} = 0.25L_{\mathrm{s}} f_{\mathrm{cd}} = 0.25 \times 400 \times 22.4 = 2240(\mathrm{N/mm})$$

得：

$$V_{\mathrm{lRd}} = 1840.32\mathrm{N/mm}$$

则：

$$V_{\mathrm{ld}} = 919.2\mathrm{N/mm} \leqslant V_{\mathrm{lRd}} = 1840.32\mathrm{N/mm}$$

对 b-b：

$$V_{\mathrm{ld}} = V_l = 2093\mathrm{N/mm}$$

V_{lRd}按下列公式计算取较小值：

$$V_{\mathrm{lRd}} = 0.7L_{\mathrm{s}} f_{\mathrm{td}} + 0.8A_{\mathrm{e}} f_{\mathrm{sd}} = 0.7 \times 1200 \times 1.83 + 0.8 \times 5.03 \times 330 = 2865.12(\mathrm{N/mm})$$

$$V_{\mathrm{lRd}} = 0.25L_{\mathrm{s}} f_{\mathrm{cd}} = 0.25 \times 1200 \times 22.4 = 6720(\mathrm{N/mm})$$

得：

$$V_{\mathrm{lRd}} = 2865.12\mathrm{N/mm}$$

则：

$$V_{\mathrm{ld}} = 2093\mathrm{N/mm} \leqslant V_{\mathrm{lRd}} = 2865.12\mathrm{N/mm}$$

均满足纵向受剪承载力要求。

2.4.7 负弯矩区桥面板正常使用性能

原设计方案采用普通混凝土桥面板，根据《公路钢筋混凝土及预应力混凝土桥涵设计规范》(JTG 3362—2018)第6.3.4条规定，矩形截面钢筋混凝土构件最大裂缝宽度 W_{fk} 可按下列公式计算：

$$W_{\mathrm{fk}} = C_1 C_2 C_3 \frac{\sigma_{\mathrm{ss}}}{E_{\mathrm{s}}}\left(\frac{c+d}{0.36+1.7\rho_{\mathrm{tc}}}\right)$$

其中：钢筋表面形状系数 $C_1 = 1.0$；作用长期效应影响系数 $C_2 = 1 + 0.5N_l/N_s = 1 + 0.5 \times 24490/26687 = 1.459$，$N_l$ 和 N_s 分别为按作用准永久组合和频遇组合计算的弯矩；与构件受力性质有关的系数 $C_3 = 1.1$。

频遇组合下钢筋应力根据模型计算结果如图2.52所示，得 $\sigma_{\mathrm{ss}} = 84.8\mathrm{MPa}$。

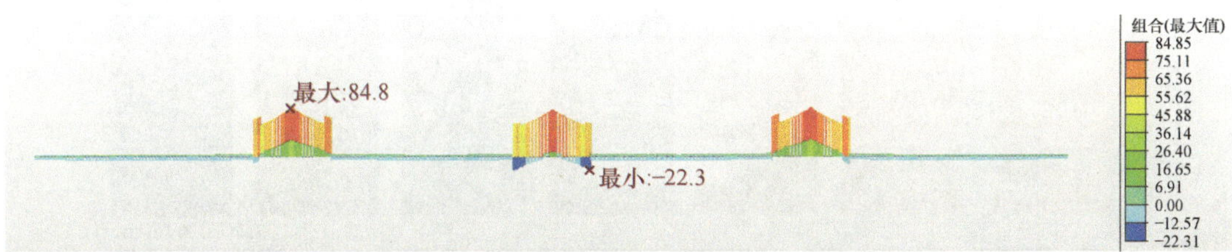

图2.52　频遇组合下钢筋应力

纵向钢筋 $d = 28\mathrm{mm}$，$E_{\mathrm{s}} = 2 \times 10^5\mathrm{MPa}$。

纵向受拉钢筋配筋率：

$$\rho_{\mathrm{tc}} = \frac{103 \times 3.14 \times 14^2 \times 10^{-6}}{3.658} = 1.73\%$$

则负弯矩区最大裂缝宽度为：

$$W_{\mathrm{fk}} = C_1 C_2 C_3 \frac{\sigma_{\mathrm{ss}}}{E_{\mathrm{s}}}\left(\frac{c+d}{0.36+1.7\rho_{\mathrm{tc}}}\right) = 1.0 \times 1.458 \times 1.1 \times \frac{84.8}{2 \times 10^5} \times \left(\frac{50+28}{0.36+1.7 \times 0.0173}\right)$$

$$= 0.136(\mathrm{mm})$$

小于规范容许值0.15mm，满足规范要求。

2.5 耐久性提升设计

钢板组合梁面临的钢梁锈蚀以及负弯矩区混凝土开裂侵蚀问题，在东南沿海地区存有氯离子侵蚀和湿润气候等不利气候。基于此，从新材料层面探索耐久性提升的技术，开展试点应用，并对排水系统进行专项设计，避免雨水侵蚀。

2.5.1 耐候钢

耐候钢含有铜、铬、镍、钒等微量的合金元素，使钢表面形成致密和附着性很强的锈层(内外两层：内层致密，外层疏松、多孔)，见图2.53，阻碍锈蚀向里扩散和发展，保护锈层下面的基体，减缓腐蚀速度，是一种高耐久钢材。

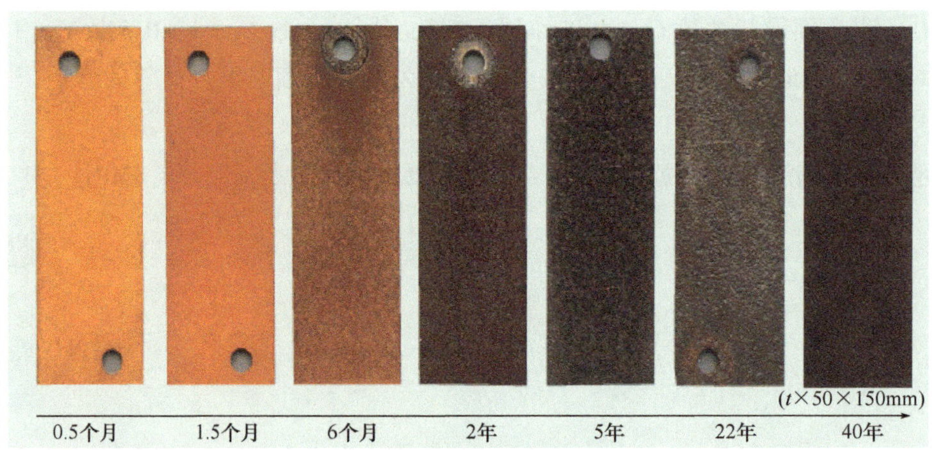

图2.53 耐候钢的钝化膜发展照片

根据武钢研究院的耐候钢腐蚀研究，耐候钢在自然环境5~10年可以形成致密锈层，通过干湿交替法表面处理可以大幅缩短锈层的形成时间，1~2周内即可达到自然环境1年的锈层效果，表面初步形成致密锈层。此时耐候钢的外表面颜色接近红褐色，后续在以年为单位的时间段中，颜色变化逐渐趋向深褐色，颜色的短期变化不明显。

现有应用表明，采用耐候钢完全可以省去后期的涂装维护以及更换工作，具有显著的效益。本项目在高台大桥左幅第5联3×40m钢主梁试点采用Q345qCNH免涂装耐候钢。

1)耐候钢板组合梁桥的使用环境

在规划与设计耐候钢桥时，必须充分考虑架桥地点的位置，确保能够处在通风条件好、干湿交替变化的环境中。同时,在设计耐候钢桥时首先要考虑盐分的影响,其他的设计方法与普通钢桥大致相同。

现行《金属和合金的腐蚀大气腐蚀性分类》(GB/T 19292.1)结合潮湿时间、大气二氧化硫污染物(P0 ~ P3)和空气盐分(S0 ~ S3)三个测量值,对环境的整体腐蚀性进行了分类(C1 ~ C5)。大气腐蚀性等级与腐蚀性和典型环境之间的关系见表 2.17。

大气腐蚀等级　　表 2.17

大气腐蚀性等级	腐 蚀 性	典 型 环 境
C1	很低	仅限室内环境
C2	低	污染程度低的大气:主要是农村地区
C3	中等	二氧化硫污染物浓度适中的城市和工业环境以及氯化物浓度低的沿海地区
C4	高	工业区和氯化物浓度适中的沿海地区
C5	很高	湿度和腐蚀性高的工业区以及氯化物浓度高的沿海地区

钢板组合梁的钢主梁全部暴露于大气中,通风条件好,大气的干湿变化直接作用于钢结构,比较适宜采用耐候钢。

在以下特殊的环境中,耐候钢的性能得不到很好的满足,因此应当避免:

(1)海洋环境

暴露在由海水或海洋含盐空气产生的大量氯离子环境中,对耐候钢的使用是十分有害的。由于盐分吸湿的特性,保护锈层长期处于潮湿的环境。因此,海岸线 2km 内不适宜修建耐候钢桥。

(2)除冰盐环境

在耐候钢桥上使用除冰盐将产生一些不利影响,如泄漏伸缩处、盐分直接渗入钢材等。

(3)连续潮湿环境

潮湿与干燥环境交替循环有利于形成稳定锈层,如处于连续潮湿环境,耐候钢腐蚀率同普通碳素钢差不多。

(4)空气污染

耐候钢不宜使用于腐蚀化学成分和工业烟尘集中的环境,尤其是 SO_2 集中的环境。ISO9223 禁止耐候钢在污染的环境($SO_2 > 250\mu g/m^3$)使用。

2)耐候钢板组合梁桥的疲劳分析

耐候钢混组合桥梁的抗疲劳设计应符合现行《公路钢结构桥梁设计规范》(JTG D64)和《公路钢混组合桥梁设计与施工规范》(JTG/T D64-01)的有关规定。

免涂装耐候钢母材疲劳细节的疲劳强度须降低一个等级使用,而免涂装耐候钢焊缝及涂装的耐候钢疲劳细节疲劳强度无须降低。

我国现行《公路钢结构桥梁设计规范》(JTG D64)附录C疲劳细节规定:构造细节①～⑤如果采用耐候钢制造,其细节类别应降低一个等级;其他构造细节如果采用耐候钢制造则无须降级使用。现行《公路钢结构桥梁设计规范》(JTG D64)附录C疲劳细节①～⑤对应的为免涂装耐候钢母材疲劳细节。

美国、英国的实践表明,不需担心耐候钢疲劳裂纹不易观察到,从而增加在检查过程中错过这些裂纹的可能性。事实上,光照充足时,耐候钢的疲劳裂纹往往会流出容易观察到的橙色锈液。

3)耐候钢板组合梁桥的构造设计

钢板组合梁使用耐候钢应注意以下构造细节:

(1)工形梁的下翼缘要设置排水坡度,箱形梁的下翼缘的自由伸出肢宽度要小,以防止积水。

(2)宜避免使用有填板的连接,不得已时填板材料也要使用耐候性钢材,螺栓使用耐候性高强度螺栓。下面的填板要分割,以防止积水。

(3)节点构造:为了提高通风性,尽可能少地采用密闭构造,而选择开放构造。开放构造相对密闭构造而言,结构稳定性和强度都较低,所以要在简易构造的二次应力较小的地方采用开放构造,而二次应力较大的地方依然选择密闭构造。

(4)主梁杆件之间,要留有10～20mm的间隙,以便使水容易漏下,防止积水。

(5)安装在外侧的加劲肋,其下端设50mm以上的切口,以不影响泄水。

(6)桥面板要设置高性能的防水层,防止桥面上的漏水。

(7)梁端周围容易发生腐蚀,需要额外施加涂装。伸缩装置要使用耐久性好的非排水型的伸缩装置。

(8)焊缝需要做涂层处理。尽管钢梁本身具有较好的耐腐蚀性能,但焊缝仍然为普通钢材,有锈蚀的可能性。

(9)排水系统要把排水管口伸到钢梁下翼缘以下,并且确保排水管不漏水;支承位置应选择通风性良好的地方;桥座面和壁面设置V形槽等,减小腐蚀环境的影响。

2.5.2 STC覆面

墩顶负弯矩区的开裂是影响钢板组合梁耐久性最主要的问题。负弯矩区混凝土桥面板会出现开裂,虽然通过配筋控制能控制裂缝宽度,但是开裂后会影响桥面的长期性能。目前有的通过设置纵向预应力筋来增加桥面板的预压应力来改善开裂,但是由于混凝土材料的徐变,会导致预压应力转移较大。

STC的主要特点在于:STC具备类金属的拉伸应力应变强化特性,其极限拉伸应变高于钢材的屈服应变0.2%,为混凝土的20倍以上;STC和钢筋的充分锚固长度仅为钢筋直径的3~4倍,可以与钢筋协同受拉作用;超低水胶比的设计原则使得STC的基体十分致密,拥有高耐久性的潜力。因此,在墩顶负弯矩区采用STC,能避免传统混凝土结构的开裂腐蚀等问题,提高结构的耐久性。

钢板组合梁墩顶负弯矩区拉应力达10MPa,中墩顶负弯矩区桥面板采用超高韧性混凝土和加强配筋控制裂缝宽度。现浇桥面板墩顶负弯矩区范围的顶层10cm使用STC材料。

负弯矩区桥面板同时采用了加强配筋法,跨中桥面板配筋率为380kg/m^3,墩顶桥面板配筋率为510kg/m^3。STC混凝土要求较小的钢筋间距,负弯矩区桥面板顶面纵向钢筋直径28mm,间距60mm,横向钢筋直径20mm,间距75mm。STC与普通混凝土交界处设置直径12mm、间距120mm×150mm的钢筋网。负弯矩区桥面板钢筋布置以及STC覆面高度见图2.54。

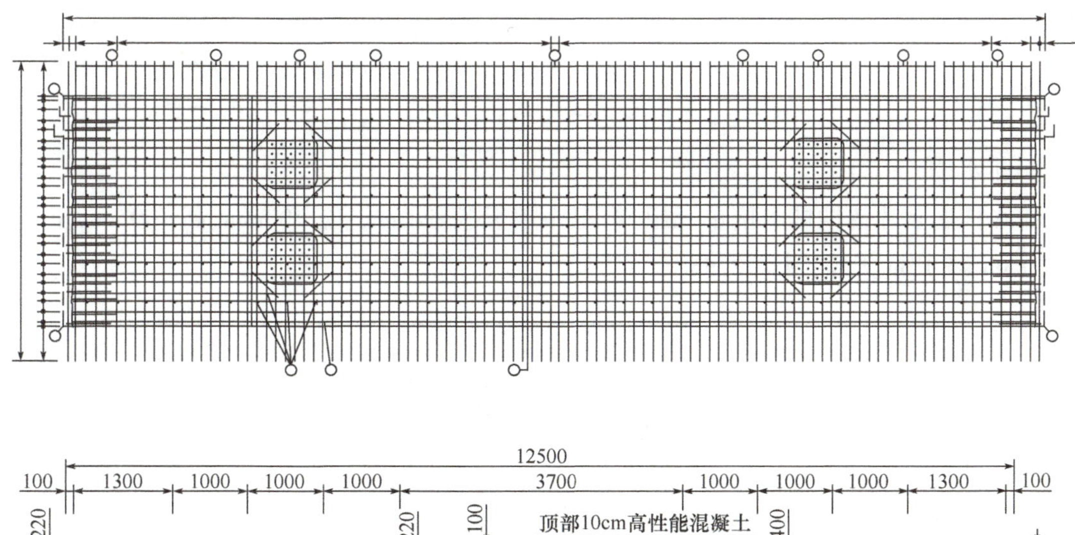

图2.54　负弯矩区桥面板钢筋与STC覆面布置图(尺寸单位:mm)

STC的裂缝宽度根据《活性粉末混凝土结构技术规程》(DBJ 43/T 325—2017)计算,在普通混凝土裂缝宽度的基础上乘以折减系数,该系数与钢纤维的体积率、纤维长度以及直径有关。裂缝宽度控制在0.05mm以内。

2.5.3 排水系统

一般公路桥梁排水系统仅做泄水管,按横坡与纵坡设置,雨水经泄水管自然往下排放。在钢板组合梁中,下渗雨水容易由混凝土翼缘板延伸至钢梁上,长久作用将会严重影响钢梁的耐久性。

1)总体布置

对排水系统进行专项设计,采用雨水收集系统,在横坡下坡护栏内侧的混凝土桥面板边缘设置铸铁排水槽集中收集雨水,于桥墩位置设排水管顺桥墩引流至桥下。

排水槽位置设置三面坡,便于雨水收集。排水槽在一跨内连续,在伸缩缝位置断开。泄水管及盖座系统于墩中心线旁布置,见图2.55。

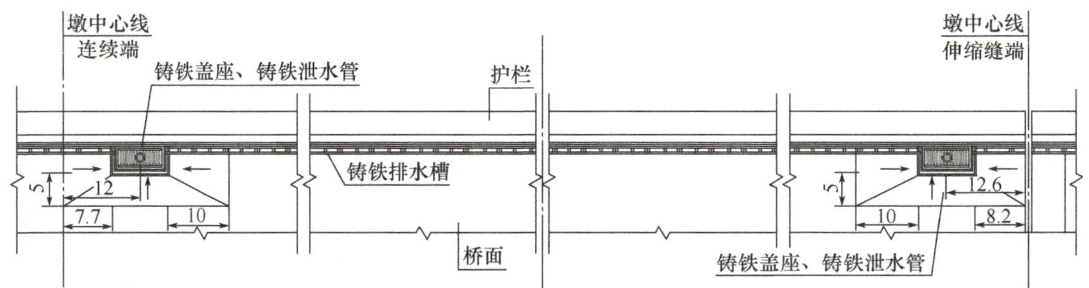

图2.55 排水系统总体布置图(尺寸单位:cm)

2)排水槽

排水槽由多片铸铁排水槽单元组成,单个单元长500mm、宽100mm、高100mm,上开两个220mm×80mm天窗,见图2.56。

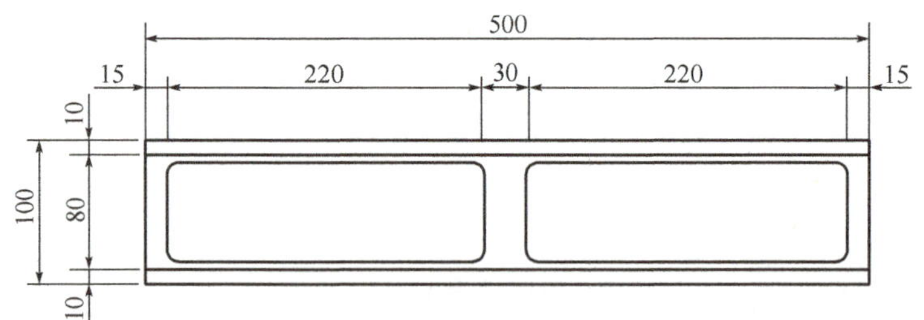

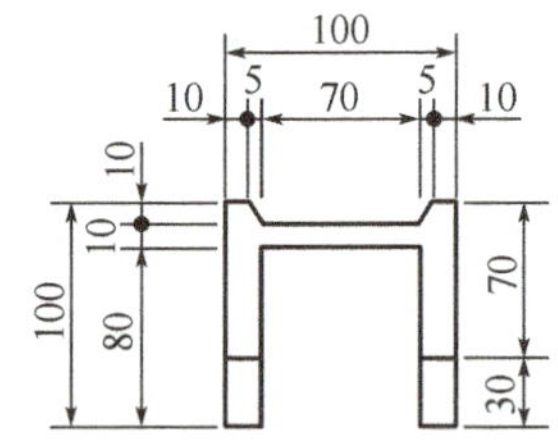

图2.56 排水槽单元(尺寸单位:mm)

3)泄水管

泄水管由铸铁盖座与铸铁泄水管组成,盖座侧面设栅格,与排水槽连接,盖座厚度整体上与沥青混凝土铺装层相同,其布置见图2.57。

4)落水系统

落水系统采用ϕ159mm×3.5mm无缝钢管接落水管,引至盖梁后,接集水斗,并采用ϕ160mmPVC泄水管引至桥下。

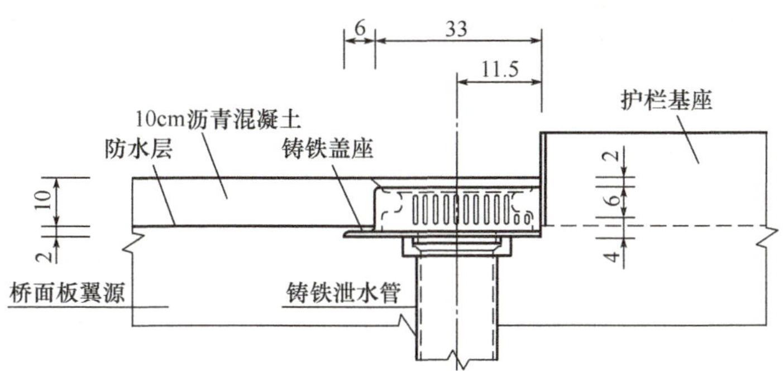

图2.57 泄水管布置(尺寸单位:cm)

铸铁盖座及铸铁泄水管沿墩中心线两侧布置,故无缝钢管采用三通方法连为整体,落水系统布置见图2.58。

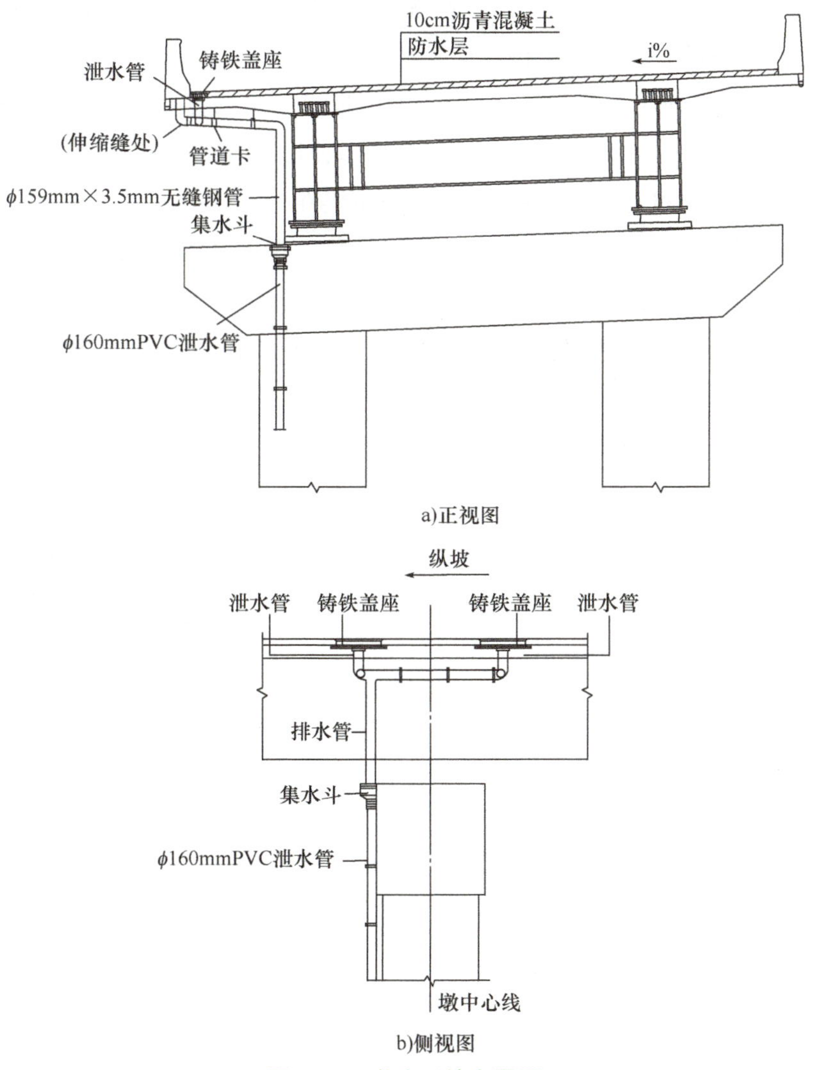

图2.58 落水系统布置图

关注细节问题，专项设计了集中收集雨水的排水系统，可以有效避免雨水对钢梁的侵蚀，大幅度提升桥梁的耐久性。这不仅适用于钢板组合梁，对于其他钢混组合梁桥也有着较好的借鉴意义。

2.6 本章小结

本章针对环境特点，提出钢板组合梁的性能需求，总结钢板组合梁桥的设计技术，主要结论有：

(1)针对广东地区经济发展的高要求，提出高于规范的承载性能需求；针对东南沿海地区地势起伏大、面临潮湿海洋环境的侵蚀情况，提出提高钢板梁耐久性设防的高标准，进而制定了适用于广东省的钢板组合梁桥设计标准。

(2)在总结国内外应用现状的基础上，开展钢板组合梁的参数化设计，优化钢主梁的梁高、梁间距、翼缘板厚度、加劲肋布置形式、钢横梁布置形式、桥面板配筋构造以及连接件；采用精细化的杆系以及空间有限元分析方法，验证桥梁性能。

(3)针对东南沿海丘陵地带的服役环境，考虑检修难度，探索耐候钢新型材料提升钢梁耐久性；提出经济的 STC 覆面技术，提升负弯矩区混凝土的抗裂性能，通过前期投资提升全寿命周期性能；重视精细化的构造设计，在排水系统上开展创新应用，保障桥梁长效性能。

CHAPTER 3 第3章

钢板组合梁桥施工

3.1 概述

组合结构桥梁的施工,普遍采用钢梁与桥面板分部进行的方法,一般将钢梁先行假设就位,再施工桥面板。这种方法利用了钢梁自重较轻的特点,可以降低运输、吊装以及顶推等作业对机具设备与临时设施的要求;接着进行的桥面板施工则以钢梁为支撑平台,进行现浇作业或预制板铺设作业。

预制混凝土桥面板在经济性、施工性、工期、减少桥面板出现拉应力等方面,均有一定的优势,预制桥面板从浇筑到安装,具有更好的养护条件,并且通常储放一段时间,大部分收缩在早期完成,对于减小成桥阶段收缩徐变的影响也非常有利。预制混凝土桥面板横向可以整块预制,也可以分块预制。

组合结构桥梁由钢梁和混凝土桥面板通过连接件结合形成整体受力结构,在形成整体组合结构过程中,不同的施工方法、过程,将导致组合结构中不同的内力分配。组合结构桥梁类型丰富、适应性强。从其构成——钢梁、桥面板以及连接件三者来看,各自都有多种结构形式。以桥面板为例,根据施工方法、结构形式以及结合方法等,可分成现浇桥面板、预制桥面板及组合桥面板三种主要类型,每种桥面板又可以进一步细分;实际工程应用中,一座具体的桥上并不仅限于适用一种类型的桥面板,因此,这种结构与施工方法的多样性发展及其相互影响,促进了设计与施工相结合,钢与混凝土两种不同受力性能的材料的合理利用也自然地与施工方法联系起来,并呈现出设计与施工相互依存并密切合作的技术状态。

设计与施工相互依存的设计理念与方法的形成,是在竞争中不断追求组合结构桥梁的经济性、提高其技术经济综合优势的结果。要实现组合结构桥梁的经济性,设计者必须在充分考虑施工条件与要求以及如何充分利用施工条件改善设计两个方面深入讨论,从而实现结构材料费用与施工费用总和最省的目标。组合结构多样性的选择机会,同样为工程师提供了创造性发挥的技术空间,研究设计与施工的相互依存性,把握好设计时充分考虑施工条件与要求以及充分利用施工条件改善设计两个方面,对于提高组合结构桥梁的技术经济竞争能力是十分重要的。主要内容及路线见图3.1。

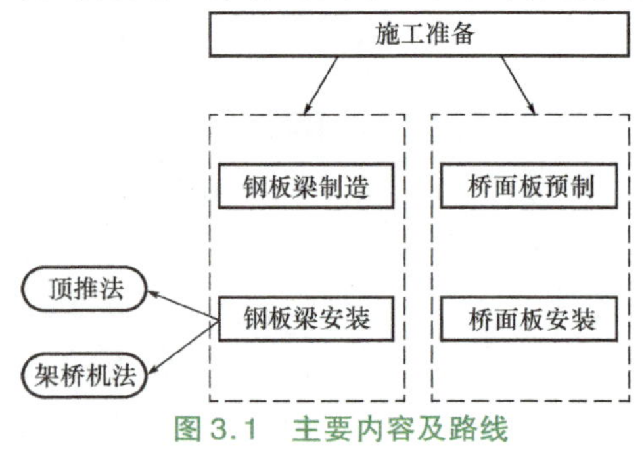

图3.1 主要内容及路线

3.2 钢板梁制造

高台大桥、老屋村大桥为全焊接钢板梁结构，在厂内完成钢主梁所有钢构件的下料，并制作完成杆件、单元件，采用平板车运输至涂装现场，然后采用汽车运输至桥址现场进行总成和拼装。

3.2.1 加工准备

1)人力投入

根据对各施工区域施工资源进行分析，合理配置管理和技术人员，从人员结构、数量、资质、工作经验、制度建设等方面保证工程的顺利进行，人力投入计划见表3.1、表3.2。

主要管理和技术人员投入表　　表3.1

<table>
<tr><th rowspan="2">序号</th><th rowspan="2">项　目</th><th colspan="4">数量(人)</th></tr>
<tr><th>配置总数</th><th>内场制造场地</th><th>高台大桥总拼场地</th><th>老屋村大桥总拼场地</th></tr>
<tr><td>1</td><td>生产</td><td>7</td><td>5</td><td>1</td><td>1</td></tr>
<tr><td>2</td><td>计划合同</td><td>3</td><td>2</td><td colspan="2">1</td></tr>
<tr><td>3</td><td>人力资源</td><td>3</td><td>2</td><td colspan="2">1</td></tr>
<tr><td>4</td><td>结构</td><td>10</td><td>8</td><td>1</td><td>1</td></tr>
<tr><td>5</td><td>焊接</td><td>5</td><td>3</td><td>1</td><td>1</td></tr>
<tr><td>6</td><td>设备</td><td>4</td><td>2</td><td>1</td><td>1</td></tr>
<tr><td>7</td><td>材料</td><td>3</td><td>2</td><td colspan="2">1</td></tr>
<tr><td>8</td><td>质量</td><td>8</td><td>6</td><td>1</td><td>1</td></tr>
<tr><td>9</td><td>安全</td><td>5</td><td>3</td><td>1</td><td>1</td></tr>
<tr><td>10</td><td>试验</td><td>3</td><td>2</td><td colspan="2">1</td></tr>
<tr><td>11</td><td>涂装</td><td>2</td><td>1</td><td colspan="2">1</td></tr>
<tr><td>12</td><td>财务</td><td>2</td><td>1</td><td colspan="2">1</td></tr>
<tr><td>13</td><td>合计</td><td>55</td><td>37</td><td colspan="2">18</td></tr>
</table>

主要技术工人投入表　　表3.2

序号	项　　目	数量(人)			
		配置总数	内场制造场地	高台大桥总拼场地	老屋村大桥总拼场地
1	预处理	10	10	—	
2	下料切割	15	15	—	
3	生产线操作工	22	22	—	
4	装配工	50	30	12	8
5	电焊工	81	40	23	18
6	机加工	7	5	1	1
7	清磨工	36	24	6	6
8	配套工	14	10	2	2
9	起重工	44	28	9	7
10	行车工	16	10	3	3
11	电工、钳工	7	5	1	1
12	运输工	12	8	2	2
13	测量工	4	2	1	1
14	涂装工	40	20	10	10
15	合计	358	229	70	59

2)技术准备

技术准备包含深化图纸、焊接工艺评定两个基本环节。图纸深化是实施单位将设计图纸根据工业化需求进行优化的必经步骤,而焊接为钢板组合梁质量保障的关键工序。

(1)图纸细化

根据设计院提供的设计施工图和技术要求及相关的标准、规范,进行钢结构的三维放样,以获得各构件的准确数据,并完成施工图纸转化工作。详细的施工图纸转化工作程序见图3.2。

(2)焊接工艺评定

焊接工艺评定试板的材质应与产品的材质一致。钢板焊接工艺评定试验中对焊接坡口、根部间隙等参数模拟实际工况中可能的极限值,以使焊接工艺评定试验的结果具有广泛代表性,且应注意焊接工艺评定包含剪力钉的焊接。焊接工艺评定工作程序见图3.3。

3)制造设备

根据钢板组合梁的工程特点,提高钢梁制造的机械化水平,尤其是杆件制造的机械化水平,减少人为因素对质量的影响,保证产品质量的稳定性,投入生产制造的机械设备类型齐全、配套完整,并与施工质量和进度相适应。主要投入设备详见表3.3,主要机械设备介绍见表3.4。

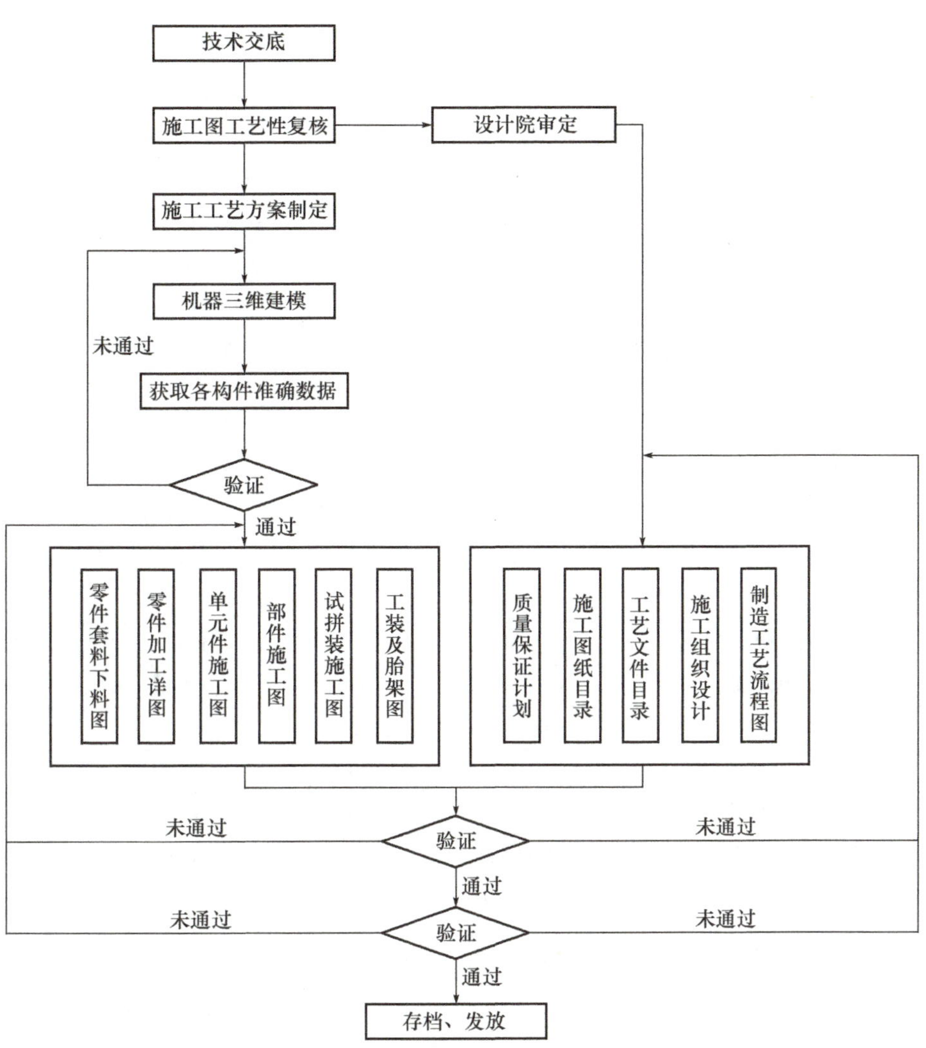

图 3.2　施工图纸转化工作程序

投入本项目的主要施工设备表　　表 3.3

序号	设　　备	型 号 规 格	数量	生产能力 mm × mm × mm	用于 施工部位
一、材料预处理设备					
1	钢板预处理线	HK4500	1	6 – 100 × 4500	材料处理
2	数控七辊矫平机	WD43M-40 × 4500	1	12 – 40 × 4500	材料处理
二、下料设备					
1	数控火焰切割机	AG-600	1	6 ~ 100 × 6000 × 39000	材料下料
2	数控等离子切割机	TG-600	1	6 ~ 100 × 6000 × 39000	材料下料
3		FarleyTrident	1	6000 × 40000	材料下料

续上表

序号	设　　备	型号规格	数量	生产能力	用于施工部位
				mm × mm × mm	
二、下料设备					
4	数控等离子切割机	GSⅡ-6000D	2	30×6000×40000	材料下料
5		GSⅡ-7000D	1	4~100×6000×18000	材料下料
6	门式多头火焰切割	GZⅡ-6000	2	100×6000×40000	材料下料
7	多头直条切割机	GZ-4000	1	4~100×4000×16000	材料下料
8	直条火焰切割机	GZ-4000	1	6~100×4000×39000	材料下料
三、加工设备					
1	磁力钻	MAB825	2	20~80	零件钻孔
2	过渡坡口铣边机	XY5S	1	5000×16000	零件加工
3	龙门数控铣床	XK21	1	2000×10000	零件加工
4	板边倒角线	BLX-00	1	R2	零件加工
四、焊接设备					
1	埋弧自动焊机	MZ-1250	6	1250A	构件焊接
2	直流自动埋弧焊	ZX7-1000	6	1000A	构件焊接
3	CO_2保护焊机	NB500I	30	500A	构件焊接
4	全位置焊接小车	8SS-G	10	500A	构件焊接
5	逆变直流手工焊机	ZX7-400	20	400A	构件焊接
6	远红外焊剂烘箱	YGCH-G-500	3	500kg	焊材处理
五、起重转运设备					
1	门式起重机	80t	2	80t	构件吊运
2	桥式起重机	20t	10	20t	构件吊运
3	桥式起重机	50t	1	50t	构件吊运
4	液压平板车	320t	1	≤320t	构件转运
5	自行式数控模块车	TJ-S2.43	5	36t/轴线	构件转运
六、涂装设备					
1	空气压缩机	550DAS	3	—	动力设备
2	冷干机	ADL-2000W/	3	—	动力净化设备
		DNK-180MW			
3	喷砂系统	GPBSDR4-9838	8	—	喷砂设备
4	通风除尘系统	GFT4-32/	3	—	除尘设备
		GFT4-96			
5	真空吸砂机	GVS-8	1	—	收砂设备
6	旋风除尘器	GXP-1000	2	—	吸尘设备
7	防爆离心风机	DHE-CL900L	3	—	处理漆雾

续上表

序号	设　备	型 号 规 格	数量	生产能力 mm × mm × mm	用于施工部位
六、涂装设备					
8	高压无气喷涂机	GPQ9CA	2	—	喷涂设备
9	抛光机	P2500	10	—	涂层修复打磨
10	油漆搅拌器	气动搅拌器	4	—	涂料调配
七、专用设备					
1	数控火焰号料机	GSⅡ-6000	2	4～100×6000×40000	材料下料
2	数控划线号料机	GSⅡ-6000P	2	6～100×6000×40000	材料下料
4	H 型钢自动组立机	HGS-2000Ⅱ	1	300～2000mm	杆件制造
5	悬臂式自动埋弧焊机	XMHA-1600	4	300～2000mm	杆件制造
6	翼缘液压矫正机	YJ-80	1	厚≤80mm	杆件制造
7	箱形杆件组立机	ZUZBL-4000	1	2000×4000×18000	杆件制造
8	门式埋弧焊机	MHJL-4000	2	2000×4000×18000	杆件制造

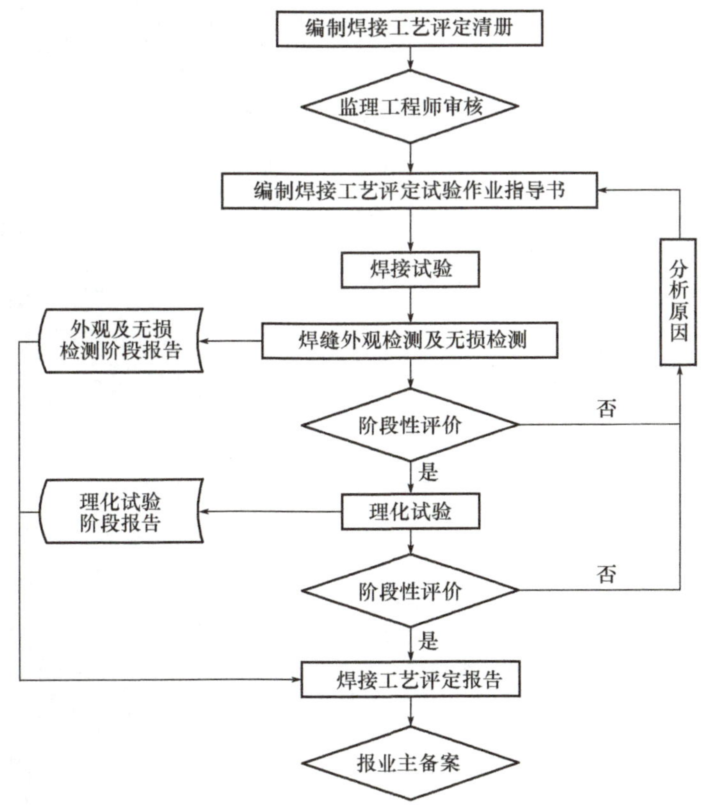

图 3.3　焊接工艺评定工作程序图

主要机械设备介绍　　表 3.4

序号	名　称	设备参数	设备照片
1	数控划线号料机	划线速度为 1000mm/min 边长误差(四边)≤0.5mm 对角线偏差≤0.5mm 交点偏差≤0.5mm 整机定位精度≤5mm	
2	数控等离子火焰切割机	适用尺寸: 6000mm×40000mm 含:自动编程 自动划线 坡口开制 喷码打标功能	
3	数控等离子火焰切割机	适用尺寸: 6000mm×40000mm 含:自动编程 自动划线 坡口开制 喷码打标功能	
4	R2 倒棱机	倒棱采用机械挤压成型,通过上下两组4个挤压轮,将板肋两侧的直角边挤压成 R2 圆弧角,加工速度 10m/min,每天可加工板肋及其他需要倒角构件 1000m 以上	

续上表

序号	名　称	设 备 参 数	设 备 照 片
5	H型杆件自动组立机	点焊速度:500～800mm/min 空行程速度:6000mm/min(最高) 焊接电源功率: 18kVA+18kVA 翼板宽度:300～1200mm 腹板高度:300～2000mm 腹板、翼板长度:6000～18000mm	
6	30°～90°液压翻转架	翻转角度:30°～90° 最大翻转重量:30t/组 适用工件高度:2000mm 液压系统压力:10MPa 腹板高度:300～2000mm 翼板宽度:300～1200mm	
7	悬臂式自动埋弧焊机	轨距:1600mm 主机功率:5.1kW(不包括焊机) 焊接速度:350～600mm/min 空走速度最大:3500mm/min 轨道长度:18000mm 腹板高度:300～2000mm 翼板宽度:300～1200mm	
8	H型钢翼缘液压矫正机	主压轮顶力:2000kN 最大传递扭矩:50kN·m 矫正速度:5.2m/min 液压系统压力:20(顶升缸)/12MPa(液压马达) 机床总功率:27kW	

续上表

序号	名称	设备参数	设备照片
9	杆件组立机	主机通过高度:4000mm 导轨中心距:4000mm 侧压油缸行程:1300mm 侧压油缸高度调节范围:1800mm 下压油缸行程:1000mm 横梁机构高度调节范围:1300mm	
10	柱门式埋弧焊机	主机通过高:4000mm 门架轨距:5000mm 门架行走速度: 0.1 ~6m/min 焊接速度:300 ~600mm/min 焊接要求: 2 条焊缝同时焊接 左右焊接横臂上下行程:2000mm 焊接横臂左右行程:1000mm	
11	杆件专用划线平台	长度:4000mm 宽度:2000mm 厚度:300mm 表面粗糙度:3.2μm 平面精度:0.02 ~0.05mm	

3.2.2 钢板梁加工

钢板梁加工制作重点内容包括横梁单元件弯曲或扭曲变形控制、主纵梁上翼板角度偏差控制、纵梁立面线形和平面线形控制、耐候钢焊接等,通过三维放样、制定合理的焊接工艺、矫正工艺、设计合理的胎架和专用工装等予以保障,现对加工工艺做全面介绍。

1)预处理、放样、下料

(1)钢板校平及预处理

钢板在下料前,采用矫平机进行矫平以保证钢板平面度,消除钢板轧制内应力。钢板、各种型材在钢材预处理流水线上完成抛丸处理和喷涂车间底漆工作,喷涂车间底漆一道;表面除锈达到现行《涂装前钢材表面锈蚀等级和除锈等级》(GB 8923)标准规定的Sa2.5级,钢材表面粗糙度 R_z 达到40~80μm,干膜厚度20μm。预处理生产线如图3.4所示。

图3.4 预处理生产线

(2)零件下料

钢板梁结构中的所有零件必须根据设计文件进行计算机放样,放样过程中应考虑焊接收缩量、机加工量、装配间隙及分段余量等工艺补偿量。

零件放样尺寸=零件理论尺寸+焊接收缩量+端口余量-焊接装配间隙

腹板以及其他异形零件直接生成NC代码输入数控切割机切割下料,见图3.5;上、下翼板等矩形零件采用拉条机双炬对称切割下料,或在专用切割划线平台上划线后采用两台半自动切割机对称切割下料。坡口采用半自动切割机开制。

图3.5 下料设备

下料精度:上、下翼板、腹板等主要零件长短边尺寸误差不大于1mm,次要构件长短边尺寸误差不大于2mm。为保证下料精度,各主要零件实行首件专检、主要零件下料必检。

(3)零件矫正

零件矫正前清除下料边缘的毛刺、挂渣。矫正后的钢料表面不应有明显凹痕和其他损伤。钢板采用九辊和七辊校平机进行矫平;零件矫正宜采用冷矫,冷矫正时的环境温度不宜低于 -12℃,矫正后的钢材表面不应有明显的凹痕和其他损伤。热矫的温度控制在 600~800℃,矫正后零件随空气缓慢冷却,降至室温以前,不得锤击或用水急冷。

(4)装配

组装前必须熟悉图纸和工艺文件,认真核对零件编号、外形尺寸和坡口方向,确认无误后方可组装。组装前必须彻底清除待焊区域及周围的铁锈、氧化皮及油污等有害物。

定位焊采用实心焊丝 ER50-6,应距设计焊缝端部 30mm 以上,长度 50~80mm,间距 400~600mm,焊脚尺寸不超过 4mm,装配间隙小于 0.5mm。并对定位焊两端起熄弧处进行打磨匀顺。

2)杆件单元制造

(1)主纵梁单元制造

主纵梁单元件由上下翼缘板、腹板及加劲组成,单元结构形式如图 3.6 所示,主纵梁的制造流程如表 3.5 所示。

图 3.6 主纵梁单元结构

主纵梁的制造流程 表 3.5

序号	工 序	图 片
1	检查来料(零件号、外形尺寸、对角线、坡口、材质及炉批号)	

续上表

序号	工　序	图　片
2	在专用胎架上组装主梁上下翼缘板，控制上翼板的角度，采用钢盘尺进行划线，划出主纵梁各安装结构位置	
3	采用双丝埋弧焊工艺，使用单臂焊机自动焊接	
4	对线安装筋板，保证加劲板安装的垂直度。焊接时控制焊接电流及速度，减少焊接变形	
5	将单元件置于检验、矫正胎架上，检查单元件平面度和板边平直度。变形采用火焰矫正，矫正温度控制在600～800℃之间，自然冷却，严禁过烧、锤击和水冷	
6	按图纸要求检查并做好标记、标示	—

(2)横梁制造

本项目横梁包含端部大横梁和中间小横梁,均采用H形截面,结构示意图如图3.7所示,小横梁制造流程如表3.6所示。

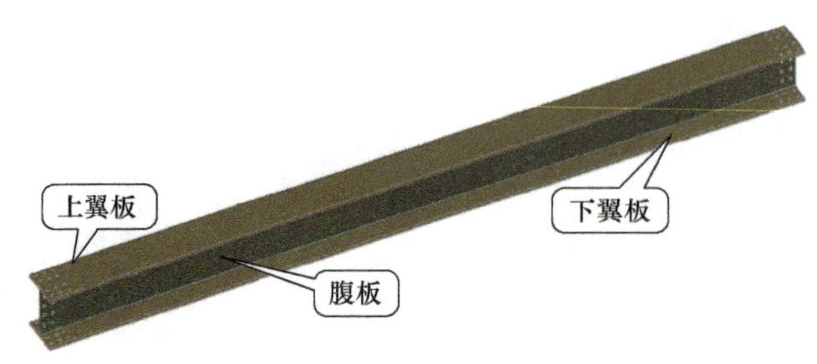

图3.7 横梁结构

小横梁制造流程　　表3.6

序号	工　序	图　片
1	采用数控切割精确下料各零件,并对零件进行机械矫平	
2	下盖板定位于H形杆件组立机上,再定位腹板,并定位焊	

续上表

序号	工　序	图　片
3	定位上盖板，并定位焊	
4	检验合格后，在悬臂式自动埋弧焊接机上进行焊接	
5	在H型钢翼缘液压矫正机上进行机械矫正	
6	杆件报检，流转下道工序	

3)总成拼装制造方案

为缩短场内预拼装时间,节约拼装场地,本项目首次采用三维激光扫描预拼接技术,通过现场采集杆件单元点数据,电脑合成虚拟拼装。实物拼装与总成在桥址同步进行,拼装过程中采取多种措施保证钢梁满足设计要求,详见第6.4节。

为保证钢梁节段制造满足设计要求,针对本项目结构特点,结合桥址厂地资源及起重设备的配置情况,制定总成拼装制造工艺,主体工艺如下:本项目拼装与总成同步进行;梁段总成前,预先设置控制地标点;针对本项目组合梁结构特点制作专用组装胎架,并预放组合梁预拱度;制定合理的装配顺序与报检停止点。

(1)胎架制造

本工程钢梁预拼时通过胎架模板调节线形。胎架固定在混凝土基础上形成刚体。根据梁段的重量、结构形式、外形轮廓、设计线形、成桥预拱值及节段转运等因素进行胎架的设计和制作,胎架结构有足够的刚度,满足承载钢梁及施工荷载的要求,确保不随梁段拼装重量的增加而变形。

钢梁预拼胎架施工过程中对总拼胎架地标、胎架模板线形和胎架结构连接进行测量和控制。定位地标点采用激光经纬仪、拉力器配合钢卷尺进行放样和测量,经监理验收合格后刻划永久标记作为节段定位基准。胎架模板线形采用激光经纬仪进行放样和测量。装焊模板,焊接完成后测量复核模板高程,自检合格后报监理进行验收。预拼胎架经验收合格后方可投入使用,此时钢模板已经具备理论线形。

胎架区用全站仪配合,在地面上划出供各杆件定位的标记线、支座短边定位线、梁段中心线等,同时钢梁设置理论线性的空间坐标点(x,y,z),在预拼装时通过全站仪对空间坐标点进行测量或对合地样点,为梁体提供调整方向。

(2)总成拼装制造

①杆件定位

总成装配过程中使用全站仪对杆件横向、纵向位置、竖向线形进行监控测量。对于偏差较大的杆件通过必要的火工校正、压重等手段,将监控点调节至理论位置,将梁体与胎架模板刚性固定。自检合格后报监理进行复核,监理检查合格后方可进行焊接。标准节段结构示意图如图3.8所示。

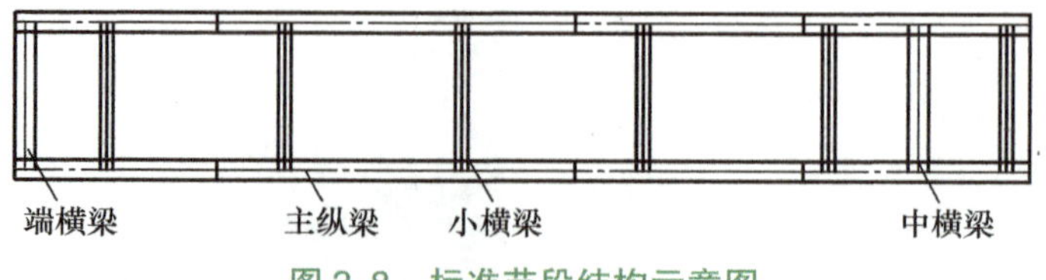

图3.8 标准节段结构示意图

②焊接流程

根据组合梁的结构特点，制定合理的焊接工艺，防止焊接变形造成较大误差。工地总成的主梁环口焊接顺序为：焊腹板对接焊缝→焊上翼板对接焊缝→焊下翼板对接焊缝。

③拼装工艺

总拼区域长度约200m，3×40m和4×40m联次均可一轮完成总成拼装。总成时相邻两梁段的纵梁翼板、腹板对齐，用马板固定，报检合格后左右两侧单元件对称焊接，焊接完成后，根据实测间隙切割合龙段余量，保证钢梁总长度和桥位环缝间隙。

4）焊接工艺

焊接方法由焊接工艺评定试验进行确定，本项目焊接方法见表3.7。

焊接方法　　表3.7

序号	焊接项目	焊接方法	焊缝要求	焊接位置
1	拼板接料	埋弧焊	熔透	平位
2	主梁顶、底、腹板对接	CO_2气体保护焊	熔透	平位
3	主梁、横梁腹板与上下翼板焊缝	埋弧焊 CO_2气体保护焊	熔透	平位
4	主梁筋板角焊缝	CO_2气体保护焊	贴角、熔透	平位、立位

3.2.3 钢板梁运输

高台大桥位于信宜市白石镇白鸡村，距信宜市区30km，运输采用S370省道，属于山区道路，有三处急弯不适于半挂通行。从省道至桥位为施工便道，交叉口附近有寺庙，施工便道坡大弯急，9.6m载货汽车只能勉强通行。

老屋村大桥位于高州市荷花镇老屋村，距离信宜市34km，从信宜市到荷花镇为S283省道，属于山区道路，不适宜半挂车通行，从荷花镇到老屋村桥址为山路，路宽约3m，沿途村庄多，施工便道有两处坡度较大。

针对桥位存在运输不便的情况，钢板组合梁将一跨钢梁拆解为5段，控制单段长度在6.95～10m，减小运输难度。根据项目的交通状况，最终采用9.6m载货汽车从武船双柳基地经许广高速公路、夏蓉高速公路、包茂高速公路运输单元件至信宜市，经S370省道和S283省道分别运输至高台大桥以及老屋村大桥的桥位现场，全程1200km。

钢梁运输途中，下方采用柔性材料支垫，并做好防倾覆及固定措施，运输途中控制车辆运输行驶，避免钢梁异常变形。钢板梁运输设备及运输现场见图3.9。

图 3.9　钢板梁运输设备及运输现场照片

3.2.4　钢板梁防腐

配合钢板梁制造总体工艺，涂装工艺的总体流程为：钢板移至下料车间下料并转进车间加工成杆件单元件，并在单元件制造车间对难涂区域隐蔽工程先行涂装，单元件制造完成后流转至涂装车间整体涂装施工防腐，工地拼装后对焊缝及第二道面漆施工，钢板梁安装后对底板或环缝进行修补。

1）基本要求

涂装房作业环境条件如表 3.8 所示。

涂装房作业环境条件　　表 3.8

<table>
<tr><th>项　目</th><th colspan="2">控制要求</th><th>检测方法</th><th>检测频率</th></tr>
<tr><td>环境温度</td><td colspan="2">5～38℃</td><td>温度计测量</td><td rowspan="3">施工过程中每 2h 检查一次或视天气情况增减检测频率</td></tr>
<tr><td rowspan="2">空气相对湿度</td><td>涂装房内</td><td>≤80%</td><td rowspan="2">干湿球温度计测量再查表换算，或直接用仪器测量空气湿度</td></tr>
<tr><td>现场施工、露天修补</td><td>≤85%</td></tr>
<tr><td>钢板表面温度</td><td colspan="2">≥空气露点温度 +3℃</td><td>钢板表面温度仪测量</td><td rowspan="2">油漆涂装前测一次</td></tr>
<tr><td>空气露点</td><td colspan="3">由干湿表查出</td></tr>
<tr><td>表面处理与底涂层间隔时间</td><td colspan="4">一般情况下（湿度 70%），底涂层（环氧耐磨漆或喷铝）最好在表面处理后 4h 内喷涂；当相对湿度小于 60% 时，可适当延长时间，但不能超过 8h；不管停留多长时间，只要表面出现返锈现象，应重新除锈</td></tr>
<tr><td>涂装适宜条件</td><td colspan="4">户外涂装宜在天气晴朗时进行，关注天气预报，当天气短时间内有不利于涂装的天气时停止作业</td></tr>
<tr><td>特殊条件</td><td colspan="4">涂料说明书中特别要求的其他作业环境条件。施工环境温度在 -5～5℃ 时，应采用低温固化产品或采取其他措施（如除湿机、加热干燥机等增温措施），聚氨酯面漆不允许在 5℃ 以下施工</td></tr>
</table>

续上表

项　　目	控制要求	检测方法	检测频率
禁止条件	大风(大于5m/s)、较大灰尘及雨、雪、雾等环境下禁止进行室外露天涂装作业		
场所要求	涂装施工区域光线应充足明亮,涂漆场所应通风良好。前道工序的场地应与后道工序的场地分开,否则漆膜表面会被前道工序产生的灰尘与磨屑污染,造成颗粒与粗糙不平的漆膜表面		

2)涂装工艺

(1)防腐涂装方案

涂装施工方案如表3.9所示。

涂装施工方案　　表3.9

<table>
<tr><th>结构部位</th><th>涂　层</th><th>防护方案</th><th>道/干膜厚度(μm)</th><th>施工场所</th></tr>
<tr><td rowspan="2">外表面(不与现浇混凝土接触面)</td><td>二次表面处理</td><td colspan="2">喷砂处理到Sa2.5级,R_z40~70μm</td><td rowspan="4">工厂</td></tr>
<tr><td>底漆</td><td>冷喷锌</td><td>2×35</td></tr>
<tr><td rowspan="3">外表面(不与现浇混凝土接触面)</td><td>中间漆</td><td>冷喷锌封闭剂(兼有环氧云铁功能)</td><td>2×50</td></tr>
<tr><td>面漆</td><td>丙烯酸聚硅氧烷面漆</td><td>1×50</td></tr>
<tr><td>面漆</td><td>丙烯酸聚硅氧烷面漆</td><td>1×50</td><td>总成场地及桥位</td></tr>
<tr><td rowspan="2">与现浇混凝土接触面</td><td>二次表面处理</td><td colspan="2">喷砂处理到Sa2.5级,R_z40~70μm</td><td rowspan="2">工厂</td></tr>
<tr><td>底涂层</td><td>冷喷锌</td><td>2×45</td></tr>
</table>

注:1.漆膜固化过程中,梁段存放周围通风风力等级不得低于2级。

2.漆膜厚度测定点的最大值不能超过设计厚度的2倍,对于富锌漆不得超过涂料厂家推荐的上线。

3.涂料涂层涂装过程中,可以测量湿膜厚度以控制干膜厚度,按《色漆和清漆　漆膜厚度的测定》(GB/T 13452.2—2008)的规定执行。

(2)涂装施工流程

涂装施工流程见图3.10。

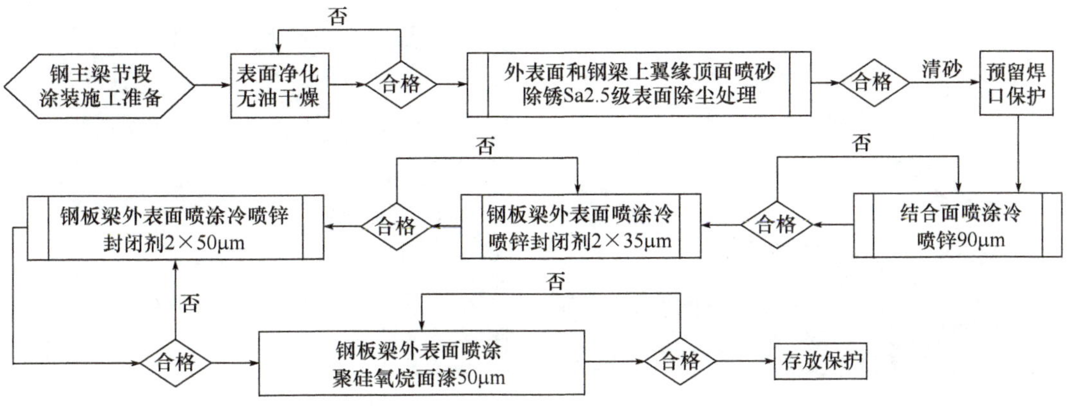

图3.10　涂装施工流程图

3)杆件涂装施工工艺

(1)表面清理

表面清理包括表面缺陷(飞溅、焊渣等)修补、打磨,表面油污的检查及清除,粉尘记号、涂料、胶带等表面附着物及杂物的清除,要求表面清洁至无油、无水、无污物及其他可溶性盐分。

喷砂除锈前对待涂装的表面检查做出标记,采用手工动力或电动工具按表"补焊、打磨要求"要求对不利于涂装的部位打磨清理。打磨清理后采用清扫和吸尘器清理方法将所有尘渣从钢结构表面清除。补焊、打磨达到《覆涂料前钢材表面处理表面清洁度的目视评定第3部分》(GB/T 8923.3—2009)P3要求,表面无重大的可见缺陷。

(2)喷砂除锈技术要求

喷砂进气压力不低于0.75MPa,喷砂施工顺序为:腹板底面→上下翼缘板→腹板顶面,见图3.11。

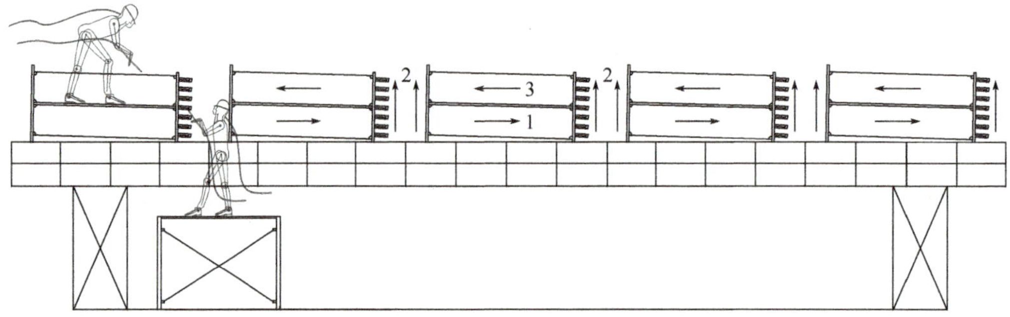

图3.11 钢板梁喷砂除锈顺序

使用磨料粒度和形状的选择满足喷射处理后对表面粗糙度的要求,所有磨料均存放在通风、干燥的库房内,使用过程中定期补充新磨料。钢板梁喷砂外观钢板梁上翼缘板喷砂外观见图3.12。

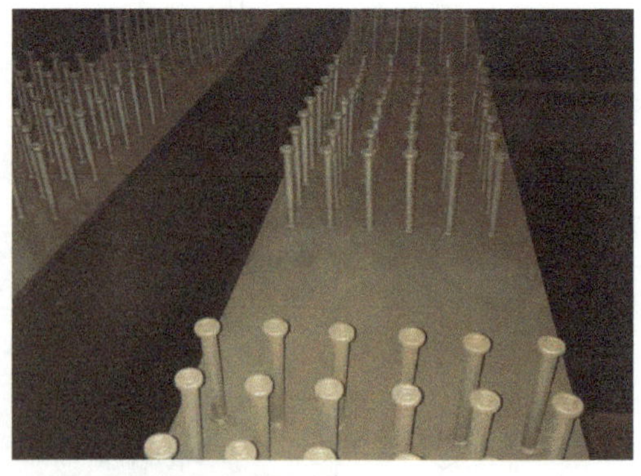

图3.12 钢板梁喷砂外观钢板梁上翼缘板喷砂外观

(3)接缝遮蔽保护

喷漆后,对部件工地预留焊接端口按退层阶梯(留出底漆宽 100mm)遮蔽保护。保护材料采用美纹纸遮蔽保护(宽度为 100mm 及以上),喷砂遮盖保护面每侧宽度不低于 80mm 且预留加劲焊接区必须进行遮蔽保护,见图 3.13。

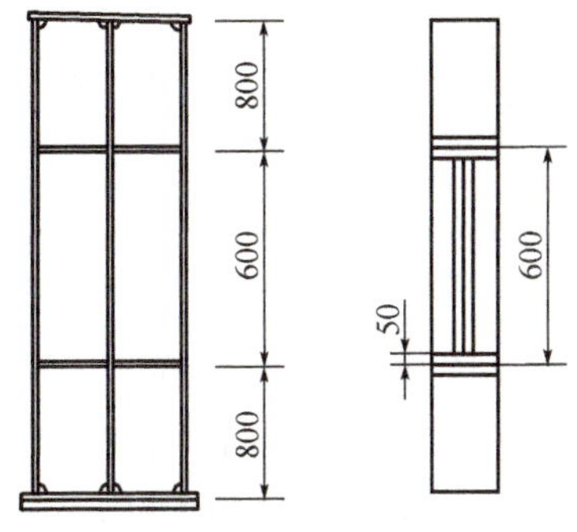

图 3.13　横梁工地预留焊缝遮蔽保护尺寸(尺寸单位:mm)

(4)支点换墩

钢结构外表面涂装完成后须进行换墩涂装,其外表面及喷漆的要求及质量标准同钢结构外表面。部件底漆涂装报验合格后应及时运出喷漆房,移墩后的支点不应在原搁墩处。移墩后原墩位处周边涂层进行保护,用手提式真空喷砂机进行喷砂除锈,使清洁度达到 Sa2.5级,粗糙度为 40 ~ 70μm。自检、专检报监理验收合格后周边涂层实施保护,然后冷喷锌 70μm,随外表面一起进行各道涂层的涂装。细部除锈、焊接预留面喷涂施工及保护见图 3.14。

图 3.14　细部除锈、焊接预留面喷涂施工及保护

(5)喷漆技术要求

焊缝、复杂形状、不易喷涂到的部位采取刷涂法进行预涂施工。喷砂完工的工件出跨遇大雨时,在喷砂间进行第一道底漆的涂装。墩位处的涂装在临时存梁场地修复。

按"等压、等距、等速、等距离、均匀移动喷枪进行涂漆施工",采取先涂较难喷涂区域再喷涂大平面的施工顺序。对涂层外观、涂层遮盖力及漆膜厚度进行检测,及时标记出薄弱部位并快速处理。多道涂层喷过程中,用砂布进行作业面清洁处理。

膜厚控制和过喷管理:在喷涂前需对调配好的油漆进行试喷,当漆膜过厚或过薄可以适当调整稀料的配比、喷嘴的型号、行枪速度以及压盖范围。高压无气喷涂涂装施工工艺参数见表 3.10。

高压无气喷涂涂装施工工艺参数　　表3.10

参数名称	喷涂角度	喷涂距离	喷枪移动	喷涂速度	两枪间距
指标要求	垂直	300～400mm	保持垂直	两次性达到厚度要求	50%重叠

喷漆自上往下，从里往外，先难后易，钢板梁油漆喷涂顺序见图3.15。特殊部位要采取变换喷涂方向、加快喷枪速度、调整喷漆间距等特殊方法予以处理。喷漆期间使用湿膜卡检测涂层厚度，以保证喷漆质量。难涂部位预涂、喷涂冷喷锌漆见图3.16，喷涂冷喷锌封闭剂、喷涂聚硅氧烷面漆见图3.17。

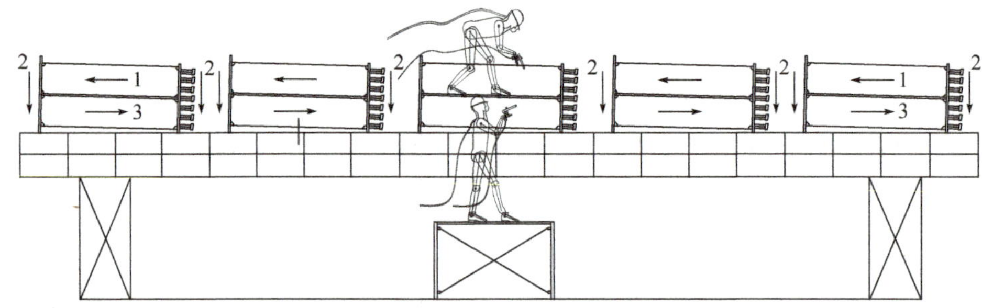

图3.15　钢板梁油漆喷涂顺序

图3.16　难涂部位预涂图、喷涂冷喷锌漆

图3.17　喷涂冷喷锌封闭剂、喷涂聚硅氧烷面漆

预涂蘸取涂料后，毛刷和自制预涂工具应在桶边擀刮掉多余油漆，辊筒应在放置于桶内的小平板上，辊压掉多余涂料。严禁各类预涂工具蘸取涂料出桶时有涂料滴落。

(6)钢结构内部边角、过焊孔等细部部位的预涂

钢结构外表面存在许多边角、过焊孔、缝等涂料喷涂死角部位。这些细部构造部位的预涂工作作为本工程的重点之一，并采取如下措施来确保做好此项工作：

①针对难涂部位的分布，岗前培训时着重对涂装工人进行预涂技术培训。

②对不同部位采用不同的工具预涂，必须辅以尺寸不同的毛刷或者其他工具。

③设计涂层厚度较高的预涂部位使用未添加稀释剂的涂料或多次预涂，使其达到设计的涂层厚度。

④施工顺序：自上往下，从里往外，先难后易。特殊部位要采取变换刷涂方向、使用羊毛刷、加快漆刷速度、调整刷漆间距等特殊方法予以处理。

4)涂装保护、涂层养护及存放

涂层实干之前，应避免附近区域的“扬尘”作业。涂装完成后，涂膜需经过规定的养护时间后方可投入使用。养护期间，避免吊装、碰撞等容易造成涂层损伤的行为，并且需要避免淋雨或者直接浸水以及接触强溶解性、高盐分的或其他腐蚀性介质。已涂装梁段与待涂装梁段相隔2m，避免涂装时污染已涂装梁段。

钢板梁应单层堆放，堆放场应坚实平整、通风并具有排水设施。各支点处应受力均匀并有足够的承载力，在梁段存放期间不允许有不均匀沉降，不允许出现跷板现象。

5)工地涂装

钢板杆件及单元运输至工地后，进行相应的涂装作业，技术要求如下：

(1)表面清理

涂装前采用中性稀释剂清除表面油污等表面附着物、砂土、积水及杂物，确保表面干燥、清洁无杂物。

(2)除锈方法

根据拼装和吊装后环缝漆膜情况，焊缝除锈采用动力工具进行表面处理，达到《涂覆涂料前钢材表面处理表面清洁度的目视评定　第2部分：已涂覆过的钢材表面局部清除原有涂层后的处理等级》(GB/T 8923.2—2008)规定的PSt3或PMa等级。

(3)除锈技术要求

在表面清理检验合格且表面干燥后即可进入动力工具清理除锈打磨处理作业工序。打磨掉焊缝周边旧涂层及焊缝面露出金属光泽，打磨达到St3.0级后再采用钢丝刷拉毛出粗糙毛面。

打磨时砂盘与作业面间的夹角不得小于30°，使用电动砂轮机装配钢丝盘或砂纸盘，打

磨破损处外露的钢铁基体至 PSt3 或 PMa 级,使用 0 号砂纸对折揉搓掉粗大砂粒后轻微打磨破损处外露的底漆和中间漆涂层以及周边一定范围的面漆涂层。砂纸打磨油漆涂层要有层次呈过渡斜口、作业面显现新鲜活性表面,即从面漆涂层至钢铁基体,各层次涂层外露面应不少于 30mm。打磨后的金属表面的清洁度和粗糙度按打磨处理后表面质量要求检查。表面处理后质量要求见表 3.11,涂层损伤面(损伤至底材)打磨后阶梯图见图 3.18。

表面处理后质量要求　　表 3.11

质量标准		检验方法	检验标准
清洁度	PSt3 级	图谱对照、样板对照	GB/T 8923.2—2008
粗糙度	粗糙毛面	手摸上去不得光滑、有硌手感	外观检查

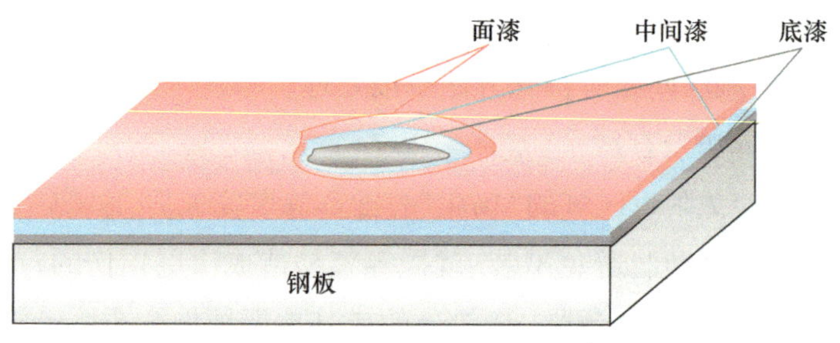

图 3.18　涂层损伤面(损伤至底材)打磨后阶梯图

(4)局部刷涂技术要求

严格控制施工工艺,刷涂或辊涂时刷涂或辊涂方向应取先前后、后左右的方向进行,覆涂时勤检查防止不规则作业面边角漏涂。蘸取油漆时都要适量,以防滴落流挂。使用漆刷时,一般采用直握的方法。用手将漆刷握紧,操作时靠手腕来转动漆刷,必要时以手臂和身体的移动来配合。使用羊毛刷刷涂时,毛刷蘸漆量和毛刷移动速度等技术参数应按所刷涂涂料说明书的要求选用。施工人员严格控制施工工艺,毛刷与工件表面之间的距离保持接触,且刷涂时始终与待涂表面保持接近 45°~60°,做到涂层饱满分布均匀,不产生流挂、漏涂、气泡、起皱、麻面、龟裂等缺陷。毛刷移动时,与上道漆膜有三分之一重叠,下道涂层的刷涂严格按照涂料涂装重涂间隔的要求进行施工。

3.2.5　耐候钢处理

高台大桥左幅第 5 联材质为耐候钢,不进行涂装,但须进行表面稳定化处理。稳定化处理措施可采用表面处理剂或定期浇水等方式。耐候钢经过锈蚀稳定化处理后的色调应为靠近锈蚀的色调,并确保稳定的钝化锈层颜色均匀。

云浮市属南亚热带季风气候,同时又具备复杂多变的山区气候特点,境内气候温和,雨量充沛，年平均降雨量1816.2mm，但时空分布不均，雨热同季，干湿季明显，冬春旱夏秋涝，年均气温22.6℃。桥址位于山区，环境污染小，湿度中等，属于C2级腐蚀环境，腐蚀速率较低，有利于耐候钢锈层的生长和保存。

耐候钢板在预处理阶段喷砂处理，除掉表面的浮锈，使钢板外观质量一致。单元件出厂前2周，每天洒水1次，直至钢结构表面生成致密均匀一致的红褐色锈层。耐候钢洒水表面稳定化处理见图3.19。

图3.19 耐候钢洒水表面稳定化处理

总成完工后仅在焊缝区域洒水，持续1周，每天至少3次，洒水后等待表面干燥后再洒水，保持干湿交替。可以加速焊缝区耐候钢锈蚀速率，使焊缝区域快速锈蚀接近已锈蚀表面颜色。

3.3 桥面板预制

桥面板分A、B、C、D、E、F六类，板宽12.3m，其中A类桥面板为伸缩缝处加强板，宽3.2m，自重38t；B、C类（配筋率不同）桥面板宽3m，自重25.4t；D、E、F类桥面板宽2.5m，自重21.5t。A～E类桥面板均全部采用普通C50混凝土，F类桥面板为底层C50普通混凝土和顶层10cm厚STC超高韧性混凝土叠合板。桥面板设置4个剪力钉槽口，墩顶负弯矩两侧各两条湿接缝和F类桥面板剪力槽采用超高韧性混凝土，其余湿接缝和剪力槽采用C55补偿收缩混凝土。本节对桥面板的预制工艺进行详细介绍。

3.3.1 预制准备

响应工业化建造、标准化管理，桥面板采取工厂化预制，厂房长130m、宽26m，占地面积3380m^2。场区内设置钢筋加工区、预制区、临时存放区、场内通道，其中制梁台座20个，存梁台座10个。场地布设图详见图3.20。

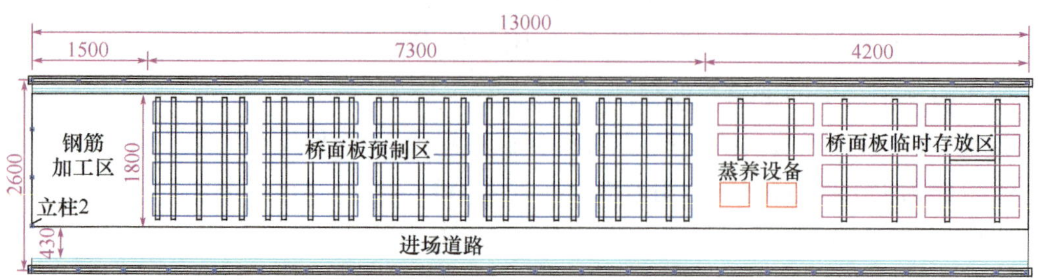

图 3.20　桥面板预制场布置图(尺寸单位:cm)

根据工期、梁板规格投入三种板宽规格模板 20 套,其中 A 类板(3.2m 宽)1 套,B、C 类模板(3.0m 宽)12 套,D、E、F 类板(2.5m 宽)7 套。根据设计要求,为消除预制板后期收缩徐变影响,张拉后 90 天方可架设。因预制场地面积有限,临时存板台座按不超过 5 层存放,最多可临时存放 50 块,存满后,集中倒运至场外路基存放场集中存放。

3.3.2　预制工艺

高台大桥以及老屋村大桥桥面板预制分别采用了整体模板法和移动式模板法,分别对应固定流水和移动流水两类工艺方法。

1)整体式模板法

预制板采用固定式整体模板,模板和预埋在混凝土支墩上的槽钢焊接固定。钢筋在场内加工区加工成半成品后,在台座上绑扎成型,并安装预应力管道。安装端部梳齿板及剪力钉槽口模板,龙门吊提吊吊斗浇筑混凝土。初凝后,覆盖土工布洒水养生、等强 7 天后安装预应力筋,张拉、压浆、封锚后,50t 龙门吊提吊至临时存板区存放。具体工艺流程图详见图 3.21。

(1)模板制作及安装

桥面板在专业厂家加工而成,模板采用整体式钢模板,底模和侧模采用 6mm 钢板,并用槽 14 型钢进行支撑,中间设置横撑和斜撑以固定模板,加大模板整体刚度和稳定性,避免影响桥面板结构尺寸和质量,模板体系见图 3.22。模板在使用前,应先检查其平整度、尺寸、有无变形等,发现问题应及时整改,并清理模板表面的杂物,然后刷脱模剂,以利于拆模。

(2)钢筋加工及安装

桥面板钢筋共有 28mm、25mm、22mm、20mm、16mm、12mm、8mm 七种规格,钢筋均采取焊接连接,焊接接头应满足设计及规范要求。钢钢筋半成品加工好后,通过 1 台 10t 龙门吊提吊运输至预制台座处,人工于预制台座上安装。

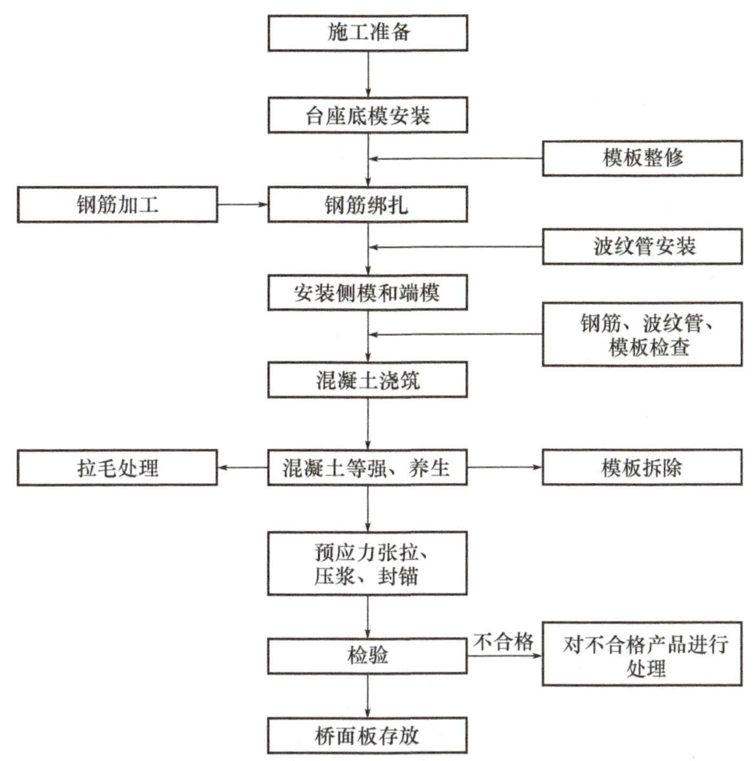

图3.21　桥面板预制施工流程图

钢筋安装按照如下顺序施工：模板清理并涂刷脱模剂→安装长边侧梳齿板→安装底层横向水平筋→安装纵向环形筋→安装预应力管道→安装顶层横向水平筋→安装竖向拉钩筋及吊耳钢筋→安装长边上压板及短边堵头板。

图3.22　模板体系

钢筋绑扎完成后，对钢筋骨架尺寸、主筋间距、箍筋间距等进行检查，并检验锚具、波纹管、预留孔等预埋件位置，安装混凝土保护层垫块。钢筋安装与检查见图3.23。

(3)混凝土浇筑

混凝土由拌和站集中拌制，由混凝土罐车运送至现场。水泥、砂石料、外加剂及拌和用水的各项性能指标需通过实验室检测，配合比需经过批复方可投入使用，见图3.24。在拌制过程中注意混凝土的性能，随时检查混凝土坍落度，若出现异常情况，立即查明原因予以纠正。

图 3.23　钢筋安装与检查

图 3.24　混凝土浇筑

混凝土通过龙门吊和料斗配合送料入模、一次浇筑的方式。浇筑过程中随时检查模板加固情况,漏浆及时堵塞。预制板四侧与现浇混凝土接触面均采用止浆带压毛。

混凝土振捣主要采用插入式振捣棒配合。混凝土振捣密实的标志是混凝土停止下沉,不冒气泡,泛浆,表面平坦。振捣梁振捣时,要注意控制好移动速度,对于吊环位置附近钢筋密集的部位,应提前采用插入式振捣棒振捣。振捣棒振捣时注意快插慢拔,振点布置合理,间距 30 ~ 40cm,振点持续振捣时间严格控制在 20 ~ 25s 之间,振捣严格按布料顺序进行,并不得欠振或超振。

混凝土浇筑到位并振捣密实后注意及时整平收浆,终凝前将顶面拉毛,以利桥面铺装层与板面结合。

(4)混凝土养护

在混凝土浇筑完成初凝后,及时用土工布覆盖桥面板顶面并洒水养生,见图 3.25。混凝土养护由专人负责,定时洒水,保持土工布湿润。防止预制板表面因水分蒸发而影响混凝土强度或形成干缩裂缝。

2)移动式模板法

移动式模板法是指模板体系移动、梁位不动的一种预制方法,其钢筋工程、混凝土工程均与整体式模板法相同,仅在模板的构造与安装方式上存在差异。预制台位安装模板体系分为五大部分,两侧翼缘板下以及中央板下为可移动部分,钢梁对应的两处位置为固定台座,在台座顶面嵌入钢板形成底模。可移动部分设支撑装置,并设滑轨及动力装置,实现模板体系的脱架以及移动。

图3.25　混凝土覆盖养生

工艺上,先将底模移动就位,固定在预制台座垫梁上,待桥面板钢筋绑扎后,安装侧模。模板安装要求牢固、稳定、不变形,拼缝严密、不漏浆,并严格控制模板几何尺寸符合设计和规范要求,对预留钢筋通道形成的孔洞,采取分块插入梳齿式薄钢板,防止漏浆。

当桥面板混凝土强度达到2.5MPa以上时,且混凝土芯部与表层、表层与环境温差均不大于15℃,气温无急剧变化,并保证梁体棱角完整后,方可拆除侧模板,拆除模板前首先应拆除模板间的连接,利用龙门吊进行起吊、人工配合。

拆模顺序为:先拆除翼缘板侧端模,再拆除腹板侧端模,最后拆除底模推拉杆。翼缘板端模及推拉杆拆除示意见图3.26,翼缘板端模及推拉杆拆除示意见图3.27。

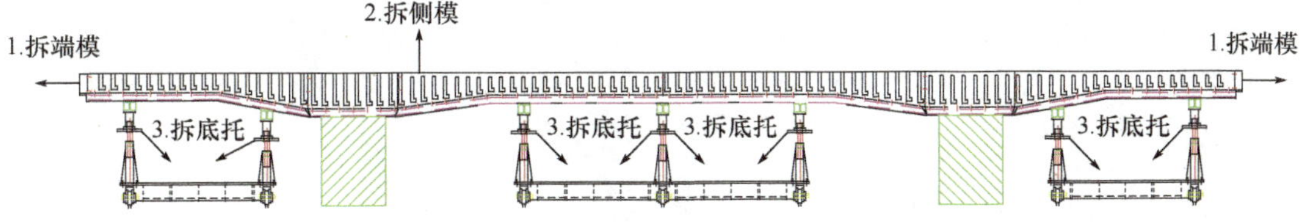

图3.26　翼缘板端模及推拉杆拆除示意图

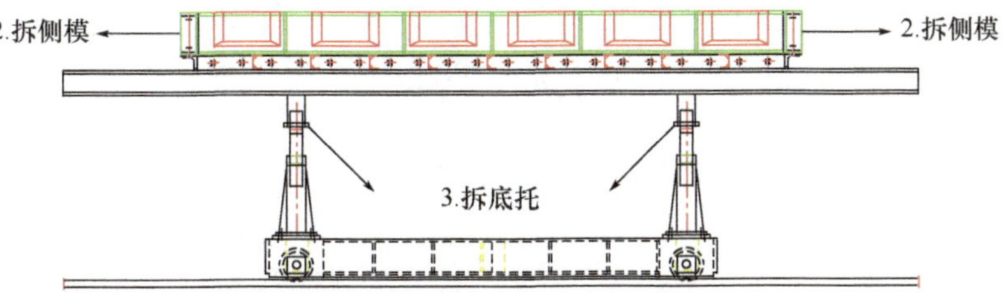

图3.27　翼缘板端模及推拉杆拆除示意图

分块移动底模,将底模移动至下一桥面板浇筑位置,进行下一块桥面板预制。移动式模板法类似于长线预制,能够直观地反映各桥面板块之间的联系、钢筋关系,对于生产管理有着较高的优势。底模移动示意图见图3.28。

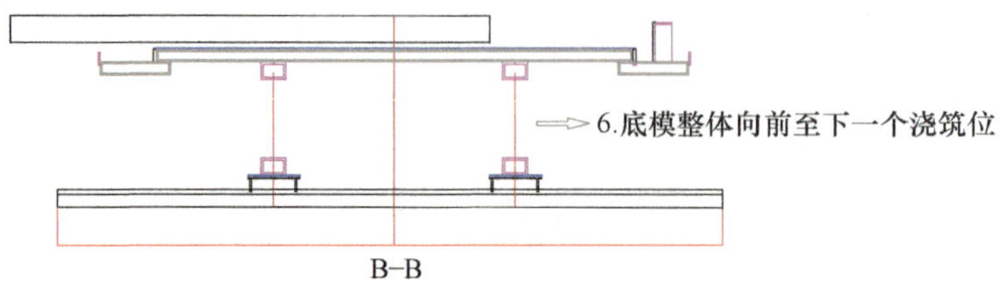

图3.28　底模移动示意图

3.3.3　STC叠合工艺

F类预制桥面板包括下层12cm厚C50混凝土层和上层10cm厚STC层上、下两层混凝土分别在台座上浇筑及养护至龄期后,再张拉横向预应力钢束,最后吊装至存梁区。

STC层内布置有纵、横向钢筋网,其中,除按普通预制板配置了HRB400级ϕ28mm纵向钢筋和ϕ20mm横向钢筋,还分别在纵、横向钢筋间增加了一束HRB400级ϕ12mm钢筋。为保证预制板之间的纵向预留钢筋相互错开,相邻预制板的纵向钢筋相互错开30mm。

STC混凝土强度等级为STC22,由水泥、石英砂、钢纤维、核心料(专利产品,包括硅灰、粉煤灰、高效减水剂等)和水等拌和而成,见图3.29。工厂把固体原材料预拌成干混料,然后现场加水进行二次拌和。首件预制板需要干混料3m^3(考虑4%损耗)。

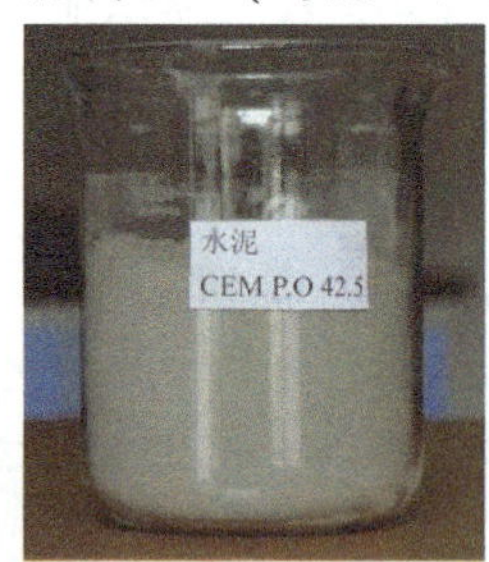

图3.29　STC主要原材料

1)工艺流程

STC 桥面板的制作工艺流程如图 3.30 所示。其中,桥面预制板保湿养护在台座上进行,养护时间为 STC 摊铺后的 48h;湿接缝凿毛为 STC 终凝后(约 16h),拆除侧模,然后进行湿接缝凿毛。高温蒸汽养护在专用养护台座上进行,持续时间约为 5 天(包括蒸汽养护升、降温时间及恒温养护时间)。

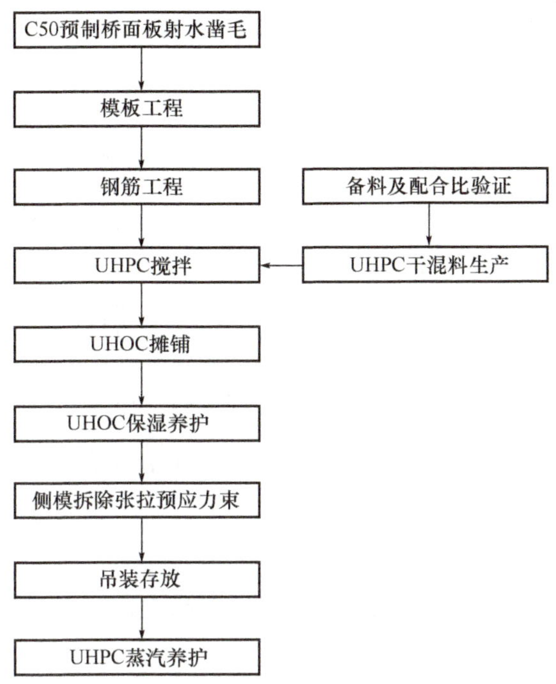

图 3.30　STC 桥面板预制施工工艺流程图

2)高压水枪射水凿毛

STC 与普通混凝土的黏结非常关键,采用高压水枪进行射水凿毛,见图 3.31,确保桥面板表面形成凸凹不平的黏结面,且不存有碎渣及灰尘,在浇筑前保持湿润状态。

图 3.31　高压水枪射水凿毛

3)STC 生产

(1)STC 配合比设计

STC 的主要原材料包括水泥、石英砂、石英粉、硅灰、钢纤维、高效减水剂等,为使材料充分拌和均匀,STC 的生产一般采用在专业工厂将固态原材料预拌成干混料并计量包装,然后在现场加水进行二次搅拌。本项目在湖南省湘潭市 STC 专业工厂内进行干混料制作,计量包装后以半成品方式进场,每包干混料重 1450kg(±5kg)。

STC 干混料生产厂家根据本项目的 UHP 性能要求,先进行试配,拟定初始配合比,再根据原材料的要求确定施工配合比。施工配合比确定后,水泥、石英砂、钢纤维等原材料的品种、规格、产地等不得变化;如果发生变化,需重新制定新的配合比。干混料进场时,干混料生产厂家需提供原材料的产品合格证、出厂检验报告等,并提供 STC 干混料和水的施工配合比。

干混料进场前,需首先进行外观检查,干混料不得有结团、受潮等情况,袋装的重量偏差等满足要求;然后按批次(同一规格、同一原材料、同一生产厂家,以不超过 200t 为一批)对干混料进行取样,并根据厂家提供的施工配合比进行配合比验证,验证的主要指标包括 STC 的抗压强度、抗弯拉强度、弹性模量、干混料中钢纤维含量的均匀性等,合格后方可允许进场。

(2)STC 搅拌

STC 搅拌为 STC 干混料和水的拌和。本项目结合 STC 的材料特性并为保证预制板的结构性能,搅拌采用如下措施:

①采用先进的大功率 STC 专用高速智能搅拌设备,缩短搅拌时间,减少气泡的混入。

②采用 2 台 $1m^3$ 搅拌机分盘搅拌,然后集中卸入布料车内,布料车连续不间断搅拌,然后单片板一次布料完成,保证预制板中钢纤维含量及分布均匀。

③搅拌需按照配合比对原材料进行准确计量,并严控搅拌程序和搅拌时间。

STC 搅拌首先采用桁吊把称重好的 STC 干混料投入搅拌机料筒内,干拌 30s 左右,使干混料处于流动状态;然后按比例计量加入水,进行湿拌和,搅拌过程中通过观察窗口观察拌和物的状态,待 STC 拌和物流化后,继续搅拌不少于 2min,总搅拌时间不少于 8min。STC 的搅拌程序和搅拌时间控制如表 3.12 所示。

STC 搅拌程序及搅拌时间控制 表 3.12

STC 搅拌程序	STC 干混料搅拌	计量加水	STC 湿拌	STC 流化后继续搅拌
搅拌时间	30s	30s	5min	2min
总搅拌时间不少于 8min				

4)STC运输及布料

STC材料的水灰比低,在0.16~0.2之间,为防止运输过程中和分次布料的待料过程中STC表面水分散失导致结皮情况,采用15m^3的搅拌运输车一次装料后运至浇筑地点,一次布料完成,中间不停顿。运输过程中保持罐体始终在转动,使料斗内STC一直处于搅动状态,防止骤凝。接料前需对料斗进行充分的清洗,不得有残渣、积水等。

国外的研究表明,纤维取向对STC构件的抗拉性能有显著影响,而浇筑方向对纤维的取向有显著影响,采取如下保障措施:

(1)布料前检查。对钢筋、预埋件等位置进行检查,确保安装位置准确;对模板尺寸、密封等情况进行检查。

(2)对作业面进行洒水湿润,但不得有积水。

(3)浇筑方向沿长边方向均匀布料。

(4)布料时,料斗于一点卸料,通过STC自流平向其他位置布料。

5)振捣整平

不同于普通混凝土,STC的振捣主要目的是把搅拌和浇筑过程中混入的气体排出,同时使钢纤维的取向朝向结构有利的方向;采用插入式振捣棒会使钢纤维积聚在振捣棒周围,不利于钢纤维的分布。STC振捣整平见图3.32。

图3.32 STC振捣整平

采用高频平板振捣器进行振捣,并采用手扶式整平收面设备进行整平收面,边界位置采用手持式振动器进行振捣。振捣按下列规定执行:

(1)采用手扶式整平收面设备振捣前需先对钢筋顶部做好高程带作为行走轨道,确保STC顶面的平整度满足3mm的要求,同时保证钢筋保护层厚度。

(2)高频平板振捣器沿横桥向进行作业;作业前,需对设备与STC接触面进行洒水湿润。

(3)施工过程中严禁采用插入式振捣棒进行振捣。

6)养护工程

STC预制板的养护包括保湿养护和高温蒸汽养护两个节段。STC保湿养护紧随在STC摊铺完成后进行,在预制台座上进行,时间约48h,养护结束后,待同条件养护试件的强度达到60MPa以后,进行脱模,并进行预应力施工,然后进行高温蒸汽养护,高温蒸汽养护时间不小于120h,蒸养之前始终保持预制板的湿润。

(1)STC 保湿养护

STC 保湿养护采用在预制板表面覆盖节水保湿养护薄膜,然后进行喷淋养护,确保 STC 表面不产生干缩裂纹。养护时间为 48h,养护过程中不得对预制板进行扰动;其中,节水保湿薄膜应在预制板浇筑后立即进行覆盖,防止 STC 表面水分散失;STC 保湿养护过程中(图 3.33),需按下列要求进行:

图 3.33　STC 保湿养护

①覆膜前洒水。覆膜前,应对 STC 表面进行洒水湿润。洒水需采用喷雾形式,要求高压水枪枪头朝上,不得对 STC 表面进行直射。

②覆膜前,注意观察薄膜上的标记,标有底层的应朝下,方向不能弄反。

③铺膜过程中应采用笤帚对膜进行抹平,使膜与 STC 面贴合紧密,不得有鼓泡现象。如有鼓包的地方,应采用铁丝戳破,并用保湿薄膜覆盖裸露位置。

④保湿养护过程中,由专人进行巡查,发现局部缺水时,及时补水养护。

(2)STC 高温蒸汽养生

保湿养护和预应力张拉之后,将桥面板吊装至高温蒸汽养护区域,通过高温蒸汽养生可以在早期基本完成 STC 材料收缩应变,同时消除后期的 STC 层的徐变,是实现 STC 致密性、高强度、高韧性,消除后期收缩变形的必要手段,蒸汽养护在预制板保湿养护完成并脱模后进行。见图 3.34。

蒸养温度要求:养护升温阶段,升温速度不大于 12℃/h,升温至 45 ~ 50℃ 以上时,养护时间不少于 120h,降温速度不得大于 15℃/h,直到降至现场环境气温。养护过程采用自动温度控制系统,对养护室内温度进行 24h 监控。

蒸养系统由蒸养养护池、蒸汽供应体系、温度自动控制系统、辅助系统组成。工序流程:蒸汽台座建立→锅炉安装、调试→内部蒸汽管道安装→温度传感器安放→蒸汽养护室顶部保温层覆盖→连接自动控制系统→开机蒸养→蒸养完成→STC 预制板吊出,其中,蒸汽养护室搭设、锅炉安装、内部蒸汽管道安装只在第一次蒸养前进行。

图3.34　STC高温蒸汽锅炉

本项目率先采用的STC覆面叠合技术，经工艺验证，STC与混凝土结合良好，采用STC叠合的成品见图3.35。

图3.35　STC叠合成品图

3.3.4　质量保障

桥面板预制需确保面板尺寸、面板平整度、剪力槽尺寸、剪力槽位置合格率100%，要保障剪力槽内部钢筋和剪力钉、相邻桥面板湿接缝环形钢筋95%以上不互相影响，确保桥面板外观无损伤、缺角，保证其强度和外观质量。分别建立了钢筋工程、模板工程、混凝土工程、预应力工程的质量保障措施，并制定了质量通病的改进措施。

1)钢筋工程的质量保障

(1)钢筋的采购，必须要有出厂质量保证书，否则不能采购，对新用的钢筋，要严格按规范规定取样试验，合格后才能使用。

(2)钢筋焊接工作人员，必须持证上岗，焊接头要经过试验合格后，才允许正式作业，在一批焊件期间，进行随机抽样检查，并以此作为加强焊接作业质量的监督考核。

(3)钢筋配料卡必须经过技术主管审核后才准开料，开料成型的钢筋，应按图纸编号顺序挂牌，堆放整齐。钢筋的堆放场地采取防锈措施。

(4)要专人负责钢筋垫块(保护层)制作,要确保规格准确、数量充足,并有足够的设计强度,垫块的安放要疏密均匀,可靠地起到保护作用。

(5)钢筋绑扎后,要经过监理验收合格后,方可浇筑混凝土,在混凝土浇筑过程中,必须派钢筋工值班,以便处理施工过程中发生的钢筋及预埋件移位等问题。

2)模板工程的质量保障

(1)模板要经过结构设计,保证有足够的强度和刚度,并要装拆方便。

(2)模板必须采取可靠的拼缝止水措施,确保模板不漏浆,模板安装后必须清理干净,才能移交给下道工序。

(3)使用过的模板必须经过清洁处理才能重新拼装使用。

(4)预留孔洞、预埋件的模板要确保位置准确,稳定可靠。

(5)模板的支撑,其基层是泥土时,周围必须有排水措施,以保证干燥,并且基层要夯实,采取扩散应力的措施,如在支撑底下垫木板、钢筋等。

(6)脱模剂涂刷要均匀,并且不能污染钢筋及预埋件。

(7)在混凝土浇筑过程中,必须派木工班密切注意模板的承载情况,发现问题及时处理。

(8)拆模必须等混凝土强度达到规范规定的强度并征得监理工程师的同意后才能进行,拆模板时,要保证不会引起混凝土的损坏。

(9)拆除的模板应垫平、整齐堆放,防止扭曲变形,并及时清理干净。

3)混凝土工程的质量保障

(1)根据混凝土的强度要求准确计算出混凝土的配合比,并申报监理工程师审批,监理同意后方能使用。使用过程中,要严格按配合比执行。

(2)工程所用混凝土全为商品混凝土,派专门实验员对混凝土的拌和全程监控。

(3)若混凝土采用泵送施工,输送管接头要严密封闭,保证不漏气,管道安装要顺直、垫平,泵送混凝土之前先拌制一定数量的水泥砂浆润滑管道。

(4)浇筑混凝土前,全部模板和钢筋应清洁干净,不得有杂物,模板若有缝隙要填塞严密,并经监理工程师检查批准后才能开始浇筑混凝土,混凝土的浇筑方法,必须征得监理工程师的批准。

(5)混凝土浇筑施工时,要严格控制分层厚度,最大不超过45cm,一般在30~40cm,同时要严格控制混凝土自由下落高度,最高不能超过2m,超过2m要使用串筒或流槽,以免混凝土产生离析。

(6)混凝土浇筑作业,应连续进行,如因故发生中断,其中断时间应不小于前次混凝土的初凝时间或能重塑时间,若超过中断时间,应采取相应措施处理,并立即向监理工程师报告。

(7)混凝土振捣时,振捣器插入时要快,拨出时速度要慢,振捣器不能达到的地方应辅以小型振棒振捣,以免发生漏振现象。

(8)施工缝的设置,应按规范规定或监理工程师指示的要求进行,在旧混凝土表面浇筑前,必须将其表面凿毛并清洗干净,用水润湿后,浇一层水泥浆以确保新旧混凝土之间的结合良好。

(9)混凝土终凝以后要及时采取适当措施养护,并在浇筑部位注明养护起止日期,以免遗漏。

4)预应力工程的质量保障

(1)预应力束下料时应尽量用切割机或砂轮锯,若采用电弧切割时,严禁受力部分导电或被电火花灼伤,严禁预应力筋作电焊机导线用。

(2)预应力波纹管、预应力筋应符合设计要求或图纸所示,且必须经过监理工程师的检查批准。

(3)小箱梁预制构件的混凝土强度达到设计要求的强度后,同时龄期不少于5天才允许进行张拉。

(4)预应力的张拉班组必须固定,张拉作业时应在富有经验的技术人员专职指导下进行,所有操作预应力设备的人员,应通过设备使用及张拉操作规程的培训。

(5)预应力张拉程序应符合设计要求。

(6)孔道压浆应采用真空压浆,按自下而上的顺序进行,压浆的最大压力宜为0.5~0.7MPa,每个孔道压浆至最大压力后,应有一定的稳定时间,水泥浆凝固之前,所有塞子、盖子或气门应封闭,以确保压浆的饱满密实。

5)质量通病的改进措施

桥面板尺寸和平整度难以控制,甚至容易引发跨中下挠现象。这是由于移动式模板利用螺杆来调整高程,调节杆高程控制较困难,调节完成后未精确测量,导致下挠,在浇筑混凝土时由于混凝土、行人和振捣荷载导致模板下挠甚至移位。通过改进模板的方式,克服质量通病,选取了整体式模板作,整体式模板面板为6mm厚钢板。主楞槽8型钢,背楞槽14型钢,增加模板的整体刚度。模板转运到现场后,针对尺寸、平整度进行验收,合格后将模板固定在已经做好的钢筋混凝土条形基础上。见图3.36。

桥面板剪力槽口尺寸和位置容易出现不准确的情况,安装时发现剪力槽内部钢筋与剪力钉出现位置冲突现象。这是由于桥面板剪力槽处模板未能固定到模板上,在钢筋绑扎完成后才安装剪力槽处模板,在钢筋安装存在很大误差的情况下,桥面板剪力槽位置和尺寸也会产生偏差。其次,混凝土振捣人员行走很容易引起剪力槽处模板位移和变形。若任由该质量问题产生,桥面板安装时,将不得不割除剪力钉或割除钢筋,造成运营安全隐患。采用模板加强的方式予以解决,在整体式模板上焊接角钢,对剪力槽模板进行限位。另外,提前

采用 ϕ20mm 不锈钢钢管焊接到模板上模拟出剪力钉位置，解决剪力槽内部钢筋与剪力钉冲突问题。

图 3.36　模板质量保障

由于梳齿板上下均未开口，在拆除底模后，侧模很难拆除，有时间只能暴力向外拆除，对混凝土损伤很大，严重影响了桥面板的外观质量。经改进后，采用顶部开口的梳齿板，槽口宽比钢筋直径宽 5mm，钢筋绑扎完成后再用槽钢将其封堵，混凝土浇筑完成后，从上往下拆除模板，即先取掉槽钢，再拆除侧模，最后拆除底模。

3.4 钢板梁的顶推安装

基于高台大桥的多点同步顶推工艺，本节对丘陵地带高空复杂线形的钢板梁顶推工艺进行总结。

3.4.1 总体安装方案

顶推前移目前常用的形式有步履式顶推、拖拽式顶推，见图 3.37。两种方案适用条件及优缺点见表 3.13。

顶推前移方式的选择　　表 3.13

工艺		适用条件	优点	缺点
拖拽式	单点拖拽	墩柱较矮，能抵抗拖拽水平力	单次行程可达 10m，效率高	局限性较大，对墩高或拖拽平台宽度有限制条件，单次拖拽后，转换至下一循环时间较长
	多点拖拽	拖拽平台需较宽		
步履式		可适用任何条件	通用性强，单次循环时间短	设备数量投入多，单次行程较少

a）拖拽式顶推步

b）履式顶推

图3.37　顶推前移方案的工程照片

顶推过程中，因首跨处于悬臂状态，为解决端部下挠问题，通常在首跨端部设置钢导梁，以便顺利上墩。经结构验算，当在最大悬臂40m状态，钢梁端部下挠38cm，钢梁最大正应力为115.5MPa，小于控制应力305MPa，钢板梁最大剪应力为11.3MPa，小于控制应力175MPa。应力满足受力要求，挠度通过在梁端设置简易上墩装置，不再设置钢导梁。

高台大桥平面线形为S曲线，正反曲线半径1400m、2000m，通过设置缓和曲线在8号墩处缓切。顶推可采用“单幅整体顶推”“两侧顶推，中间合龙”以及“单侧分联平行顶推”三种方案，经综合对比，见表3.14，“单侧分联平行顶推”效率高、风险小，成为本工程采用方案。

顶推方案的综合对比　表3.14

方　案	总体工艺	优缺点分析	可行性
单幅整体顶推	通过码板将联与联临时固结，从一端向另外一端整体顶推	(1)最大横向偏位12m，需设置墩旁落地临时支架。 (2)在顶推另外半幅时无法施工	不可行
两侧顶推，中间合龙	在桥头、桥尾分别设置拼装、顶推场地，小里程侧整体顶推1~8跨，大里程侧整体顶推9~17跨，在8~9号墩间搭设落地支架，设置10m合龙段	(1)平面偏位在可控范围内，需设置2处场地及相关吊装设备，施工成本较高。 (2)1~8跨从小里程向大里程顶推，为2.5%下坡，存在纵向滑移风险，需设置反拉措施	可行
单侧分联平行顶推	在大里程侧路基上设置拼装、顶推场地，各联平行顶推，最大顶推长度160m	(1)通过减少顶推长度，解决横向偏位问题，在最不利情况下，钢梁仍在盖梁范围内。 (2)从下坡往上坡顶推，纵向滑移风险小。 (3)只需设置一处拼装、顶推场地，经济性好。 (4)一联焊接完成后，不受后续梁段焊接工期限制，工效高	可行（推荐）

据现场地势、地形条件，充分考虑桥梁结构特点、道路运输、施工场地布置、桥位周边环境、交通等因素，为满足安全、工期、技术、经济等方面的要求，钢梁架设采用智能步履式多点连续顶推法施工。为规避高台大桥顶推过程中横向位移过大的问题，在梁底设置通长10.8m的横向垫梁，从大里程侧向小里程侧顶推。钢梁安装施工内容依次为以下三个部分：

1）钢板梁组拼

钢板梁现场组拼场地布置于大里程桥台路基，钢板梁钢结构加工厂家将散件节段梁运输至场地散件存放区，采用80t龙门吊提吊散件至台架上拼装成40m跨标准节，而后由2台80t龙门吊整体转运至顶推拼装区，将相邻2节40m标准跨梁进行焊接，并进行防腐处理。

2）钢板梁顶推

钢板梁因自身刚度大、跨径小，根据分析计算，在顶推最不利情况下，端部最大挠度为38cm。根据钢梁自身特性，钢梁顶推采取无导梁分联平行顶推工艺。先顶推左幅，后顶推右幅。

顶推作业前，首先在拼装平台拼装钢梁，由步履顶将已拼装钢梁往小里程方向顶推一个节段长度距离(40m)；然后由龙门吊在拼装平台处吊装第二节段钢梁，与前一节段钢梁连接后往边跨顶推前移；以此循环，后续钢梁节段均由龙门吊直接从地面整体起吊至拼装平台处拼装，每拼装完一个节段钢梁，整体向小里程方向顶推一节段长度，直至顶推到位。

步履式顶推器自带竖向起顶、水平顶推及侧向纠偏三项功能。自平衡顶推器起顶钢梁后在水平顶的作用下往前移动一个行程的距离，然后将钢梁下落至顶推器两边的支点上，顶推器泄力后将水平顶恢复至顶推初的位置，以此循环反复，直至顶推至设计位置。顶推过程对下方支承墩不产生水平反力。

由于高台大桥墩身盖梁顺桥向尺寸均大于2200mm，所以钢板梁顶推无须设置临时墩，采用的250t步履式顶推设备可直接布置于永久墩盖梁顶面，当第1联4×40m钢板梁顶推出拼梁区之后，参照第1联依次进行后续各联钢板梁的顶推施工。单联钢板梁顶推到位后通过步履千斤顶精确调整线形，然后更换落梁千斤顶落梁到永久支座上，完成钢板梁的架设。顶推工艺流程见图3.38。

3.4.2 场地规划

顶推需要在桥台出设置拼装与顶推作业场地，根据钢板梁顶推从大里程侧向小里程侧顶推的施工流向，在高台大桥大里程侧桥头路基上各设置一处拼装、顶推场地，场地总长276m，宽31.2m。占地面积8012m^2。大里程侧拼装场地总平面图见图3.39。

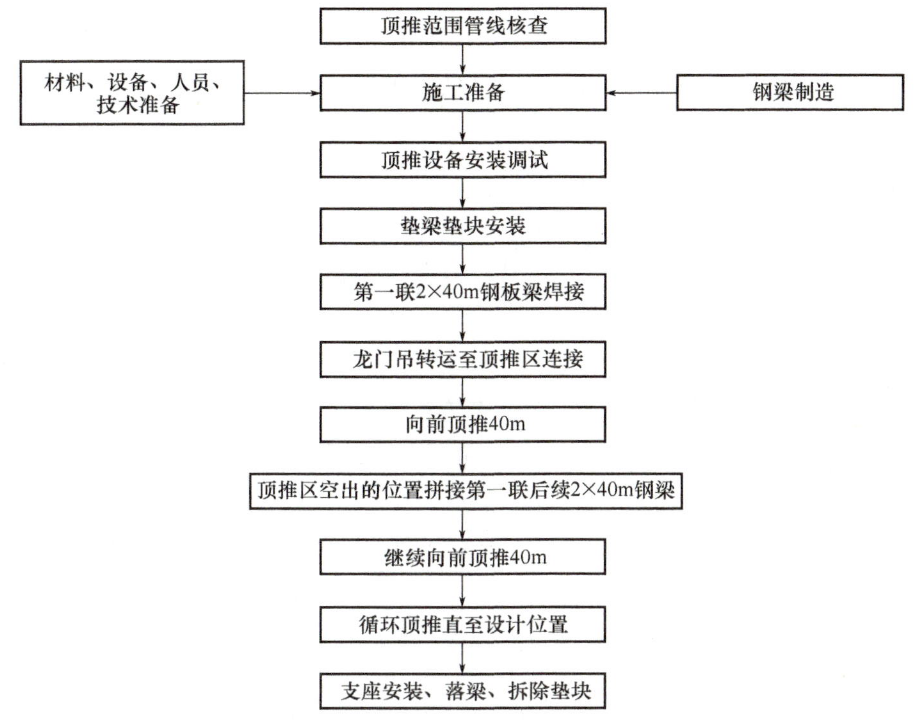

图 3.38　钢梁顶推工艺流程图

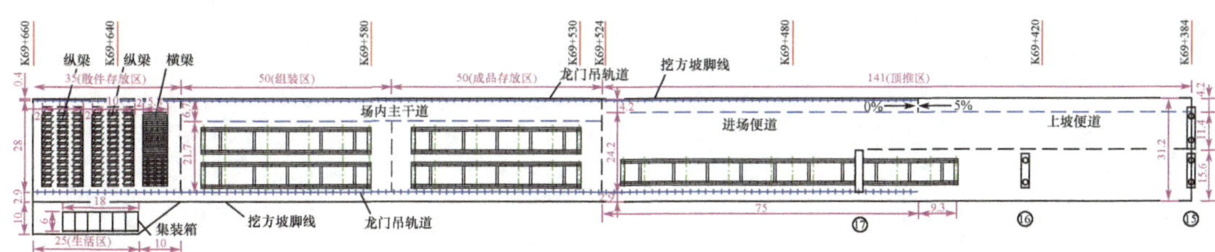

图 3.39　大里程侧拼装场地总平面图(尺寸单位:mm)

钢板梁由专业的钢结构加工厂按设计图纸加工成节段散件,运输至工地拼装场地组拼。根据钢板梁组拼需要,场地包含散件存放区、单跨组拼区、成品存放区、顶推组拼区、工人生活区、场内道路 6 大部分。

3.4.3　顶推设备

选用多点同步步履式顶推设备,现介绍相关设备选型及控制参数。

1) 步履顶选型

根据设计要求,顶推施工时设备应满足单箱室底面最大竖向承载力 1256.8kN,钢梁顺桥向均匀扩散长度不小于0.6m,顶推施工过程中由钢梁腹板受力,底板不受力,具有一定的竖向调节能力(不小于20cm)及水平纠偏能力(不小于10cm)。综合考虑设计、顶推同步性、顶推支撑竖向力及顶推不平衡水平力等要求,结合本桥结构形式,施工时采用步履式顶推设备进行施工。

步履顶设备主要包括上部滑移座构、顶升支撑油缸、纵向顶推油缸、横向调整油缸、底座,通过计算机控制和液压驱动来实现组合和顺序动作,以满足施工要求。步履式千斤顶基本参数:尺寸为1625mm(长)×580mm(宽)×525mm(高),重量为800kg。顶推力及行程详见表3.15。

步履顶参数表　　表3.15

顶　名　称	吨位	功　　能	行程(mm)
竖向顶升千斤顶	250t	双作用、位移传感器(测量位移)	200
纵向顶推千斤顶	50t	双作用(液压自锁)、位移传感器(测量位移)	500
横向纠偏顶推千斤顶	50t	双作用、位移传感器(测量位移)	150

步履顶构造图如图3.40所示。

2)步履顶液压系统

每2台步履式千斤顶配一台液压泵站,全桥共需18台液压泵站,见图3.41。液压泵参数见表3.16。

图3.40　顶推设备三维效果图

图3.41　液压泵站

液压泵参数表　　表3.16

支撑顶升液压系统参数			
系统压力	700bar	流量	6.4L/min
支撑顶升油缸	250t,行程200mm	顶升速度	约130mm/min
纵向推进液压系统参数			
①系统压力	250bar	②流量	15L/min
③纵向推进油缸	50t,行程500mm	④顶推最大速度	210mm/min

续上表

纠偏平移液压系统参数			
①系统压力	250bar	②流量	6.4L/min
③平移油缸	50t,行程150mm	④顶推最大速度	35mm/min
液压泵站系统参数			
①电机总功率	7.5kW(顶升及纠偏), 1.5kW(推送)	②油箱容积	300L

3)步履顶电控系统

(1)主控单元

主控单元由西门子S7-300PLC、开关量扩展模块EM222和模拟量扩展模块EM231、西门子触摸屏组成,控制系统中的电动机和电磁阀,并且进行各千斤顶的压力和位移量的采集,通过编制特殊算法的程序来完成各千斤顶的动作,触摸屏为各种操作和数据的显示界面,由于采用触摸屏,使得系统操作面板布置非常简洁,人机界面友好。

(2)上位机远控

整个系统分成32个主控单元,每个主控单元可以独立控制,如果要联动则需通过上位机,对全部的主控单元进行联动控制。上位机采用台式电脑,通过RS485网络(西门子PROFIBUS-DP协议)对主控单元进行操作和数据采集。

(3)电控系统控制内容

①主泵站

能调节主泵站的压力,手动或自动控制电机的起停、控制泵站的卸荷及电机的故障报警及其他的操作。还可以发出滤器的压差报警,并实现应急停止。

②顶升油缸

顶升油缸升降,通过位移传感器能精确控制(精度在1mm以内)油缸的位置,能在屏上动态显示当前的位置值,并能通过输入位移值来驱动油缸到指定位置。

③顶推油缸

顶推油缸伸缩,通过位移传感器能精确控制(精度在1mm以内)油缸的位置,能在屏上动态显示当前的位置值,并能通过输入位移值来驱动油缸到指定位置。

④纠偏油缸

调整油缸为双作用缸,可以左、右边同步控制伸缩,通过位移传感器能精确控制位移量(精度在1mm以内)。

(4)结构

本系统采用模块化结构,每一个控制模块都可以作为独立的四同步位置控制模块使用,每一个控制模块具有完全相同的结构与功能,可以互为备用。模块在系统中承担的角色从触屏上自由选择定义。系统只有一级网络,各模块可分可合,结构简洁可靠。

(5)原理

本系统采用智能数字步进控制方式。系统最大误差不会超过步长+力均载偏移值。网络间采用回访应答机制。断网、网络通信受到干扰,这些情况都不会使同步精度超过允许误差,网络中任何一台泵站或者千斤顶出现故障,整个系统的工作都会在下一步进行前暂停工作,直到故障排除。见图3.42。

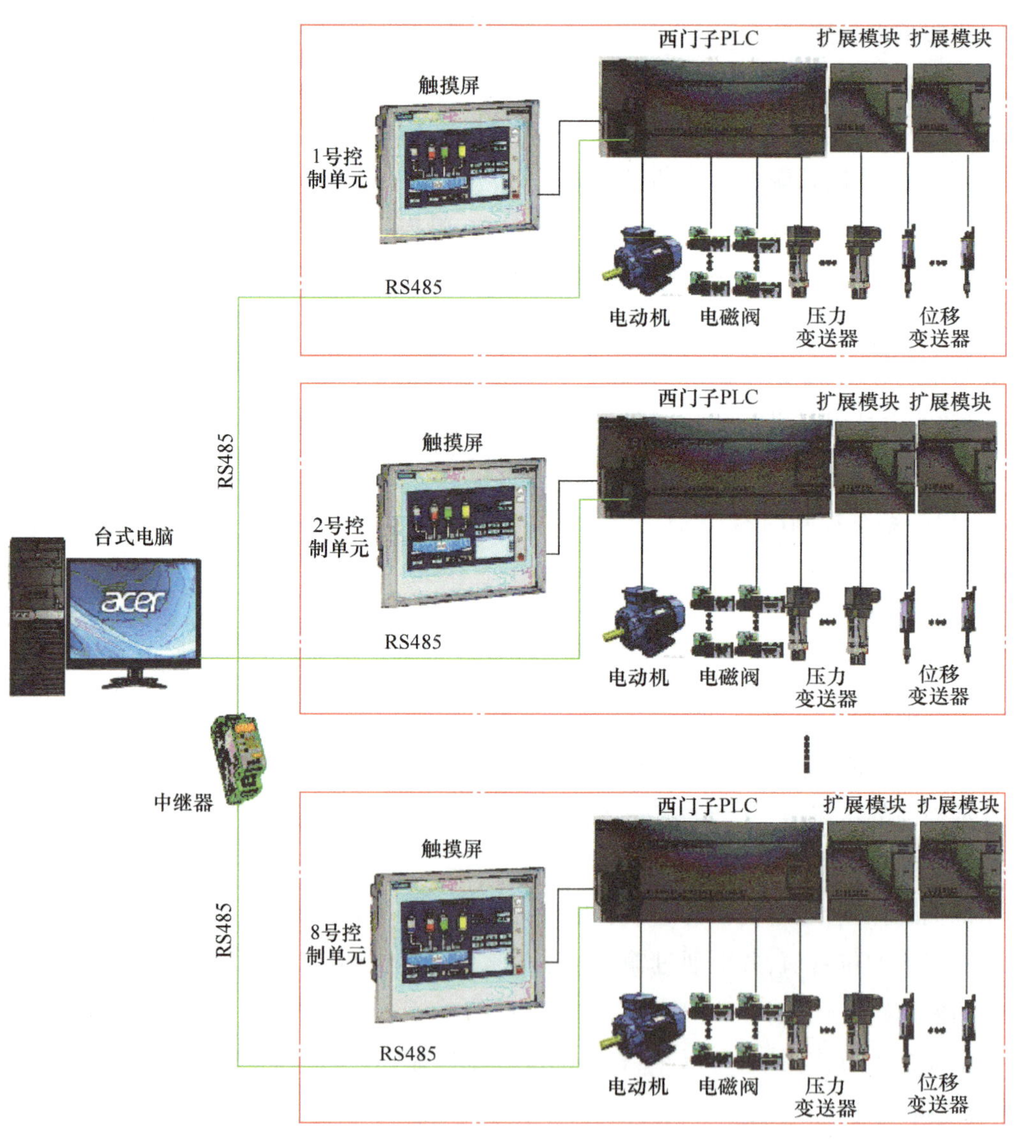

图3.42 电控系统

4)步履顶工作原理

顶推设备主要包括上部滑移座构、顶升支撑油缸、纵向顶推油缸、横向调整油缸、底座,通过计算机控制和液压驱动来实现组合和顺序动作，以满足施工要求。步履式千斤顶工作流程：

步骤一（顶升）：开启支撑顶升油缸，使得支撑顶升油缸同步上升，直到钢梁脱离落梁调节支座。见图3.43。

步骤二（平推）：开启顶推油缸，使钢梁与上部滑移结构整体前移，直至平推油缸完成一个行程。见图3.44。

图3.43　步骤一——顶升

图3.44　步骤二——平推

步骤三（下降）：开启顶升油缸，使得钢梁与上部滑移结构整体下降，直到顶升油缸完全脱离钢梁。见图3.45。

步骤四（回缩）：开启顶推油缸，使上部滑移结构向后回位，回到初始位置，并开始下一个往复行程。见图3.46。

图3.45　步骤三——下降

图3.46　步骤四——回缩

5）步履顶布设方案

单个盖梁顶布设2台250t步履顶，根据施工组织顺序，先顶推左幅，后顶推右幅。故左幅盖梁每个盖梁顶投入2台步履顶，待左幅施工完成后，将步履顶及配套设施周转至右幅施工。见图3.47。

步履式千斤顶横桥向对称墩身中心线布置，两台步履顶横桥向中心间距为8.8m。千斤顶顶部设置2HN700×300箱型钢垫梁，用于扩大千斤顶与钢梁接触面积，横向长度10.5m，顶推过程中控制钢梁在垫梁上的横向偏移为±1.05m，可解决钢梁在顶推过程中千斤顶与钢板梁腹板不同位的问题，同时确保钢梁平面重心始终位于千斤顶支点平面以内。在盖梁顶部钢梁前进方向设置支撑横梁，采用3HN450×200型钢。用于步履式千斤顶在临时下落时的临时支撑。支撑横梁通过高度0.82m的钢垫块与盖梁顶预埋钢板焊接成整体，以增加支撑横梁整体稳定性。另外，在2HN700×300箱型钢垫梁两端、3HN450×200型钢外侧焊接限位板，限位板由20mm钢板焊接而成，高20cm。盖梁步履顶侧断面见图3.48，盖梁钢垫块侧断面见图3.49。

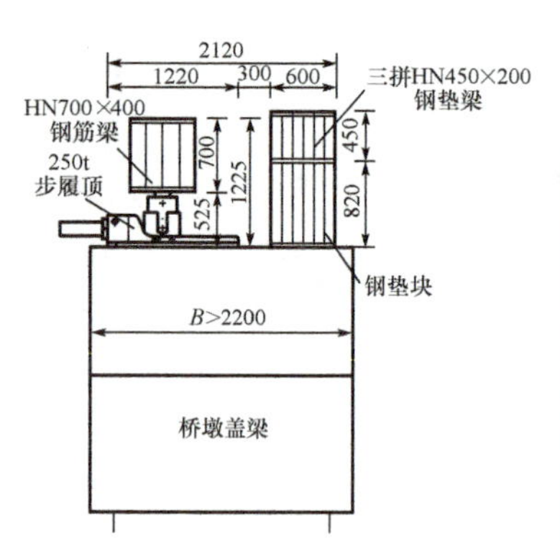

图3.47　步履顶盖梁顶布置图(尺寸单位:mm)

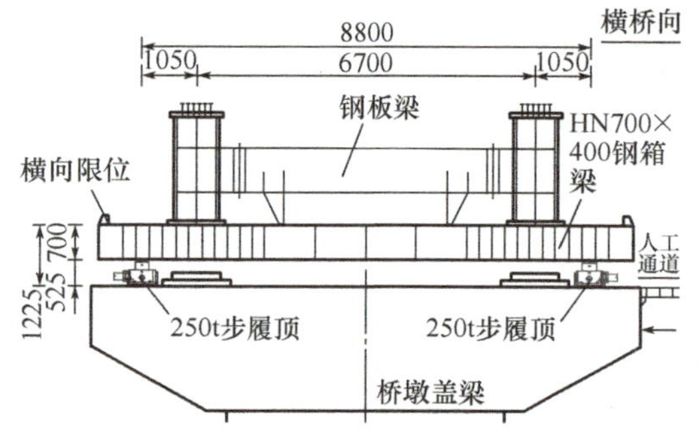

图3.48　盖梁步履顶侧断面(尺寸单位:mm)

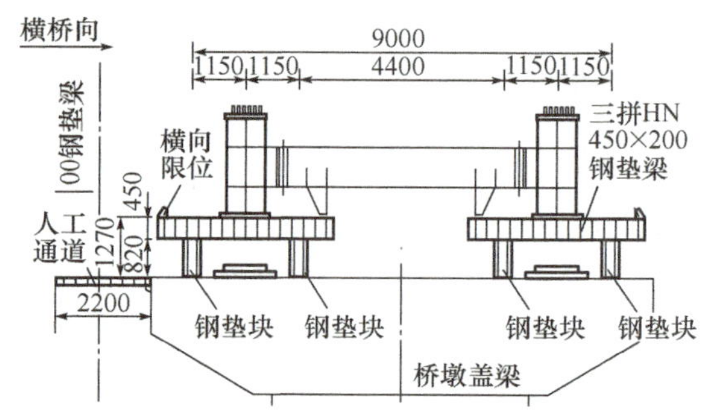

图3.49　盖梁钢垫块侧断面(尺寸单位:mm)

3.4.4　钢梁组拼

1)总体拼装场地布置

钢板组合梁总成场地位于高台大桥大里程侧的路基上。总成场地地基需要硬化处理，总成区地基承载力不小于200kPa，梁段存放区地基承载力不小于500kPa，确保总成时不发生沉降。总成过程中实时监测钢梁高程，若发生沉降马上采取加固措施。

钢梁加工区包括单元件存放区、总成区和存梁区，见图3.50。高台大桥采用两台门式起重机转运单元件和梁段，龙门吊主勾最大负载80t，副勾最大负载20t。

图 3.50　总拼场地

单元件存放区约 45m × 10.5m，单元件立放，单元件编号在上翼板和腹板标识，便于吊装运输作业。存放区可存放主纵梁单元件约 30 件，小横梁约 20 件。

总成区约 200m × 10.5m，可以 1 轮完成一个联次的总成拼装。梁段总成后使用 2 台 80t 龙门吊抬吊转运至存梁区。

存梁区 90m × 10.5m，可存放 2 片 40m 标准钢梁。梁段在存梁区完成清磨、报检、补涂装等工作后根据监理指令，将梁段吊运至拼装平台，并完成环缝焊接。

2）钢梁梁段总成及拼装流程

（1）胎架制造

钢梁总拼胎架由钢墩、槽钢、模板组成。采用 800mm × 800mm × 1500mm 钢墩作为支承点，上焊 20 号槽钢和模板控制竖向高程。

胎架施工过程中对总拼胎架地标、胎架模板线形进行测量和控制。胎架模板线形采用激光经纬仪进行放样和测量。装焊模板，焊接完成后测量复核模板高程，自检合格后报监理进行验收。总拼胎架经验收合格后方可投入使用。

（2）总成制造

①杆件定位

总成装配过程中使用全站仪对杆件横向、纵向位置、竖向线形进行监控测量，见图 3.51。自检合格后报监理进行复核，监理检查合格后方可进行焊接。

图 3.51　钢板梁总成拼装

②焊接流程

根据组合梁的结构特点，制定合理的焊接工艺，防止焊接变形造成较大误差。工地总成的主梁环口焊接顺序为：焊腹板对接焊缝→焊上翼板对接焊缝→焊下翼板对接焊缝。

以单联 4 跨 160m 目前现场实际工效，共计 40 根主纵梁、32 根小横梁，从测量、拼装、焊接、焊缝检测、涂装、吊离胎架至拼装区需耗时 20d。三跨 1 联则耗时约 15d。

(3)拼装工艺

高台大桥总拼区域长度约 200m，3×40m 和 4×40m 联次均可一轮完成总成拼装。总成时相邻两梁段的纵梁翼板、腹板对齐，用马板固定，总成完成后解除约束。

4×40m 联次拼装过程：第 1 轮采用 2+2 拼装，即两根主纵梁单元件和两个梁段预拼，单元件一和单元件二也焊接成整体。总成完成后，梁段一和梁段二转运至存放场地，以单元件一和单元件二为基准完成另外两个梁段总成。4×40m 联次梁段总成拼装见图 3.52。

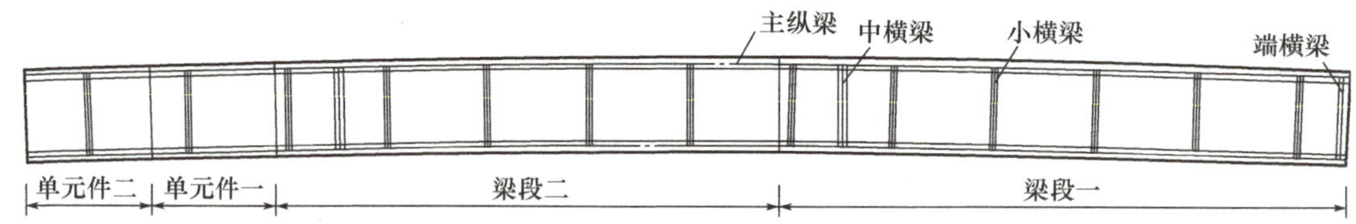

图 3.52　4×40m 联次梁段总成拼装图

(4)校正

梁段装焊结束后，解除约束(下翼板与胎架、临时加强支撑等)。定位工装严禁采用锤击法或疲劳破坏的方式拆除，须采用气割。切割时不得损伤母材，要留 1～3mm 的余量，然后铲掉，最后磨平。

①矫正部位：梁段面、底、腹板端口波浪变形，横隔板凹凸变形，梁段端口各角点超差及其自由边高度线形不良等。

②矫正手段：采用烘枪及相应工装对需要矫正的地方进行火工矫正。梁段端口自由板边波浪变形采用夹具和线状加热法矫正，腹板凹凸变形采用梅花点阵加热法矫正。对于无法矫正的部位，也可打开焊缝重新装配焊接，但在打开焊缝前主管工艺人员一定要到场确认。

③矫正要求：自由板边视觉平整，符合精度要求；匹配端口板的错边量不大于 2mm。

(5)梁段复核

钢板组合梁标准梁段装焊、预拼完成后，测量其总长度，并将该长度与理论长度进行比较，其差值在下一轮预拼装单元加以修正，避免产生累计误差。

3.4.5　钢梁顶推

因场地及施工组织限制，总体施工流向按先左幅，后右幅顶推施工，顶推区拼接也采取不同施工方案。

左幅顶推时，场地空间较开阔，总成区龙门吊轨道延伸至左幅第17跨。左幅钢板梁采用总成区2台龙门吊协同提吊至顶推拼接区，见图3.53，而后逐跨焊接，单联完成拼接后，顶推前移。

右幅顶推无法采用左幅顶推区拼接工艺，主要原因如下：①右幅桥台较左幅桥台纵向间距80m，受地形条件限制，龙门吊轨道无法延伸至右幅桥台。②右幅开始首联拼接时，左幅已开始桥面板架设，左侧空间严重减少，且右侧为5级路堑边坡。首联4跨160m，和路基成反曲线线形，受左右两侧将空间限制，无法拼接。

1）总体施工流程

散件组拼成40m跨标准梁→龙门吊提吊至运梁炮车固定→顶推区布设步履顶及辅助设备→首跨梁采用运梁车运输至顶推区→钢梁顶升，运梁车退出→按照上述方法完成第2跨、第3跨钢梁运输→线形调整、前3跨焊接→顶推前移3跨（120m）→运输第4跨，调整线形、焊接→完成首联钢梁组拼、顶推前移。

2）钢梁运输

运梁炮车（预制小箱梁同型号运梁车）上安装扁担梁，扁担梁和梁车垫梁通过连接钢板固定，见图3.54。两台龙门吊提吊首联首跨40m节段梁至运梁车扁担梁上。为防止钢梁滑移，在钢梁底部和扁担梁顶部之间放置1cm厚橡胶板，以增大摩擦力。为便于钢梁运输及落梁后顺利退出，钢梁运输前进方向运梁炮车（前）为从动车，运梁炮车（后）为牵引车。

图3.53　龙门吊提梁

图3.54　运梁炮车运钢梁实体图

3）顶推区落梁

通过测量放样，提前在顶推区落梁位置布设步履式千斤顶及辅助设备，特别注意两侧支撑梁（后）横向间距，确保运梁炮车能顺利通过。就位后，前后顶升墩同步起顶，使运梁炮车和钢板梁分离，见图3.55～图3.58。

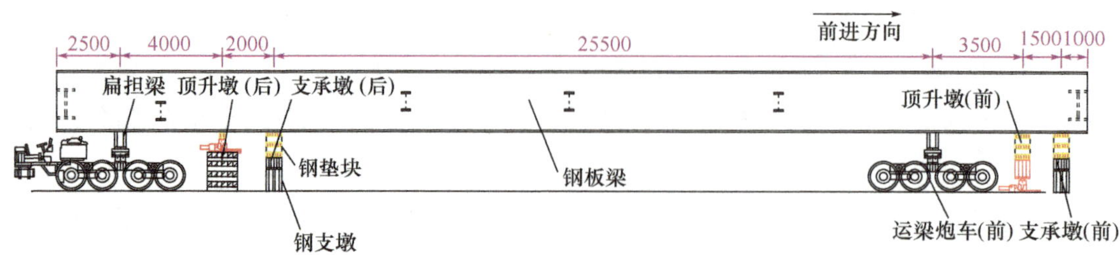

图3.55 钢板梁就位(立面图)(尺寸单位:mm)

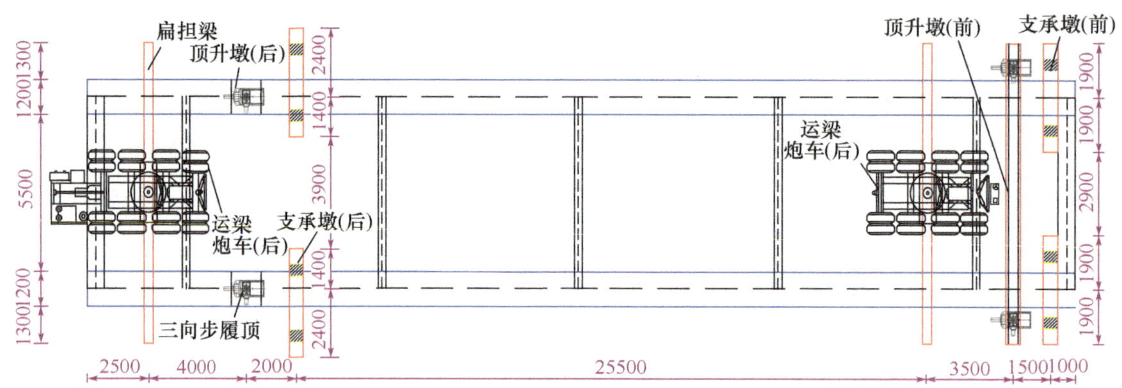

图3.56 钢板梁就位(平面图)(尺寸单位:mm)

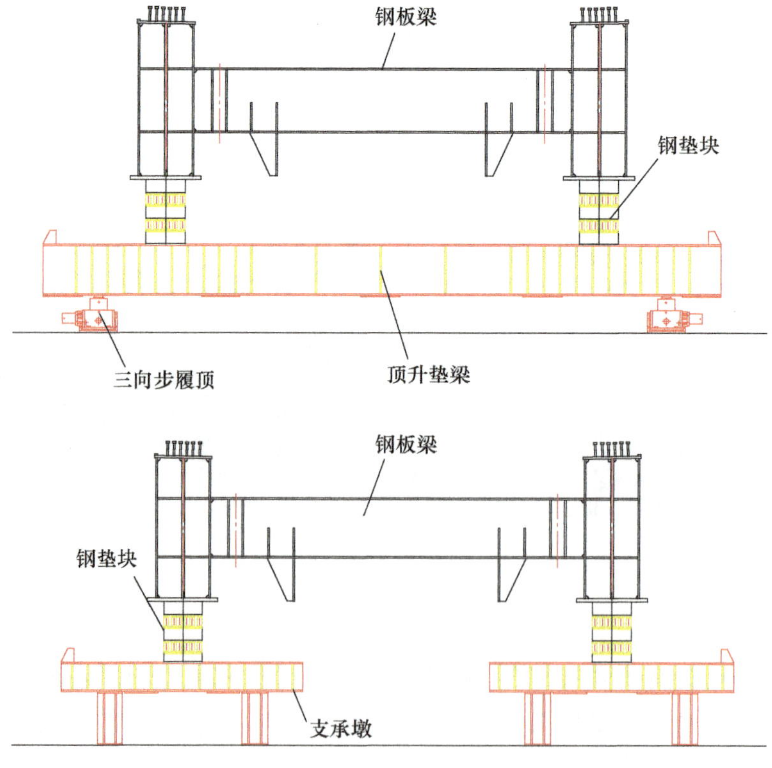

图3.57 顶升墩前、后横断面图

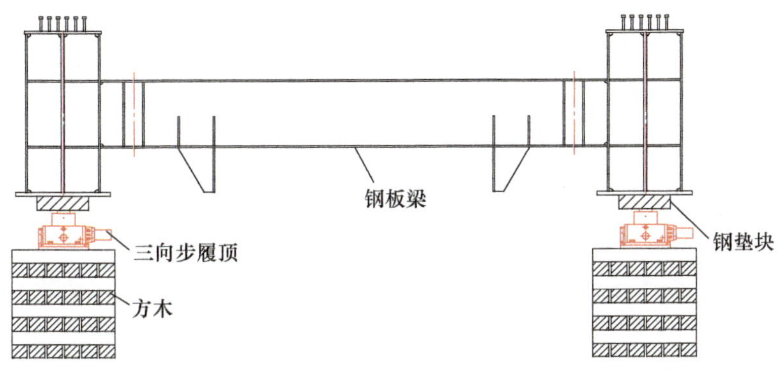

图3.58 顶升墩(后)横断面图

运梁车(后)退出至拼装场地,利用龙门吊拆除扁担梁,而后返回顶推区,穿过支撑梁(后),和运梁炮车(前)通过销轴连接,前移适当距离后,运梁炮车(后)扁担梁在炮车上旋转90°,退出顶推区,见图3.59。

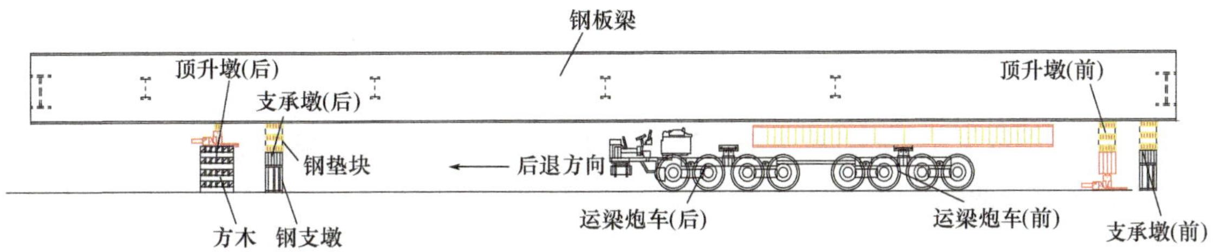

图3.59 运梁炮车退出

运梁炮车退出后,采用相互置换法,将钢垫块撤除,降低钢梁高度,增强整体稳定性。其中,顶升墩(后)采用倒链葫芦将步履顶悬挂至钢梁上,撤除底部方木,而后将步履顶下放至地面,并在步履顶上安装顶升垫梁,用于曲线钢梁线形微调。见图3.60。

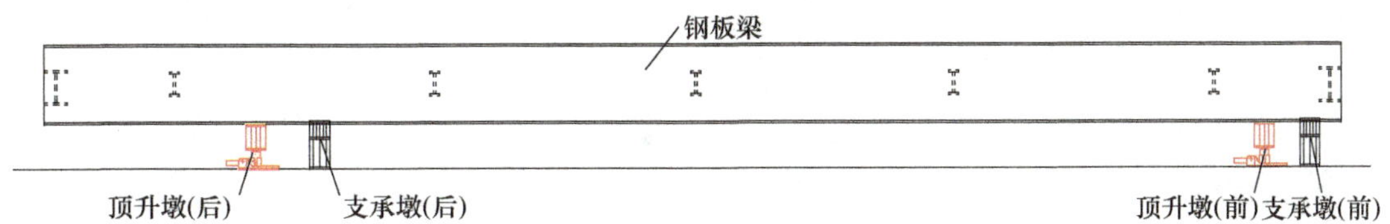

图3.60 首跨钢梁顶推区就位

按上述方法,依次完成首联第二跨、第三跨钢梁运输及就位,步履顶精确调整,线形符合设计要求后,将前三跨焊接成整体,整体顶推前移三跨(120m),使前三跨上桥,确保第四跨平面空间足够,而后运输第四跨、调整线形、焊接,完成第一联4跨组拼,顶推前移。

按首联方法,依次完成第二联4跨,第三联4跨,第四联3跨组拼,按无导梁分联平行顶推工艺,完成右幅钢板梁顶推。

4)无导梁分联平行顶推

采取由大里程向小里程单项顶推,按先左幅后右幅施工流程。以左幅钢板梁顶推为例,总体施工流程如下。

步骤一:提前在大里程侧路基顶推平台及盖梁顶安装步履千斤顶及配套设备。在顶推平台上拼装第一联前两跨节段,见图3.61。

图3.61　步骤一

步骤二:将前两跨节段顶推上墩,拼装第一联后续的两跨节段,采用龙门吊安装将后续两跨节段与之前两跨节段拼接,见图3.62。

图3.62　步骤二

步骤三:将第一联共四跨顶推出去后,在顶推平台上拼装第二联前两跨节段,第二联联首与第一联联尾在顶推过程中预留一孔间隔距离,见图3.63。

步骤四:安如上顺序循环,依次完成左幅一至五联顶推,遵循先顶推的先落梁,后续联和先行联之间预留2m纵向间距,待先行联落梁到位后,继续顶推到位后落梁。而后将顶推设备周转至右幅按同工艺施工,见图3.64。

图 3.63　步骤三

图 3.64　步骤四

无导梁分联平行顶推总体布置见图 3.65,无导梁分联平行顶推设备布置见图 3.66。

图 3.65　无导梁分联平行顶推总体布置

图 3.66　无导梁分联平行顶推设备布置

如上步骤,第一跨吊装就位后,需往前顶推 20m,方可有空余位置就位第 2 跨,顶推 20m 耗时 1 天。第 2 跨就位后,需监控单位进行测量并出监控指令 1 天,焊接 1 天,第三方焊缝探伤检测及喷漆待干 1 天,即第 2 跨具备顶推条件需耗时 3 天。而后前 2 跨顶推 40m 耗时 2 天,再次就位、调整线形、焊接、检测、喷漆耗时 3 天。三跨一联总计耗时 9 天,四跨一联较三跨一联多一循环过程 5 天,即整联拼装到位耗时 14 天。

5)主梁上墩和下墩施工工艺

因主梁在上墩前处于最大悬臂状态,挠度 38cm,为保证主梁顺利上墩,在一联前端焊接长 1.3m、高 1.55m 的上墩装置,上墩和下墩步骤见表 3.17。

主梁上墩步骤　　表 3.17

序号	步　骤	图　示
1	钢梁前端前移至和步履顶顶升垫梁齐平,步履顶上抄垫垫块起顶	
2	步履顶前移一个行程,至上墩装置前端位于落梁墩上方,并加垫垫块	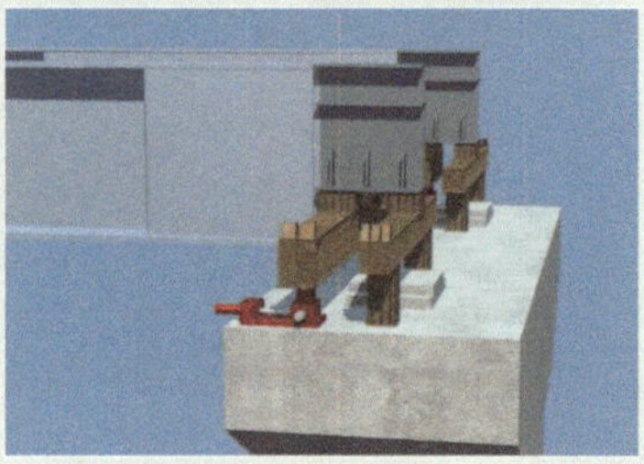

续上表

序号	步　骤	图　示
3	顶升垫梁和落梁墩交替抄垫垫块，至钢梁底略高于顶升垫梁	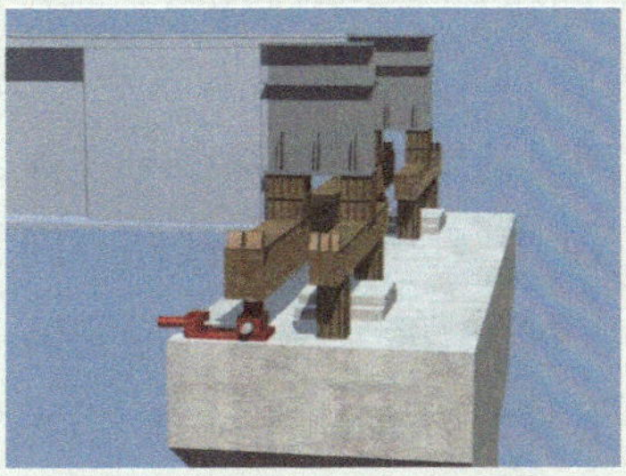
4	移除顶升垫梁上抄垫，步履顶回程至钢梁底	
5	步履顶顶升前移，至钢梁底前端位于落梁墩上	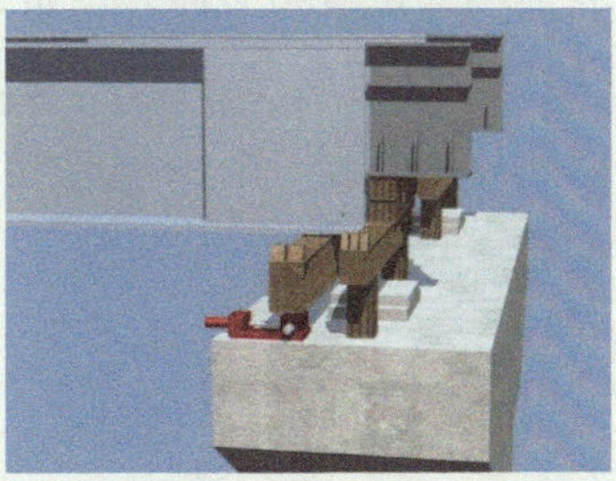
6	步履顶回程顶升，拆除落梁墩垫块，完成上墩	

因首联钢板梁需将步履设备、垫梁等材料提升安装至盖梁顶，较后续联钢梁顶推单跨需多耗时2天，为5天/跨。根据顶推正常施工工效及现场实际情况，顶推工效为3天/跨（含

横向纠偏)。

钢板梁顶推到位后,需要拆除步履顶、垫梁、控制柜,吊装永久支座,按单个盖梁顶拆除耗时 1 天计算,4 跨一联需耗时 5 天。设备拆除完毕后,整联通过不断置换钢垫块并同步下降梁体,需耗时 2 天。而后安装永久支座,浇筑垫石灌浆料,整联需耗时 5 天。待垫石灌浆料强度达到设计要求后拆除临时支撑,实现体系转换,等强需耗时 7 天(不占关键节点)。落梁共耗时 19 天,其中占关键线路时间为 12 天。

前一联钢板梁完成永久支座安装后,即可将后续梁前移到位(此时后续梁距离前一联钢板梁纵向距离为 2m),并拆除前、后短导梁,共耗时 1 天。而后重复前一联落梁步骤,落梁耗时 12 天。即前一联完成支座安装至后一联完成支座安装,周期为 13 天。

6)步履顶设备安拆

(1)顶推设备安装

由于本项目先顶推左幅,现就左幅顶推设备安装进行介绍。顶推设备主要包括钢垫梁、钢垫块、落梁垫块、250t 步履式千斤顶,左幅桥梁大里程侧和小里程的 2 套顶推设备采用 25t 汽车吊人工辅助安装到位。

高台大桥原地面为“W”地形,最大墩高 63m,顶推设备最大自重构件为顶升垫梁,重 6.7t。受地形、吊装高度、吊装重量限制,汽车吊施工不便且经济性较差。项目创新性地采取在首联前端焊接膺架型提升设备,配 2 台 5t 电动葫芦安装顶推设备,施工便利。提升设备由 I32a 型钢焊接而成,提升设备安装在导梁上,均采用焊接而成,焊缝高度不小于 8mm,提升设备两边分别安装 1 个 5t 电动葫芦。本项目一共需要 2 套提升设备,分别安装在从两侧开始顶推第一联钢板梁前段导梁上。提升设备见图 3.67。

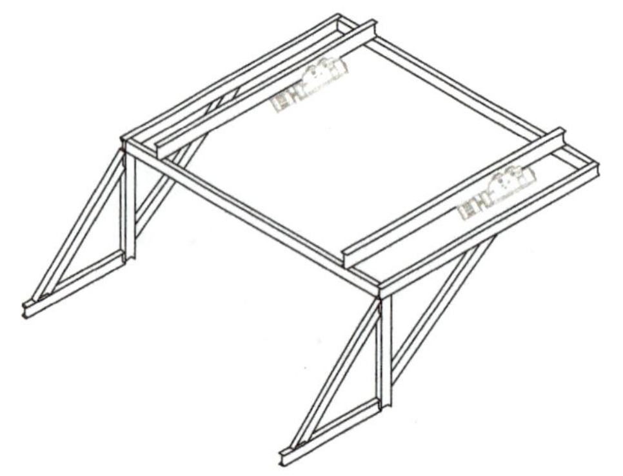

图 3.67 提升设备图

顶推设备安装流程见表 3.18。

顶推设备安装流程　　表3.18

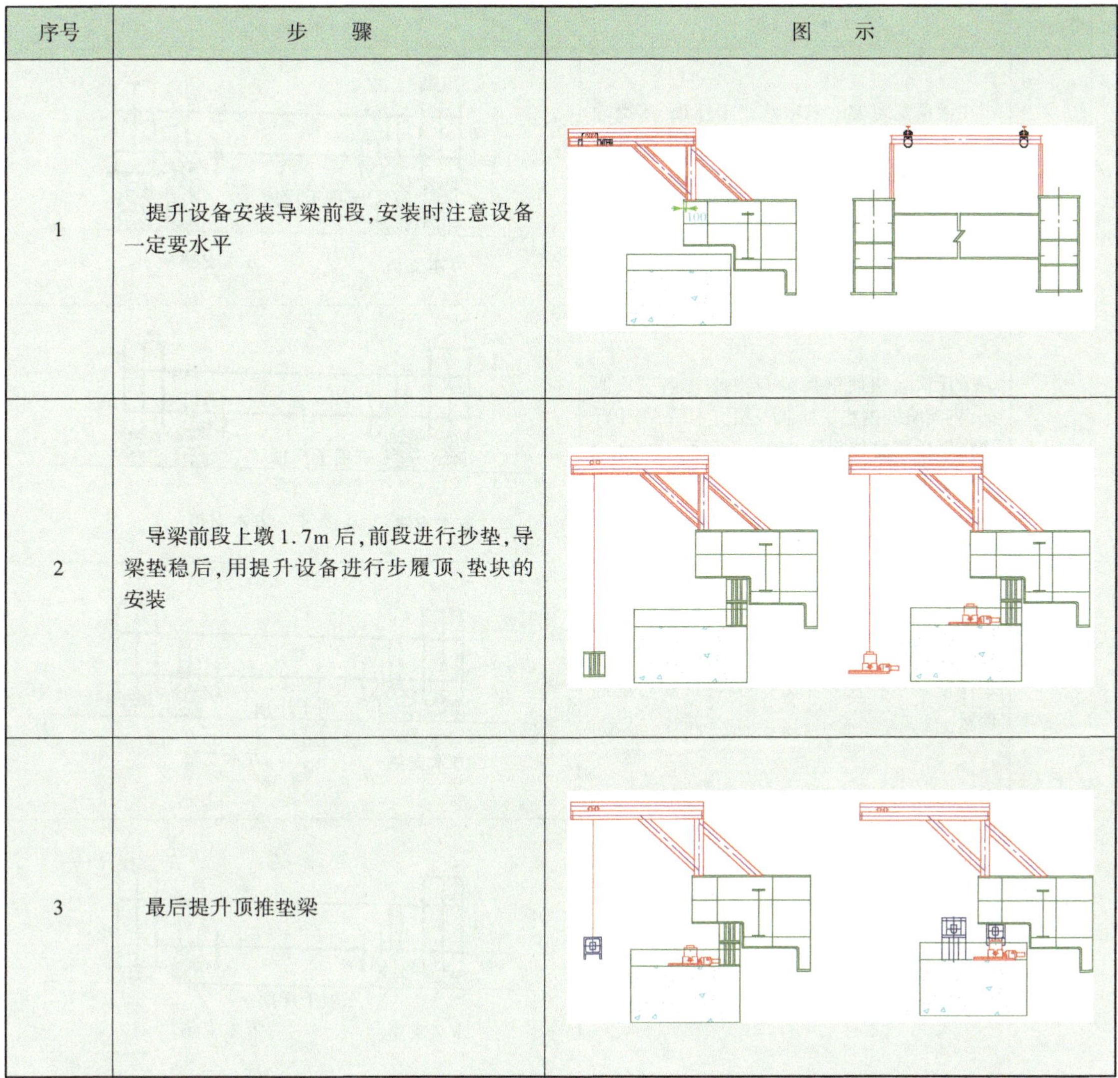

序号	步　骤	图　示
1	提升设备安装导梁前段,安装时注意设备一定要水平	
2	导梁前段上墩1.7m后,前段进行抄垫,导梁垫稳后,用提升设备进行步履顶、垫块的安装	
3	最后提升顶推垫梁	

(2)顶推设备周转

左幅顶推完成后,用落梁千斤顶和方木垫板置换步履顶。在钢板梁顶部设置10t龙门吊,将顶推设备放置墩身底部,在右幅利用鹰嘴吊将顶推设备吊到右幅相应位置。

(3)顶推设备拆除

右幅钢板梁顶推到位后,同样利用10t龙门吊将下方至墩身底部,再利用起重机将其装车运出场地。

7)落梁

钢梁顶推过程中,需根据钢梁纵坡调整垫块高程。顶推落梁作业利用桥墩上预先布置的落梁千斤顶。顶推到设计位置后,开始线形调整及落梁施工,主要步骤见表3.19。

钢梁落梁施工步骤表　　表 3.19

序号	步骤	图示
1	在墩顶安装 250t 三项落梁千斤顶、落梁墩和方木支垫，其中落梁墩和千斤顶下部方木为 18cm×18cm 方木，纵向和横向各 4 根，方木间采用抓钉连接，然后拆除各顶推设备、横梁	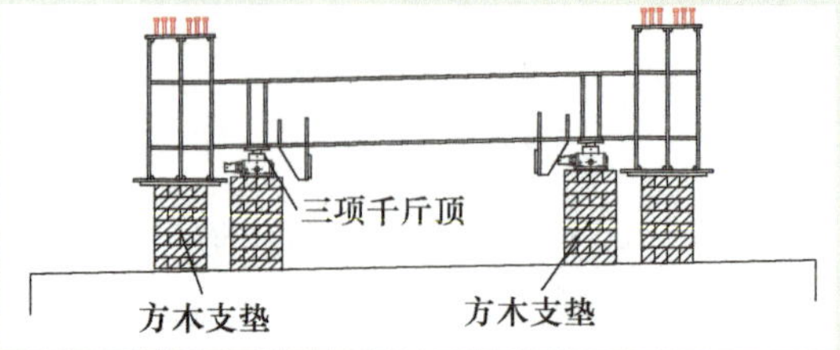 三项千斤顶 方木支垫　方木支垫
2	千斤顶起顶使钢板梁与支座处钢垫块脱空；将支座处钢垫块抽取一层方木后，用千斤顶将钢板梁整体降落 180mm，行程不足部分用薄木板补充，使钢板梁重新支承于方木上	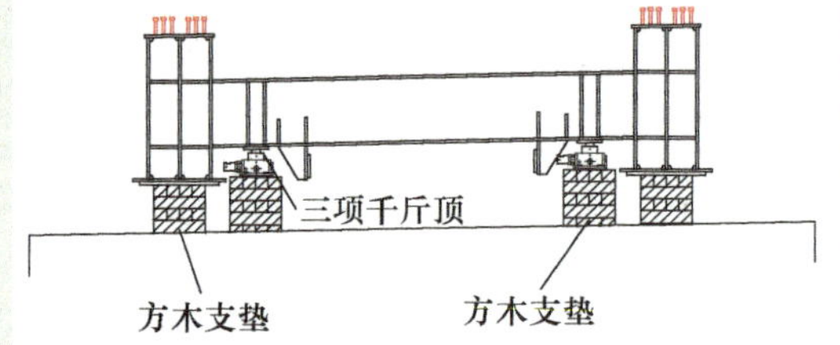 三项千斤顶 方木支垫　方木支垫
3	千斤顶回油，使千斤顶柱塞与梁底脱空；将千斤顶下方木垫块抽取一层后，重新与梁底顶紧	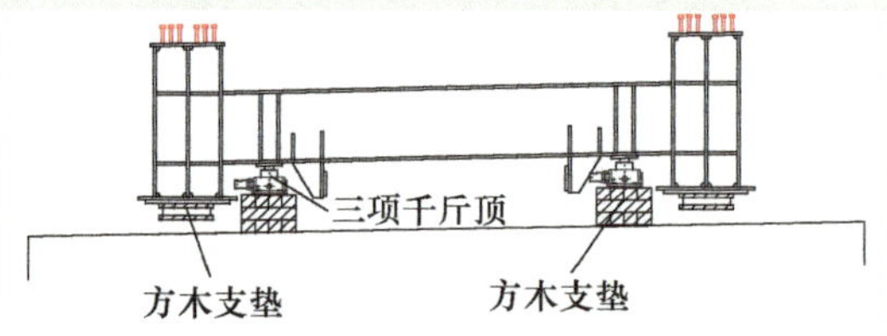 三项千斤顶 方木支垫　方木支垫
4	重复步骤 1～3，逐层抽取支座处与千斤顶下方的落梁墩及钢垫块；直至完全将钢板梁下落到支座上，而后浇筑支座灌浆料，待强度满足要求后，拆除液压顶	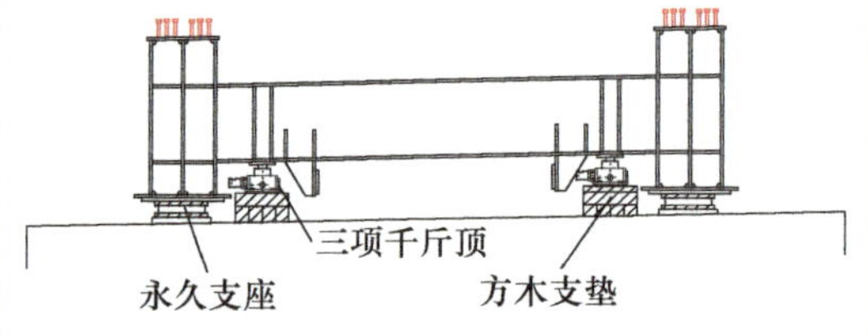 三项千斤顶 永久支座　方木支垫

8）支座安装

步履顶拆除后开始安装支座，安装支座前尚应采用临时千斤顶进行支撑。落梁前，须及时完善支承垫石和支座安装。待顶推施工完成后，布置落梁千斤顶，单次进行一联钢板梁的落梁施工，最多在 5 个桥墩上各布置 2 台落梁千斤顶，同步施作垫石、安装支座，最后落梁完成体系转换。

临时支撑千斤顶布置在中横梁或端横梁顶升加劲处，盖梁顶面设置 2 个 250t 三项千斤顶，千斤顶底部采用 18cm×18cm 方木支垫。根据盖梁顶面高程及梁底高程初步计算支垫高度，测量人员利用全站仪对钢梁的高程及坐标进行量测，根据观测数据进行微调，微调采用千斤顶进行。盖梁顶面千斤顶布置见图 3.68。

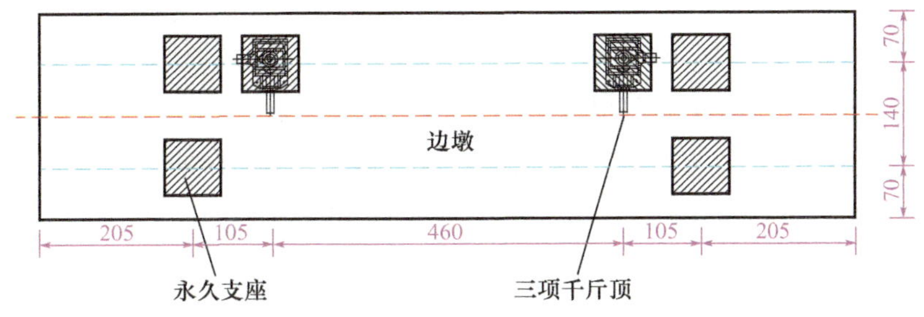

图3.68　盖梁顶面千斤顶布置图

支座安装采用自上而下的施工方法，先将支座与钢梁采用高强螺栓连接，保证支座与钢梁密贴，钢梁安装时将支座下锚杆对准支撑垫石上预留孔，钢梁位置调整准确后，钢梁临时落在支承千斤顶上，对钢梁对接处进行限位固定，支座位置及平整度满足要求后开始下部重力灌浆。

支座四周采用竹胶板封模，与垫石结合位置张贴双面胶密封，灌浆采用专用支座灌浆料，将灌浆管伸入至支座下部中心位置，从支座中心向四周灌浆。灌浆不得过快，确保支座预留孔灌实，灌浆顶面应高出下支座钢板底面1cm。

待灌浆料达到设计强度后，方可拆除临时支承千斤顶，使支座受力，完成受力体系转换。

安装支座应注意如下要点：

(1)检查支座质量，支座材质和制造精度应符合设计要求，有制造厂的成品合格证，并附有铸件探伤记录和缺陷焊补记录及支承密贴性检查记录。同时，在现场作外观检查并对组装后的轮廓尺寸进行复核。

(2)安装前应先将支撑垫石顶面凿毛、凿平，支撑垫石顶预留20～40mm的缝隙，以利于支座灌浆。

(3)支座安装前，应检查桥梁跨距、支座位置及预留锚栓孔位置、尺寸和支撑垫石顶面高程、平整度，并均应符合设计要求。

(4)支座锚栓安装时必须按锚栓装配图进行仔细核查，严禁漏装。

(5)支座验收、装配以及安装过程应由工地监理参与检查和签证。

3.4.6　质量保障

1)施工测量的质量保障

钢梁成桥线形有竖曲线和平曲线，因此在顶推过程中对于钢梁的平面位置和高程控制是确保钢梁施工质量和最终成桥线形的关键影响因素。为保证钢梁轴线顺直，拱度符合设计要求，应及时进行钢梁安装及顶推作业过程中的测量工作，发现问题及时矫正。测量工作内容如下：

（1）垫梁施工测量。墩顶布置完成后，根据顶推设计文件复核钢垫梁高程，并保证钢垫梁与钢梁设计位置线形间高差能通过竖向千斤顶调整。

（2）钢梁中心线的测量，每拼装一个节间测量一次，每顶推作业一个轮次测量一次。为减少光照对钢梁旁弯的影响，测量工作应选在早晨日出前或太阳刚出、阴天、无风或微风状况下进行。

（3）钢梁挠度测量，每拼装一个节间测量一次，每顶推作业一个轮次测量一次。为保证挠度值的准确性，测量时间和工作状况与上同。

（4）钢梁每架完一孔应及时对所有已架钢梁各节段拱度进行测量。

2）钢梁线形控制措施

顶推作业时节点挠度及中线的测量，要求每安装一个节段，各节段测一次挠度与计算值比较，同时测一次中线，判断钢梁制造和安装质量，决定纵向坡度，使钢梁到达前方支点时，梁底与墩顶之间有足够的净高度，以便布置起顶设备。同时据此考虑，下步是否采用纠偏装置横移钢梁问题，除此之外还应观察测量各墩支点位移情况，以便与设计值比较。同时对关键分块要进行应力测定，与计算值比较，以便及时进行分析，防止超应力。

在每个桥墩上测量放样出千斤顶布置位置，同时在横向钢垫梁上做好标记，顶推过程中通过铅锤检测实际腹板线是否超出设计的横向偏移限值。在水平顶推千斤顶伸缸，钢梁平移过程中，实际腹板线偏离设计限值超出5cm后，则由主控台发出纠偏信号，启动相应的横向调节千斤顶动作，直到腹板线进入横向钢垫梁的容许范围，停止动作，从而实现横向纠偏。

在钢梁平移过程中，主控台通过计算每个受力点水平顶推千斤顶移动的总位移，并用最大位移量减去最小位移量得出累计误差，若累计误差超出要求时则停止“自动”模式，进入“手动”模式，单独调节某一侧油缸动作以纠正误差。若通过全站仪监测到累计误差，超出要求时亦停止“自动”模式进入“手动”模式，单独调节某一侧油缸动作以纠正误差。

3）顶推过程质量保障措施

（1）根据工况的支点反力计算摩擦力并与油压表相验证。

（2）位移观测：位移观测主要是观测梁体的中线偏移和墩顶的水平、竖向位移，在顶推过程中需用千斤顶及时调整。墩顶位移观测非常重要，根据设计允许偏位作为最大偏位值，换算坐标，从施力开始到梁体开始移动连续观测，一旦位移超过设计计算允许值则立即停止施力，重新调整各千斤顶顶推力。

（3）施加顶推力：各墩顶推力的大小是根据摩阻力的大小进行调节，并通过油表来反映，选用精度较高的油表。千斤顶、油表使用之前进行标定。

（4）顶推系统使用前应按照操作流程进行调试与试验。

(5)每次顶推,必须对顶推的梁段中线进行测量,并控制在允许范围以内;如出现偏差,则需要立即调整。

(6)顶推过程中若发现顶推力骤升,应及时停止并检查原因。

(7)顶推时,应派专人检查及钢梁,如果构件有变形、螺栓松动、与钢板梁联结处有变形或钢梁局部变形等情况发生时,应立即停止顶推,进行分析处理。

(8)注意顶推过程中顶升力、平移力、下降力的变化。

(9)顶推到最后梁段时要特别注意梁段是否到达设计位置,须在温度稳定的夜间顶推到最终位置,并根据温度仔细计算测定梁长。

(10)最后一次顶推时应采用小行程点动,以便纠偏及纵移到位。

4)顶推同步质量保障措施

在顶推过程中虽然不能保证摩擦力达到一致,但可通过千斤顶的同步来保证位移的一致来减小结构偏转的不利情况的发生。

当顶升千斤活塞伸出将钢梁顶起后,顶推千斤活塞伸出将梁顶推前移,此过程需进行位移同步控制、压力均衡控制、横向调节控制。主控台除了控制所有桥墩上顶推千斤顶的统一动作之外,还必须保证所有顶推千斤顶每行程的同步。其控制策略为:同一桥墩上的水平顶推千斤顶中以1号顶为主动点,以一定速度伸缸,其余水平顶为随动点并1号顶比较,每台顶1号顶的位移量差控制在设定值以内,若哪台顶伸缸较快,则减小相应的比例阀的流量,反之,则增大相应比例阀的流量。不同桥墩上水平顶推千斤顶的同步控制方式为:以任一墩上1号顶为主动点,其余墩的1号顶与之比较,若哪台顶伸缸较快,则减小相应的比例阀的流量,反之,则增大相应比例阀的流量,从而实现所有水平顶推顶的同步。此过程中同步精度各墩之间可控制在5mm之内,同墩两侧可控制在1mm之内。顶推千斤顶缩缸则无须同步控制。

由于每台顶推千斤顶上安装一个用于监视载荷变化压力变送器,通过现场控制器或主控台上的面板可设定每台顶的最高压力及同一桥墩上几台顶的最大压差,计算机通过监测每台顶的荷载变化情况,准确地协调整个系统的荷载分配。如果某台顶的荷载达到设定的最高压力或同一桥墩上几台顶的最大压差大于设定值时,系统会自动停机,并报警示意。这是一个以位移控制为主、压力控制为辅的同步控制。

5)竖向顶升质量控制

当竖向顶升千斤顶活塞伸出时将钢梁顶起,此过程中主控台除了控制集群顶升千斤顶的统一动作之外,还要通过安装在钢梁和垫梁之间的位移传感器检测顶升的高度,保证两侧顶升千斤顶的同步。控制策略为以其中一侧为基准,两侧位移差控制在设定范围内,若跟随侧顶升高度较大,则减小该侧比例阀的流量,反之,则增大该侧比例阀的流量。此过程同步精度可控制在4mm之内。

当竖向顶升千斤顶回缩时，顶推楔块和梁下降并再次落到顶推装置支架上。此过程中主控台除了控制集群顶升千斤顶的统一动作之外，还要通过安装在钢梁和垫梁之间的位移传感器检测顶升的高度，保证两侧顶升千斤顶的同步。控制策略为以其中一侧为基准，两侧位移差控制在设定范围内，若跟随侧顶升高度较大，则增大该侧比例阀的流量，反之，则减小该侧比例阀的流量。此过程中同步精度可控制在4mm之内。

由于每个受力点(竖向顶升千斤顶)上安装1个压力传感器用于监控每个受力点的荷载。通过现场控制器或主控台上的面板可设定每个受力点的最高压力及同一桥墩上各受力点之间的最大压差，计算机通过监测各受力点的荷载变化情况，准确地协调整个系统的荷载分配。如果某个受力点的荷载达到设定的最高压力或同一桥墩上各受力点之间的最大压差大于设定值时，系统会自动停机并报警示意。

6)支座安装质量控制措施

(1)支座垫石施工时严格控制地脚螺栓孔预埋精度，防止螺栓孔偏位导致支座无法安装。

(2)严格支座垫石施工时的高程、位置。

(3)支座安装时采用水平仪超平，四角高差不得超过2mm，确保支座水平。

(4)支座下螺栓灌浆料未达到强度时，支座顶面不得加载重物。

(5)支座安装时，技术人员应认真熟悉支座安装要求，防止安装错误。

(6)支座吊装时应稳固牢靠，防止支座损害。

7)桥面板安装质量控制措施

(1)桥面板运输过程中应做好固定措施，防止桥面板晃动造成破损。

(2)安装前应做好桥面板安装控制标识线，安装时对准控制线缓慢落梁，确保桥面板安装位置。

(3)每块桥面板安装完成后，应及时连接部分湿接缝钢筋，使其与相邻板形成整体。

(4)桥面板安装前应检查钢梁顶面橡胶条是否破损，如有破损应及时更换，桥面板调整位置时应提离5cm，不得直接调整，避免破坏橡胶条。

8)湿接缝施工质量控制措施

(1)钢筋安装必须严格按设计要求进行，位置准确，安装牢靠。

(2)确保钢筋接头焊接质量，焊缝应饱满，焊渣及时敲除。焊接时电流不宜过大，避免损伤主筋。

(3)吊模系统应牢固可靠，不得出现较大变形，湿接缝浇筑完成后多次收光，避免出现裂缝。

(4)湿接缝模板应做好防漏浆措施,避免漏浆污染钢梁。

(5)严格按照图纸要求的浇筑顺序施工湿接缝。

9)曲线纠偏控制措施

步履顶推在施工过程中,钢梁腹板随着圆曲线轨迹运动,而各联钢梁腹板平面曲线不在同一圆曲线上,因此钢梁腹板线在平面上的位置是不断变化的,顶推过程中需要对钢梁横桥向位置进行调整。调整步骤如下:顶推一个行程→检查腹板偏移情况→确认横向调整距离→用落梁垫块支垫→使用步履顶横向调整→钢梁前后端点绕中心轴反方向转动→循环施工。

根据墩顶布置,顶推阶段控制钢板梁横向最大偏移量 1.05m,进行前 4 跨 40m 钢板梁施工阶段平面模拟,模拟结果表明满足施工要求。

顶推纠偏原理是将钢梁绕质心旋转,将各个千斤顶位置的梁段简化为桥梁线形上的一个点,理论上该点绕质心做圆周运动,通过控制不同支点的运动距离 a 和方向实现纠偏,但是由于顶推设备的油缸只能水平伸缩,所以实际纠偏距离 b 和理论运动距离 a 之间的差值通过在步履顶上设置鞍座(最大转动角度 0.03rad),或者减小单次顶推距离从而减小纠偏距离来实现,见图 3.69。

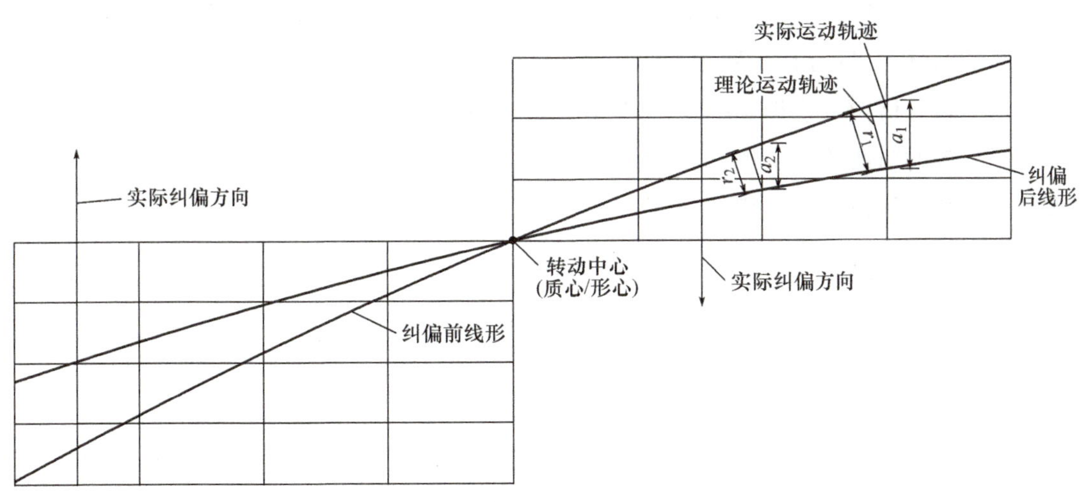

图 3.69　曲线纠偏原理示意图

当梁体产生 Δmm 偏差时,按如下步骤纠偏,如图 3.70 所示。

步骤一:顶推一个行程 40cm,竖向千斤顶与钢梁腹板中心线重合。

步骤二:竖向千斤顶回缩,落梁至钢垫块,纵向千斤顶回缩到初始位置,竖向千斤顶中心点偏离钢梁腹板中心线 Δmm。

步骤三:横向千斤顶伸出 Δmm,竖向千斤顶起顶,竖向千斤顶中心点与钢梁腹板中心线重合,横向千斤顶回缩 Δmm,完成纠偏。

步骤四：顶推一个行程，重复以上步骤。

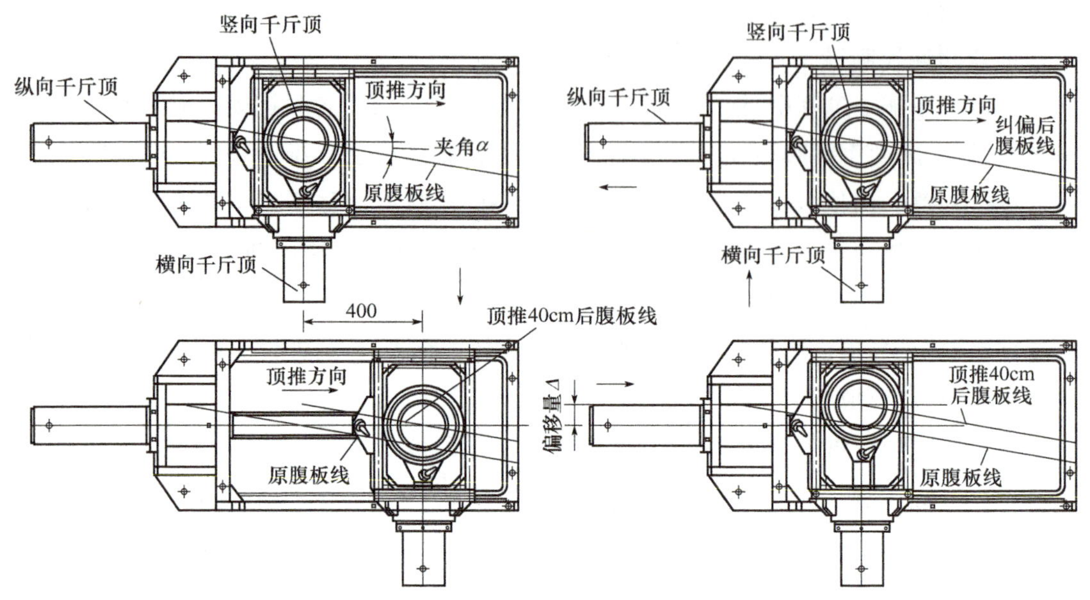

图 3.70　曲线纠偏步骤图(尺寸单位:mm)

该曲线梁顶推施工控制是一个施工→量测→识别→修正→预告→施工的循环过程。主要包括两个部分：一部分是步履顶推系统上的数据采集系统，进行施工阶段的数据采集；另一部分是资料分析仿真模拟系统，将采集到的资料进行分析处理，以确定下一个施工阶段参数。通过有效的监测监控工作，最终消除设计与实际施工过程差异的影响，保证设计的施工过程和受力状态得以准确实现。

3.4.7　安全保障

1）健全安全保证体系

项目部成立以项目经理为组长的安全管理领导小组。认真贯彻“安全第一，预防为主，综合治理”的方针，严格遵守施工安全管理制度，严格管理，严守职责，切实抓好安全生产工作。下设专职安全员，工区兼职安全员。安全员具体负责安全工作，组织实施对项目的安全管理，保证安全工作贯穿于施工全过程。充分发挥各专职安全人员的监督作用。

2）落实安全管理制度

（1）安全教育制度

广泛开展安全生产方面的宣传教育，使广大职工真正认识到安全生产的重要性和必要性，懂得安全生产、文明施工的科学知识，牢固树立“安全第一”的思想，自觉遵守各项安全生产法令和规章制度。

(2)安全检查制度

严格按照施工规范和安全操作规程施工,在作业地点挂警告示牌,严禁违章操作野蛮施工。建立严密的安全监督体系,并经常对参与施工人员进行安全教育,提高安全意识。贯彻施工规范、安全操作规程,安全人员均持证上岗,建立安全台账。施工操作人员佩戴安全防护工具,现场操作人员戴安全帽。

(3)设备维修制度

按施工组织设计要求配置进场设施,满足施工要求。进场安装以前须认真检查设施性能是否完好,不准将带病、残缺的机械设施投放到施工现场。进场后,按施工现场的平面布置定位,并由持证上岗的安装人员按规定进行安装,安装调试完毕,须经相关职能部门进行检测、验收,合格后方能使用,并完善检测、验收的签证登记手续。须有持证上岗人员专职操作,实行"定人、定岗、定机"制,无证人员不得擅自启动操作。持证上岗人员须坚守岗位、认真负责,严格按安全操作规范、规定、规程作业,并定期检查、维护、维修,认真做好台班的交接工作。

(4)安全防护措施制度

现场坚决落实安全防护制度,在抓质量、抢进度的同时,力保安全。在分项工程开工前落实安全交底,对现场不安全因素进行防护,如高处作业时,严格佩戴"三宝"。

(5)劳动保护用品管理制度

劳动保护用品是指为了保障各岗位、各工种劳动者在生产劳动过程中的生命安全和身体健康,从设备方面采取的措施。劳保用品主要包括安全帽、安全带、防护网、电工服、绝缘钳、绝缘鞋、防雨抗滑鞋等。

劳动保护用品必须购买"三证"齐全的产品,坚决杜绝假冒伪劣产品,尽可能避免因劳动保护用品强度、刚度、韧性、质量等不合格因素给安全生产带来的隐患。

(6)特种作业人员持证上岗制度

钢梁特种作业人员主要包括电工、电焊工、气焊工、气割工、起重机械操作员、架子工。因特种作业的工作环境和工作性质的特殊性,作业人员必须熟悉本工种的作业环境,否则极易发生人身安全伤害事故,对于新员工必须进行岗前安全教育,了解企业的基本情况和存在危险性的设备或场所,因此特种作业人员必须取得特种作业上岗操作证,方可上岗作业。建立特种作业人员档案,档案管理必须包括以下内容:姓名、性别、年龄、工种、取证时间、发证单位、证书编号、复审有效年限、是否在岗。

3)起重吊装安全保障

各种设备要置于安全稳定的地基上。使用前对钢丝绳、卡具等进行检查验收,符合要求时才能使用。要有统一信号，有专人指挥，下部人员要避让在安全处，参加吊装的起重工要掌握作业的安全要求，其他人员要有明确分工。在吊装施工时，驾驶员要认真操作，严禁与其他物体撞击。吊装作业前必须严格检查起重设备各部件的可靠性和安全性，并进行试吊，各种起重机具不得超负荷使用。

4）顶推安全保障

（1）施工前编制详细施工方案和施工应急预案上报监理、业主审查，确保顶推施工安全。

（2）施工过程中须对钢梁及进行连续观测，确保顶推过程中各项指标满足要求，确保顶推过程安全可靠。顶推过程中，要注意观测和永久桥墩的变形、变位情况，发现异常及时加固。

（3）起落梁时，要注意钢梁变形的“滞后”现象，绝不可操之过急。起梁时需同时起顶，相邻墩起顶高差不得大于1mm，并采取可靠措施避免顶升过程中发生倾覆事故。

（4）6级风以上及夜晚、雨天不得进行高空作业。

（5）施工现场设专人站岗，严禁非施工人员入内。施工过程中采取可靠的安保措施，确保结构及交通运输安全。

（6）施工期间设专职安全员，负责检查、督促工人安全施工，严禁违章作业。

（7）顶推过程中，所有的工种必须听从顶推总指挥的指令。顶推千斤顶的油泵均由主控台统一控制。为防止钢梁左右偏移超限，每次顶推完成后，及时检查钢梁两侧边线是否偏离，如有偏离，立即进行纠偏。

（8）钢梁顶推在长时间停止时，应使钢梁顶升垫梁及落梁支撑梁同步受力，通过支撑点的增加，避免钢梁在自重、温度效应等因素的影响下发生自由滑移。

（9）为保证钢梁顶推各工况下的稳定，在顶推施工临时结构设计时，对钢梁、各支撑体系及其间相关连接均进行了检算，确保了钢梁顶推过程中各受力体系的结构稳定。

（10）钢梁顶推时，按照计算及试验修正的顶推控制应力进行，如出现应力超限，须停止顶推作业，查找分析原因，排除故障或阻力后再行顶推。同时，在顶推过程中，对各顶推点水平位移或应力进行监测。

5）落梁安全保障

落梁之前采用梁顶天车拆除支撑梁及顶升垫梁时，轨道梁嵌固与钢梁顶剪力钉内，确保轨道梁不发生移动。

因钢梁自重轻，落梁采用方木置换，方木需采用质地较硬的杂木，不得采用杉木，方木层间纵横交错，切用扒钉临时固定，防止倾覆。

落梁时，因方木会出现压缩变形，横桥向两台步履顶若顶升高度不同步极容易发生横向倾覆，需每台顶安排一人观测，采取不同步单点顶升，确保两侧钢板梁顶升高度一致。

落梁时，因支撑点转换，较顶推前移阶段稳定性差，为保证钢板梁整体稳定性，单联钢梁采取各墩位依次落梁,每次落梁高度按不大于10cm控制。

6)龙门吊安全保障

龙门吊应有专人开车,司机应经过专业培训,熟悉本机的结构特点和操作方法,并经考试合格后发给合格证书,才允许开车。司机工作时,只听地面上专门人员指挥(并且只能有1人指挥),但是无论什么人发出停车信号时均应停车,查明情况再开车。每日每次开车前,必须检查所有机械和电器设备是否良好,操作系统是否灵活,并按规定对设备进行保养和润滑。每班第一次吊运物品以使吊运接近额定负荷的物品时,司机应先将重物起重至不超过0.5m高度,然后下降到接近地面时制动。

吊车工应严格遵守“十不吊”的规定:①钢丝绳不合格不吊;②捆缚不牢不吊;③信号不明不吊;④钢丝绳挂不均匀不吊;⑤超过负荷棱角没垫不吊;⑥工作物埋在地里不吊;⑦安全装置失灵不吊;⑧工件上站人或工件上放的浮动物件不吊;⑨易燃、易爆物品设安全装置不吊;⑩行车吊挂重物直接进行加工的不吊。

3.5 钢板梁的架桥机安装

基于老屋村大桥的架桥机架设工艺,本节对丘陵山区地带高空复杂线形的钢板梁架设工艺进行总结。

3.5.1 总体安装方案

对于云茂高速钢板组合梁工程,采用架桥机以及顶推法均可满足要求,主要根据施工单位的技术水平决定。高台大桥采用了架桥机逐联安装的方案,桥面板滞后钢梁一跨。架桥机在11号台后路基上利用汽车吊进行组拼,完成后移位至安装首跨位置。根据工期节点要求,采用单幅架设,从大里程侧往小里程侧开始架设。钢梁架设施工内容依次为以下三个部分:

1)钢板梁组拼

钢板梁现场组拼场地布置于大里程桥台台后路基,钢板梁钢结构加工厂家将散件节段梁运输至场地散件存放区,采用80t龙门吊提吊散件至胎架上,首边跨拼装成45m跨标准节,尾边跨拼装成35m跨标准节,中跨拼装成40m跨标准节,并进行涂漆防腐处理,而后由2台80t龙门吊整体转运至存梁区。

2)架桥机拼装

利用汽车吊在台后路基完成架桥机拼装,并进行试吊。架设首边跨时中支腿落在前一跨最后一块桥面板(或桥台)位置处,架设中跨及尾边跨时,中支腿落在安装跨后墩墩顶钢梁上(中横梁位置)。

架桥机在架设中跨及尾边跨时,为满足架桥机宽度及加强架桥机的稳定性,中支腿落在钢梁上设置的支撑横梁上,横梁上方设置横向行走轮,行走轮上方设置托轮箱,横梁与钢梁接触面采用枕木支垫。

后支腿落在钢梁上设置的横向行走车轮上,行走车轮上方设置托轮箱,托轮箱前后端分别设置电动机,控制架桥机的转向。

老屋村大桥钢梁由大里程方向往小里程方向架设,优先架设左幅,总体工艺流程见图3.71。架桥机架设安装钢板组合梁一跨所需时间为6.5d(架桥机过孔1d,钢梁吊装焊接及垫石浇筑2.5d,桥面板安装3d),具有施工便捷、安装精度高、高效、施工连续性强、节约成本等优势。

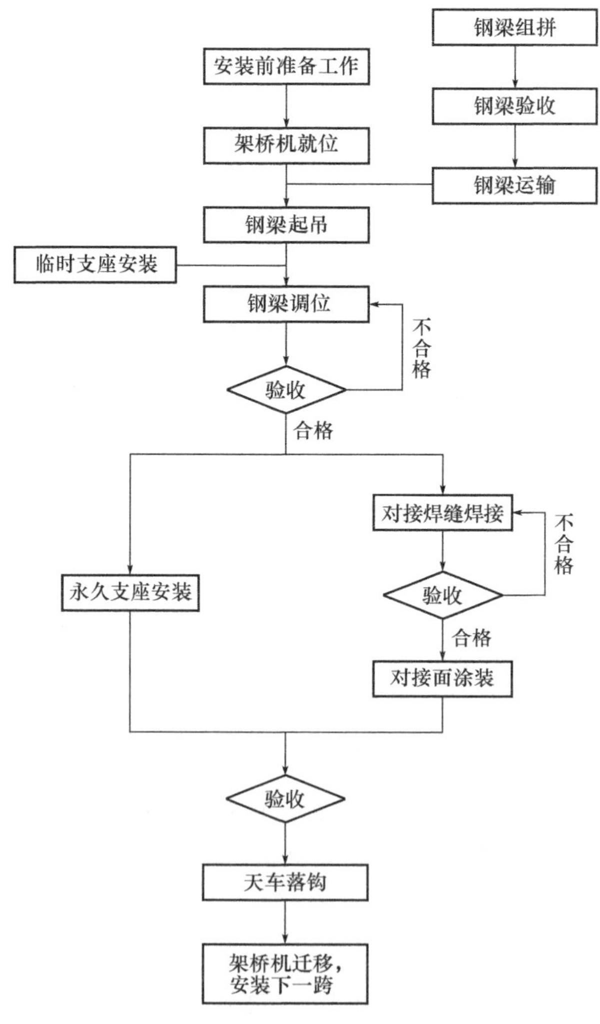

图3.71　钢梁架桥机架设工艺流程图

3.5.2 场地规划

根据地形、便道、预制梁场设置等综合考虑,确定钢梁从广西端桥台往云浮端桥台架设安装;钢梁拼装加工场设置在广西段桥台处主线路基 K116 +865 ~ K117 +043.2 处填方路段(设置于96区顶面),长度约178m,路基宽度约为26m,满足钢梁拼装及临时存放需求。

加工场共设置4个拼装台座,4个存梁台座,2台80t龙门吊作为组装辅助吊装(龙门吊轨距24m),3个集装箱,1个沉淀池。龙门吊基础与拼装台座基础采用C30混凝土浇筑,场地采用30cm厚C25混凝土硬化。架设左幅钢梁时,存梁场地位于路线左幅,总成场地位于路线右幅;架设右幅钢梁时,存梁场地位于路线右幅,总成场地位于路线左幅。老屋村大桥钢梁拼装总成场地布置见图3.72。

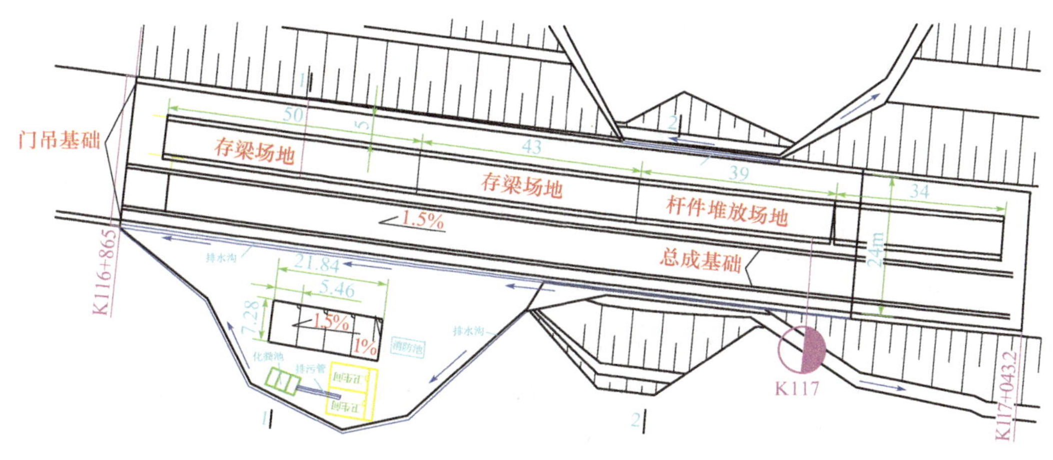

图3.72 老屋村大桥钢梁拼装总成场地布置图

场地总宽约为26m,龙门吊轨距宽约为24m,拼装台座间距为6.7m。场地纵坡为1.5%,横坡为0%,场地两侧设置砖砌排水沟,截面尺寸30cm×30cm,并用M7.5砂浆抹面。龙门吊基础示意图见图3.73。

由于地形因素影响,龙门吊轨道设有曲线段。龙门吊基础采用扩大基础+固定条形基础(150cm×30cmC30钢筋混凝土+80cm×30cmC30钢筋混凝土),并沿场地纵向通长设置,见图3.74。

拼装台座基础采用扩大基础+固定条形基础(150cm×30cmC30钢筋混凝土+120cm×30cmC30钢筋混凝土),并沿场地纵向通长设置。

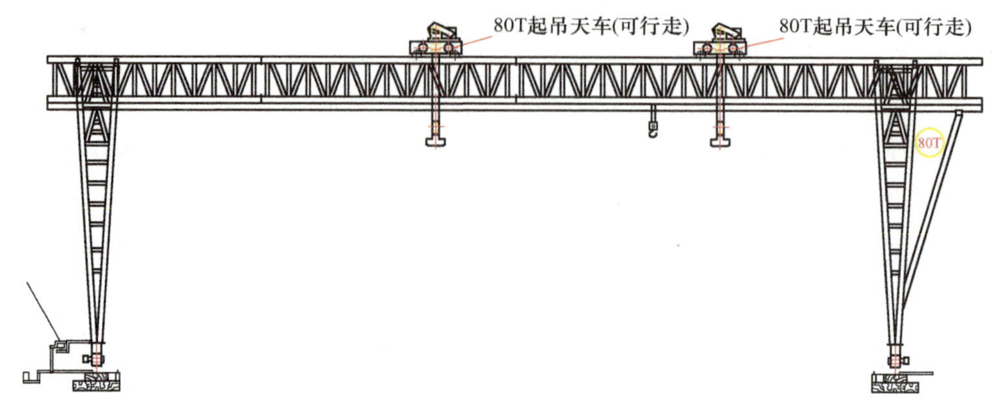

图 3.73　龙门吊基础示意图

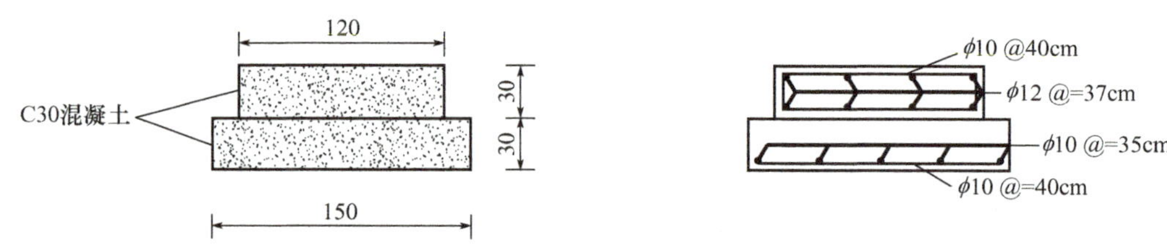

图 3.74　拼装台座基础示意图(尺寸单位:cm)

3.5.3　安装设备

投入 2 台 80t 龙门吊,用于钢梁节段组拼与单跨钢梁转移吊装;投入 1 台轮胎式运梁车,用于预制桥面板运输;投入 1 台 LYQJ200t 型架桥机,架桥机总长度 84m,额定起重量 200t,用于钢梁与桥面板安装。见图 3.75 ~ 图 3.78。

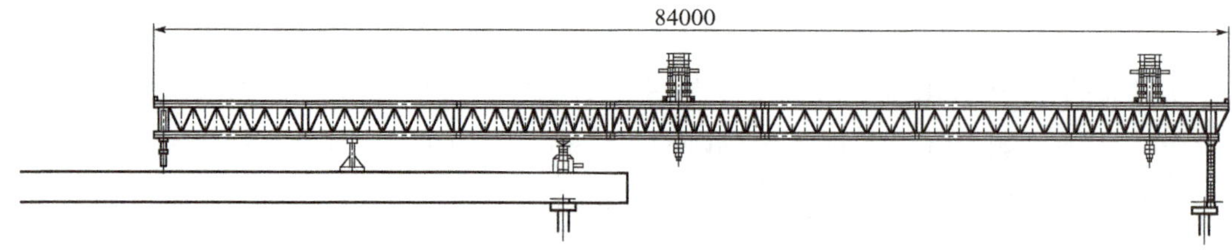

图 3.75　架桥机总成示意图(尺寸单位:mm)

利用汽车吊在台后路基完成架桥机拼装,并进行试吊,拼装示意见图 3.79。

架设首边跨时,中支腿落在桥台位置或最后一块桥面板上,架设中跨及尾边跨时,中支腿落在安装跨后墩墩顶钢梁上,见图 3.80。

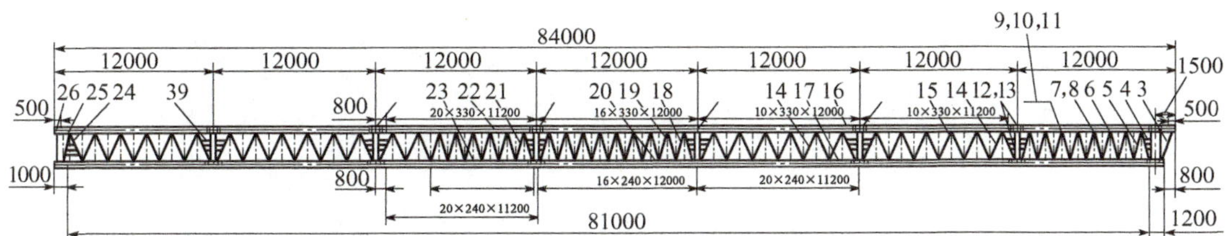

图3.76　主桁布置图(尺寸单位:mm)

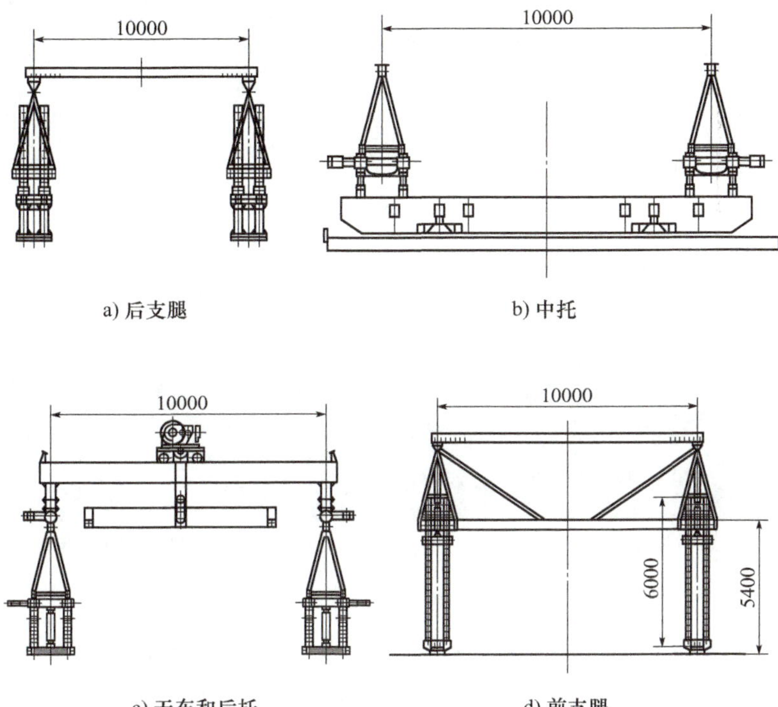

图3.77　架桥机关键构造(尺寸单位:mm)

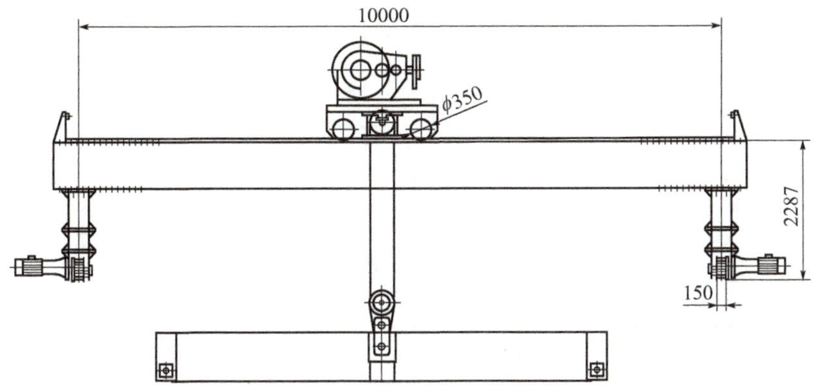

图3.78　架桥机吊具设施(尺寸单位:mm)

图 3.79　架桥机拼装

a) 首边跨架设

b) 中间跨及尾边跨架设

图 3.80　中支腿位置

为满足架桥机宽度要求并加强架桥机稳定性，中支腿落在钢梁上设置的支撑横梁上，横梁上方设置横向行走轮，行走轮上方设置拖轮箱，横梁与钢梁接触地方采用枕木支垫，见图 3.81。

图 3.81　中支腿布置示意图

后支腿落在钢梁上设置的横向行走车轮上，行走车轮上方设置拖轮箱，拖轮箱前后端分别设置电动减速机，控制架桥机的转向，见图 3.82。

图 3.82　后支腿布置示意图

架桥机在传统桥机基础上，对前支腿及中支腿进行的优化工作详述如下：

1）前支腿优化

钢板组合梁架桥机前支装配由前上横梁、前支斜撑、前支千斤顶上座、主梁座、千斤顶、前支千斤顶销轴、千斤顶下座、千斤顶下座销轴、前支立柱、前支立柱底座、前支立柱底座销轴、螺栓、旋转支座等组成，见图 3.83。

图 3.83　架桥机前支腿结构

前支腿采用方钢立柱，前支腿可调节高度为 1.6 ~ 6m。因钢梁首边跨为 45m，在钢梁架设过程中，钢梁要从主梁座下方穿过，为加强前支结构稳定性，架桥机两主桁架上弦杆采用上横梁连接，下弦杆采用主梁座连接，同时上弦杆与主梁座之间设置斜撑。

2）中支腿优化

钢梁翼缘板中对中间距为 6.7m，架桥机两主桁架中对中间距为 10m，考虑到架桥机整体稳定性，钢梁上翼缘板与中支结构枕梁间采用枕木支垫，枕梁与钢梁下翼缘板之间设置斜撑，中托横梁布置与枕梁上方，且枕梁上部设有滑轨，可实现架桥机整体微调横移。见图 3.84。

图 3.84 架桥机中支腿结构

3.5.4 专项风险管控

由于架桥机的机动特性，存在使用安全风险，需要执行标准的作业工艺，并制定相应的风险控制策略。

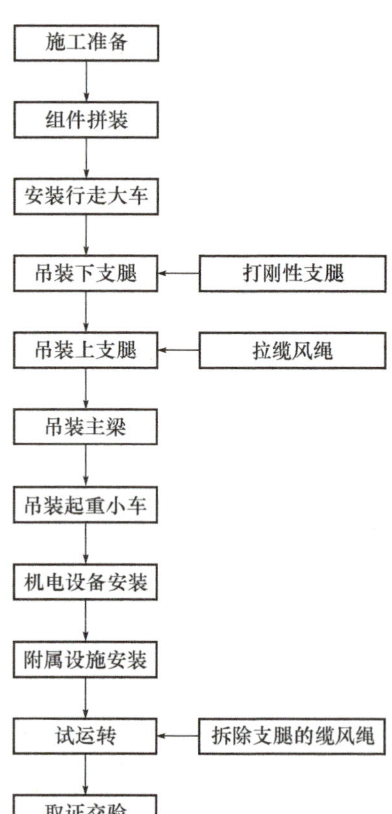

图 3.85 架桥机安装流程

1）架桥机的安装

架桥机安装总体安装流程见图 3.85。

（1）前支腿的安装

铺设前支横移轨道：将前支横移轨道放在挡背墙或盖梁上，底部使用枕木并使用水平仪调平，枕木必须是优质枕木。横移轨道下支垫物必须密排（按0.5m间距控制）。横移轨道下部所有支撑应有足够的承载能力，以满足桥机在各工况下安全作业。当双幅同时架设时，如果两盖梁之间的距离超过 0.5m，横移轨中间及端部出现悬空时应对横移轨道进行局部加强，以达到强度及刚度要求。

将前支腿各零部件根据直、斜、弯桥的需要组装成整体，用吊车将前支腿吊起，将前支轮箱放在前支横移轨道上。调整前支腿高度，将前支腿与挡背墙（或已架预制梁）临时固定防倒。当架设下坡桥时，须根据实际工况垫高或制作刚性增高箱，用于消除大坡度带来的高度差，确保桥机处于水平工作状态。

(2)中托横移轨道、中托轮及后托轮的安装

在桥台台帽处或已架预制梁的端头摆放中托横移轨道。中托横移轨道中心线距前桥台中心线距离不大于52m。横移轨道底部使用钢支垫或优质枕木,支垫物(枕木或其他)必须密排(按0.5m间距控制)。横移轨道下部所有支撑应有足够的承载能力,以满足桥机在各工况下安全作业。当双幅同时架设时,两幅之间的距离超过0.5m时应对横移轨道进行局部加强,以达到强度及刚度要求。预制梁的相应部位承载能力要与横移轨道相同,避免损坏预制梁。使用水平仪将中托轨道调整水平,并要与前支横移轨道平行,两端距离偏差不得大于2cm,要用米尺实际测量,不准目测。

将中托轮部件根据直、斜、弯桥的需要组装成整体,按过孔方向将其置于中托横移轨道上部,两中托轮中心距根据实际需要确定(有运梁轨道时,运梁轨道置于中间),并安装临时电源,检验中托轮的车轮转向是否一致。用直径大于15mm的钢丝绳斜拉固定,每个中托上不少于4根钢丝绳,共8根。中托上轮箱附近要准备8块木楔。斜拉钢丝绳及准备木楔的目的在于:当由于操作失误或电气失灵或拼装失误等,造成主梁前后溜车无法停止时,迅速将木楔塞入车轮(注意方向),阻止事故发生。斜拉钢丝绳可防止中托受力后沿主梁方向倾倒。最后将后托轮部件组装成整体,位置距中托约52.5m处。

(3)主梁的安装

按主梁编号依次将两列主梁用销轴连接成整体,用吊车将主梁吊起,前端放在中托轮上,后端放在后托轮上,两列主梁中心距5~7m(根据实际需要调整),检查两列主梁中心距是否达到要求,偏差两端不大于5mm,中间不大于7mm。

安装主梁前框架并固定,安装后上横梁并固定,安装后支腿并固定。

(4)前支腿的调整安装

安装前支液压系统,将前支油缸接上油泵,启动前支油泵,将油缸和前支伸缩筒用销轴连接,启动前支油泵将支腿上部顶起(或用吊机将整个前支腿吊起),用螺栓把支腿座与主梁连接成整体。并通过油缸调整下部轮箱的高度,使前支轮箱支撑在前支横移轨道上。

(5)提升小车的安装

将提升小车的纵移轮箱和纵移支座、旋转支座、担梁组装,保证两纵移轮箱中心距达到要求(根据需要),偏差不大于3mm,担梁中心距1.2m,偏差不大于3mm,并用吊车将其吊起放在主梁轨道上。将横移小车吊起放在提升小车的横移轨道上。将卷扬机吊起放在横移小车的车体上,并安装晴雨棚。

(6)电器设备的安装

电器设备安装参考电器原理图、接线图进行安装,操作架桥机前,接通临时电源,确定各同组驱动电机转向应正确一致,制动器有效,各安全装置安全可靠。

(7)吊钩(滑轮组)的安装

按要求缠绕钢丝绳,安装吊钩。钢丝绳的穿绕方法很多,总体分为顺穿和花穿两种,穿绕时应根据实际情况灵活组合应用。穿绕后应详细检查,以防错穿。

钢丝绳须从吊钩(动滑轮)的中部穿入。钢丝绳端部固定在定滑轮上。钢丝绳穿好后,吊钩自然下垂,不得扭转。钢丝绳相互间不得干涉。吊钩下放到所需最底位置时,卷筒上的钢丝绳不得少于3圈,也不宜多于10圈。

(8)全面安检

对有开口销的地方进行全面检查,补上遗漏的,修改错误的;对桥机上的全部螺栓进行紧固,补上遗漏的螺栓;对有齿轮的地方检查是否遗漏涂抹润滑脂;检查卷扬机是否有足够的齿轮油;检查结构件是否有开焊、裂缝。由第三方检测单位和监理单位按照《危险性较大的分部分项工程安全管理规定》的要求:验收标准、验收程序、验收内容、验收人员,对架桥机的结构、传动系统、电气系统、液压系统、安全限位及保险装置、地基受力、枕梁及分配受力、前支腿支撑垫块的验收以及按照监理业主验收审批程序进行验收。

2)架桥机的拆除

架桥机拆除总体安装流程见图3.86。

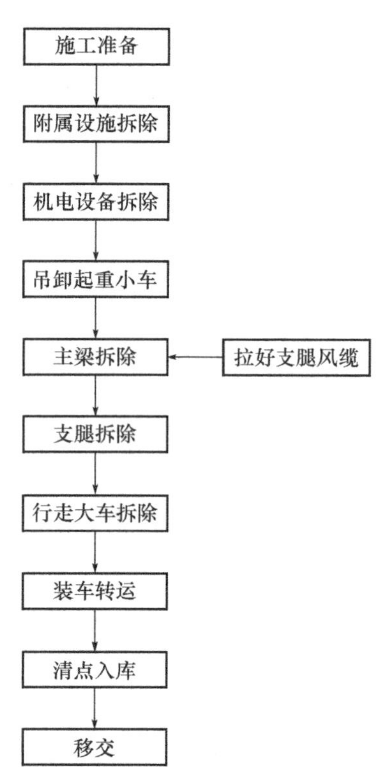

图3.86 架桥机拆除流程

根据施工现场的平面布置和要吊卸物件的重量选择25t汽车吊,拆除步骤如下:

(1)拆除起重机的主电缆并将其收回到电缆的卷筒上。

(2)拆除起重机各传动机构的连接电源线,并把它绑扎在各相应的位置上。

(3)拆除驾驶室:用手动葫芦吊住驾驶室并拉紧,拆除驾驶室与梯台与主梁上的连接螺丝,将驾驶慢慢转离主梁底再用汽车吊吊放到地上。

(4)拆卸支腿横梁及立柱:用汽车吊吊住横梁并稍拉紧,拆卸立柱与支腿的连接螺丝,使立柱与支腿离开,将横梁及立柱吊放到地上再将横梁及立柱分解体。

(5)拆卸主梁横梁:用汽车吊吊住横梁,拆卸横梁与主梁的连接螺丝,使上横梁与主梁分离开,将上横梁吊放到地上。

(6)拆卸主梁:主梁拆卸前再次确认支腿风缆绳是否固定好,利用安装时的吊点绑固吊装钢丝绳用汽车吊吊住并稍微拉紧，拆卸支腿与主梁的连接螺丝，使两支腿与主梁分开，慢慢起吊将主梁放置地面，再进行解体。

(7)支腿拆卸：用钢丝绳套吊在支腿的上方并用汽车吊拉紧，拆除各固定的风缆绳，拆除支腿与下横梁的连接螺丝，将支腿吊装放地上。

(8)拆除下横梁：用汽车吊吊住下横梁，拆除预先固定架桥机的支撑，将夹轨锁的手柄拉起，下横梁与大车行走装配好，一般情况下为方便下一次装机，不分拆。

3)风险防控

最大风险源出现在架桥装拆施工过程中，经分析及同类技术对比，主要事故有坍塌、物体打击、高处坠落、起重伤害、车辆伤害、触电伤害、火灾爆炸七类，对各事故的危险致因进行分析，提出预控安全技术措施。

(1)坍塌

主要致因：架桥机设计、安装、拆除方案有缺陷；关键部位组件受力性能不足；安装拆除人员违反操作规程作业；荷载试验违反互逐级加载原则；临时锚固设置受力能力不足；设备安装完成未经试载和检验合格即投入使用；恶劣天气野蛮施工等。

预控安全技术措施：架桥机设计由专业单位设计制作，架桥机安装拆除方案由专业人员编制，保证结构安全；控制关键组件的质量；安装拆除施工前对作业人员进行安全和技术交底，明确安装拆除的施工步骤和操作规程；严格按照逐级加载原则进行荷载试验；合理设置临时锚固设施，保证钢丝绳、绳卡的质量；设备安装完成后必须进行动静载试验，并经检验合格，取得合格证后再使用；合理组织施工，恶劣天气禁止安装拆除作业。

(2)物体打击

主要致因：无关人员进入安装拆除现场；高处作业的工具、材料未稳固摆放；吊物上的杂物未清理，坠落伤人；作业人员站在大锤作业范围内等。

预控安全技术措施：安装拆除施工现场进行警示维护，专人监护，禁止无关人员进入；要求作业人员必须将高处材料、工具摆放稳固；吊物起吊前，起重工要进行全面检查，防止坠物伤人；加强施工现场监督，禁止站在大锤挥舞范围内，作业人员要相互监督和提醒。

(3)高处坠落

主要致因：安装拆除作业人员无未稳固的高处作业平台或爬梯；高处作业人员未挂好安全带；高处作业人员违反操作规程作业，高处作业人员在安装拆除架桥机时被吊物碰撞导致坠落等。

预控安全技术措施：安装拆除作业人员必须保证有稳固的作业平台或爬梯；现场监护人员严格要求高处作业人员必须挂好安全带，遵守高处作业安全操作规程；安装拆除作业人员必须保证自身处在安全环境，吊物在未稳定的情况下不得随意离开稳固位置。

(4)起重伤害

主要致因:安装拆除作业中的起重操作和指挥人员无证指挥或指挥信号不清;安装拆除作业中使用的起重设备、钢丝绳、卡环、揽风绳等不符合要求;在吊物下长时间逗留;作业人员不听指挥违章作业;恶劣天气下野蛮施工等。

预控安全技术措施:安装拆除作业班组的起重操作和指挥人员必须经过培训考核合格后,持证上岗,关键人员配备对讲机,确保指挥信号清晰;起重工在起吊前对吊物进行全面检查,确保吊具、吊点、揽风绳等合理设置;现场监护人员要严格禁止有人在吊物下逗留;开始安装拆除作业前对作业人员都要进行详细的交底,现场作业人员必须服从指挥;恶劣天气下禁止进行龙门吊的安装拆除作业。

(5)车辆伤害

主要致因:运输和起重车辆操作人员无证驾驶;车辆操作人员酒后上岗或疲劳驾驶;在关键路口或作业点未设置警示标志;车辆倒车、装卸材料时无专人指挥等。

预控安全技术措施:严格要求参与安装拆除施工的车辆操作人员持证上岗;禁止操作人员酒后上岗或疲劳驾驶;在关键路口和作业点设置专人监护或者设置醒目的警示标志;车辆倒车、装卸材料时必须安排专人进行指挥和监护。

(6)触电伤害

主要致因:非电工人员进行用电线路作业。安拆施工中使用的电气设备安全措施不完善,触及破损的设备或导线;未按要求进行接零接地保护,漏电保护开关失灵;线路布置不合理,被重物挤压导致触电等。

预控安全技术措施:严格要求用电线路作业必须由专业电工进行;安拆施工中使用的电气设备必须保证安全保证措施完整,不得带病作业;专业电工要加强对现场的安全检查,保证接零接地、漏电开关良好;现场加强监督管理,禁止挤压线路和设备。

(7)火灾爆炸

主要致因:安拆现场氧气乙炔使用不符合要求;动火作业点周围或正下方有易燃物品未及时清除;气割作业人员无证上岗;安拆作业现场未设置灭火器等。

预控安全技术措施:安拆现场使用的氧气乙炔要保证使用距离满足5m以上,压力表、气管必须完好;动火作业前先将作业点周围和正下方的易燃物清除;气割作业人员必须持证上岗;由专职安全员负责落实在作业现场设置足量的灭火器。

4)应急预案

为预防架桥机在现场安装和使用过程中,突然发生高空坠落事故、物体打击、架桥机整体倾倒等重大事故,减少财产损失和人员伤亡,应根据《中华人民共和国安全生产法》《建设工程安全生产管理条例》等相关法律、法规、条例、规范、标准,结合工程特点制定应急预案,建立重大事故应急救援体系。当事故或灾害不可能完全避免时,采取及时有效的应急救援行动,尽可减少财产损失和人员伤亡。应急总体流程见图3.87。

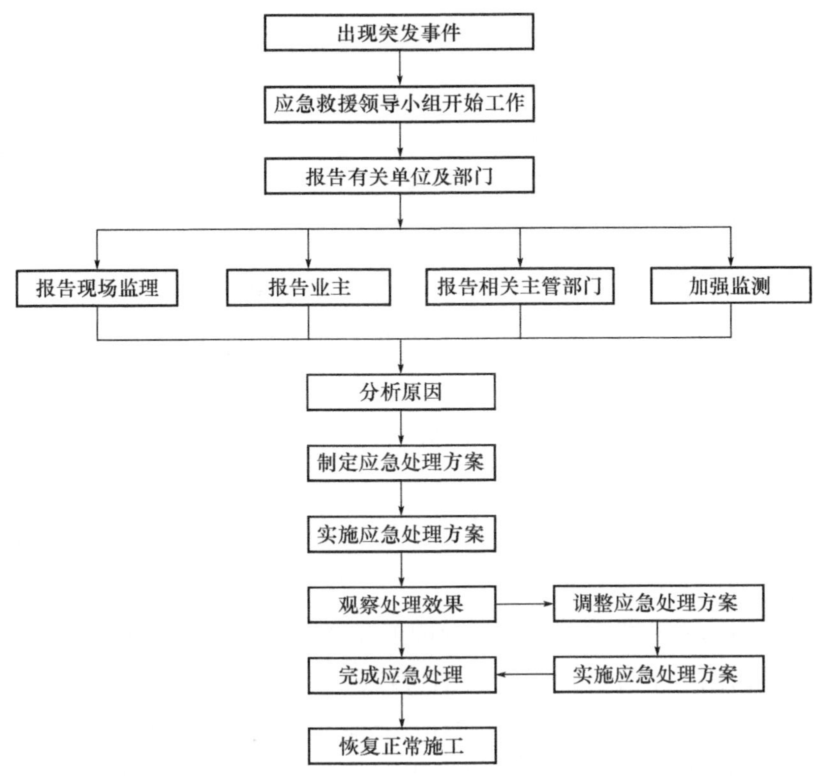

图3.87 应急流程

当项目经理或负责人接到突发事件(事故)的紧急报告后,应根据突发事件(事故)的种类,立即启动相应的应急救援预案。如果项目经理或负责人在现场,则由其直接担任指挥长,行使方案实施的指挥权;如果项目经理或负责人不在现场,则由现场值班经理担任临时指挥长,行使现场指挥的权力;待项目经理或负责人到场后,移交临时指挥权,由项目经理或负责人主持应急救援的现场指挥工作。

当施工现场发生重大事故(事件)时,工地值班经理或现场负责人应立即按应急援救预案的要求向主管领导报告,得到批准之后,立即组织实施应急救援预案,其组织程序为:

(1)项目经理应根据突发事故的类型,沉着应对,果断实施组织指挥。由项目经理或现场负责人直接在现场布置救援任务,指挥组及组员按照要求在现场组织抢救,各职能保障组按其职责和分工,在现场指挥的部署下,根据救助需求履行其职责。

(2)各保障小组在接到启动应急救援预案的指令之后,组长及员工应立即投入到组织救援的准备工作之中;在配置了通信器材救助工器具和相应的交通工具之后,立即按指令奔赴事发现场，展开现场救援工作。

(3)指挥组应根据领导安排及需求，重点做好以下工作：组织抢救组人员立即封闭事故现场，对受伤人员进行抢救。迅速联系工地附近医疗机构或指定医院参与救援，为抢救伤员提前做好各项准备工作。组织好施救现场的安全保卫工作，组织人员在救助现场四周做好安全警戒工作。并安排专人负责值守。根据救助现场的需要，及时增派人员、物资补充及调动设备进场，保障救援工作顺利进行。

应急预案主要针对高处坠落、物体打击、触电事故、起重事故、架桥机倾翻事故等，前四项为工程通用，此处仅介绍架桥机倾翻事故的应急处理：

(1)首先抢救组和经理一起查明险情：确定是否还有危险源。如碰断的高、低压电线是否带电；架桥机构件、其他构件是否有继续倒塌的危险；人员伤亡情况；商定抢救方案后，经项目经理批准后组织实施。

(2)防护组负责把出事地点附近的作业人员疏散到安全地带，并进行警戒不准闲人靠近。

(3)工地值班电工负责切断有危险的低压电气线路的电源。如果在夜间，接通要道的照明灯光。

(4)抢险组在排除继续倒塌或触电危险的情况下，立即救护伤员：一边联系救护车，一边及时进行止血包扎，用担架将伤员抬车上送往医院。

(5)对倾翻变形架桥机的拆卸、修复工作应在架桥机厂家指导下进行。架桥机事故应急抢险完毕后，全体同志进行事故调查，找出事故原因、责任人以及制订防止再次发生类似的整改措施。

3.5.5 钢梁组拼

钢梁钢结构加工厂家将散件节段梁运输至场地散件存放区，采用80t龙门吊提吊散件至胎架上，首边跨拼装成45m跨标准节，尾边跨拼装成35m跨标准节，中跨拼装成40m跨标准节，并进行涂漆防腐处理，后由2台80t龙门吊整体转运至存梁区。见图3.88～图3.90。

3.5.6 钢梁架设

步骤一：利用2台80t龙门吊将钢梁吊转至电动平车上方，再通过电动平车将钢梁运送至架桥机尾部。见图3.91。

图3.88 利用龙门吊将钢梁节段提吊至胎架上

图3.89 钢梁节段焊缝焊接

图3.90 钢梁横向连接焊接及涂装作业

步骤二:将1号、2号天车与钢梁挂钩,同时缓慢提起钢梁至一定高度后同步向安装跨缓慢前移。见图3.92。

步骤三:钢板梁移动至安装跨正上方时,后端对准上一节段钢梁基准线,前端对准支座垫石中心线，初步对位后缓慢落梁至距垫石顶面 50cm，前端安装临时支撑千斤顶。见图 3.93。

图 3.91　两台 80t 龙门吊将钢梁提吊至电动平车上方

图 3.92　天车提起钢梁向安装跨缓慢前移

步骤四：临时支撑千斤顶布置在中横梁或端横梁顶升加劲处，盖梁顶面设置 2 个 50t 螺旋千斤顶，千斤顶底部设置砂筒。根据盖梁顶面高程及梁底高程初步计算砂筒高度，钢梁前端落在千斤顶上，后端采用码板与前一节段钢梁初步固定。见图 3.94。

图 3.93　钢梁后端对准上一节段钢梁基准线

图 3.94　钢梁前端落在千斤顶上

步骤五：支座安装采用自上而下的施工方法，先将支座与钢梁采用高强螺栓连接，保证支座与钢梁密贴，钢梁安装时将支座下锚杆对准支座垫石上预留孔，钢梁位置调整准确后，钢梁临时落在支撑千斤顶上，对钢梁对接处进行限位固定，支座位置及平整度满足要求后开始下部重力灌浆。见图 3.95。

支座四周采用竹胶板封模，与垫石结合位置张贴双面胶密封，灌浆采用专用支座灌浆料，将灌浆管伸入至支座下部中心位置，从支座中心向四周灌浆。灌浆不得过快，确保支座预留孔灌实，灌浆顶面应高出下支座钢板底面 1cm。

待垫石强度达到设计强度后拆除临时支撑千斤顶，使支座受力，完成受力体系转换。

a）支座与钢梁连接好后，并随钢梁吊运至安装跨位置

b）拆除临时支撑千斤顶，使支座受力，完成受力体系转换

图3.95　支座安装

3.5.7　质量保障

(1)临时支座高度应根据安装跨横、纵坡进行仔细计算,避免临时支座高度过大影响钢梁安装。

(2)钢梁安装就位后,测量人员复核钢梁横桥向、顺桥向位置,若偏差过大,应重新就位安装。

(3)临时支座灌浆料未达强度时,不得拆除梁端千斤顶。

(4)钢梁安装前应对钢梁拼装质量进行验收。

(5)钢梁吊装过程中应加强观察,避免钢梁磕碰,导致钢梁受损。

(6)钢梁吊装过程中应加强对梁体涂装的保护。

(7)桥面板运输过程中应做好固定措施,防止桥面板晃动造成破损。

(8)安装前应做好桥面板安装控制标识线,安装时对准控制线缓慢落梁,确保桥面板安装位置。

(9)每块桥面板安装完成后,应及时连接部分湿接缝钢筋,使其与相邻板形成整体。

(10)桥面板安装前应检查钢梁顶面膨润土橡胶条是否破损,如有破损应及时更换,桥面板调整位置时应提离5cm,不得直接调整,避免破坏橡胶条。

(11)支座垫石施工时严格控制地脚螺栓孔预埋精度,防止螺栓孔偏位导致支座无法安装。

(12)严格支座垫石施工时高程、位置。

(13)支座安装时采用水平仪超平,四角高差不得超过2mm,确保支座水平。

(14)支座下螺栓灌浆料未达到强度时,支座顶面不得加载重物。

(15)支座安装时,技术人员应认真熟悉支座安装要求,防止安装错误。

(16)支座吊装时应稳固牢靠,防止支座损害。

3.5.8 安全保障

(1)施工前编制安全技术措施,制定各类操作细则,并向施工人员进行技术交底,做好安全教育工作,提高人员的安全意识。

(2)各种施工机械必须制定相应的详细的操作规程,并严格执行。

(3)工地电力干线采用非裸体电线架设,统一布置电力线路,不准私接乱拉电线。

(4)起吊设备起吊时,严禁起吊超过规定重的物件,起吊过程中有专人指挥。一切人员都不准在起吊和运行的吊机下站立,吊装作业区严禁非工作人员入内。

(5)经常检查运梁车和电动平车制动装置,防止失灵,并配备辅助刹车用铁鞋。

(6)制定防台风暴雨应急措施。加强和气象站联系,做好防雷防风防雨装置,电闸箱要有防雨盖,天车应加防护雨罩,龙门吊和架桥机设置避雷设施,在桥面预埋防台风地锚,台风来临前架桥机及龙门吊要切断电源,及时用钢楔将行走轮楔紧,用钢丝绳将架桥机、龙门吊同地锚拉紧,同时做到全部人员及时安全撤离。

(7)吊梁时,在梁片提高 10 ~ 20cm 后,应立即对大梁、上下垫梁、行走轮等主要部件进行一次观察检查,然后固定一端吊点并对另一吊点做刹车试验。如两吊点轮流做制动试验的结果良好,则可将梁片同时慢速提升。

(8)当梁片下落时,应先落好上坡端并支撑稳当,然后落下坡端。在检查两端支撑不但都已受力,而且梁已安放平稳后,才能拆除吊具。

(9)架桥机作业安全保障措施。

架桥机属于大型临时设施,其安装、使用、拆除等都存在相对较大的危险性。

架桥机按照设计图纸安装完毕后,必须组织设计、安装、使用及管理部门等有关人员进行检查验收,然后按照规定的试验项目试吊合格后方可正式投入使用。未经验收及试验合格的架桥机绝对不允许投入使用。

架桥机的安全装置必须与主体结构同时安装、同时投入使用,使用过程中不得随意拆除。

架桥机的操作司机属于特殊工种必须持证上岗,架桥机必须设专人负责检查维护保养,保持架桥机状态良好下运行。

架桥机司机、挂钩工人和维修人员,应当经常检查各自负责的设备和吊具,以保证安全运行。架桥机停止工作后,司机应当将架桥机安全稳妥地停放在规定的地方,切断电源,拉好揽风绳,方可离开。

3.6 桥面板安装与整体化施工

桥面板采用了梁、板异步安装以及梁、板同步安装两种方法，本节对安装及其他关键工艺进行介绍。

3.6.1 桥面板安装

钢板梁顶推到位后，需立即组织桥台背墙施工及后续土方填筑，以便形成预制板运输通道。若按此方案，需待左幅梁全部顶推完成后，开始台背施工。为节约工期，台背及台背回填在第一联顶推完成前施工完成，在第一联支座强度达到后，即开始桥面板安装。

1)准备工作

桥面板安装前，测量人员对钢梁安装位置进行复核，主要为横桥向偏差、顺桥向偏差、及顶高程偏差，作为桥面板安装参考。

桥面板运输至架桥机(架扳机)处时应对桥面板进行全面检查，设置检修台座，对桥面板底面有外观缺陷的进行修整处理。

桥面板安装前对架桥机(架扳机)进行设备性能检查，确保吊装过程中正常使用；对吊具、钢丝绳进行检查，出现破损的进行更换或修复。

测量人员在钢梁上放样每块桥面板安装时的边线及中线，桥面板横断面画出与钢梁接触面的中心线。

为保证桥面板和钢梁顶密贴，在预制板安装前，于梁顶非剪力槽位置粘贴宽25mm，厚10mm止浆条，而后填装环氧砂浆，安装预制板。见图3.96。

图3.96 止浆条、环氧砂浆施工

安装前所有设备操作人员、安装人员、测量人员、现场技术人员等均应就位，确保各环节联络通畅。

2）吊点及吊具布置

桥面板吊点采用预留孔方式，每块板设置4个吊点，预制时预埋 ϕ25mm 圆钢，吊点布置如图3.97所示。桥面板起吊采用专用吊具，吊具下端吊耳与桥面板吊耳采用钢丝绳连接，上端与龙门吊天车吊钩连接。桥面板安装吊具结构图见图3.98。

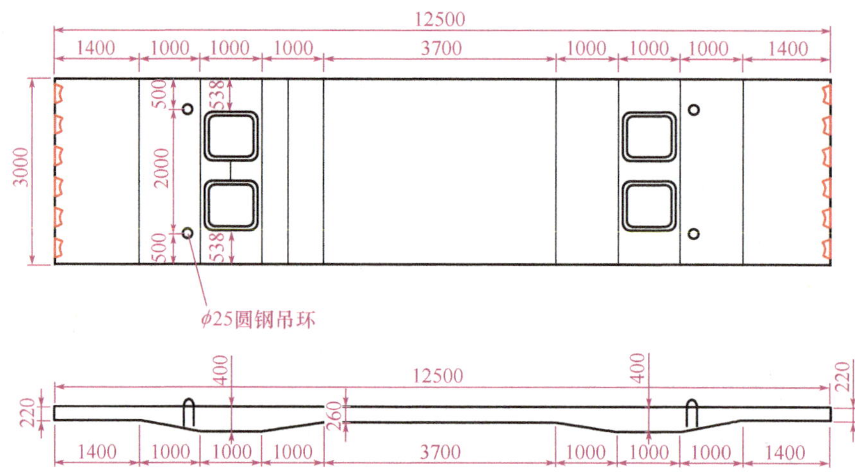

图3.97　桥面板吊点布置图(尺寸单位:mm)

图3.98　桥面板安装吊具结构图

3）运输

桥面板预制场设置在S370大桥桥尾，通过80t龙门吊提升至运梁车上，通过S370大桥运输至安装位置。由于地理条件限制，桥面板安装从大里程侧往小里程侧安装，先左幅后右幅。桥面板施工见图3.99。

运输采用轮胎式运梁车,运梁车上设置型钢固定支架,支架上放置桥面板,桥面板与支架之间设置木方支垫,且采用倒链捆绑固定。

运输前应对运输路线进行清理,确保路线平顺,防止桥面板运输过程中过于颠簸。运梁车从已安装桥面板上行走,湿接缝处采用2cm厚钢板铺设,以便运梁车顺利通过。桥面板在桥面上运输时设置专人全程监护,运输速度全程不大于5km/h。轮胎式运梁车运梁见图3.100。

图3.99 桥面板施工

图3.100 轮胎式运梁车运梁

4)钢混接合面处理

钢梁吊转至存梁区时,在钢梁上翼缘板顶面四周粘贴止浆条。钢梁安装到位后,进行桥面板安装时,调整好桥面板位置后下放至钢梁顶面。提起桥面板在桥面板与钢梁上翼缘板之间灌注环氧砂浆,再缓慢下放就位。

5)安装

主要以架桥机安装为例,大里程侧第一跨采用80t吊车进行安装,第一跨安装完成后再拼架桥机,进行后续桥面板安装。吊车安装桥面板见图3.101。

在已安装的第一跨拼装架桥机,采用运梁车将桥面板顺桥向运输至架桥机尾部,1号天车移动至架桥机最尾端,2号天车移动至桥面板正上方,天车落钩,安装吊具,缓慢提升桥面板,使桥面板提离运梁车,运梁车退回。

天车前移至安装跨,推动桥面板旋转90°,使桥面板呈横桥向状态。同时,安装位置处,在钢梁与桥面板接触面上涂抹环氧砂浆。

移动天车将桥面板移动至安装位置,缓慢下钩,待桥面板底面距剪力钉顶口约10cm时,停止下钩,根据桥面板上的中心线及钢梁上标示线,调整桥面板位置并稳定,然后缓慢落钩,使桥面板缓慢下落至稳定状态,桥面板落稳后,检验其中心线及边线是否对齐,若偏差过大,应提起桥面板重新对位安装。

按照上述方法,依次完成该跨桥面板安装,中支腿处桥面板暂不安装,待架桥机过孔后进行安装。架桥机架设桥面板见图 3.102。

图 3.101　吊车安装桥面板

图 3.102　架桥机架设桥面板

对于顶推法,在第一联就位前,于桥头路基拼装架板架桥机,待支座强度达到后,即可开始架设。架设工效按外省正常工效为 2 天/跨。因架设速度高于顶推速度,左幅最后一联支座体系转换后 6 天完成桥面板架设(左幅最后一联为 3 跨)。

6)桥面板安装注意事项

每块板安装前在安装位置钢梁顶面涂抹 1 ~ 1.5cm 厚环氧砂浆,并粘贴密封橡胶条,防止钢梁顶面与桥面板之间出现脱空。正式安装前,在预制厂内进行环氧砂浆工艺试验,通过试验确定具体的施工工艺。

每块桥面板安装时,技术人员应对桥面板的编号及安装方向进行复核,防止安装错误。

桥面板安装过程中,若出现湿接缝预留钢筋与剪力钉干扰时,适当调整预留钢筋位置,让开剪力钉,使桥面板顺利下落,但严禁使用火烤的方式调整钢筋位置。

每跨桥面板安装完成后及时将剪力槽浇筑完成,每联架设完成后将湿接缝浇筑完成,湿接缝浇筑从跨中往跨边的浇筑顺序进行浇筑。

桥面板安装完成后及时安排人员进行湿接缝钢筋的焊接施工。

3.6.2　湿接缝施工

单联桥面板架设完毕后,即可开始湿接缝钢筋焊接、剪力槽口及湿接缝混凝土浇筑、横向预应力钢绞线张拉工作。该工作可在架桥机等待过程中完成。因此,上述工作不占关键线路时间,仅最后一联占用收尾关键线路时间,耗时 10 天。工艺如下:

1)钢筋焊接

钢筋连接采用单面搭接焊,焊缝长度要求满足不小于10d,同时焊缝宽度、厚度要求达到桥梁施工规范要求,采用J502级以上焊条焊接。湿接缝钢筋焊接时应对横向束波纹管进行覆盖,避免对波纹管造成破坏。

2)模板支立

湿接缝模板统一用胶合板加工,湿接缝模板采用长2.4m、宽1m、厚2cm的木模作为底模(满足现场施工宽度),每块模板用5组钢丝绳和ϕ28mm钢筋横向固定,钢筋约0.9m,钢筋两端采用20cm×10cm×10cm枕木支垫,每根钢丝穿过ϕ20mm的PVC管固定,管口高于混凝土面2cm。底模位于模板中间位置,与采用纵向ϕ22mm钢筋与钢丝绳固定,ϕ22mm钢筋长约2.2m;方木纵向间距为50cm。对于部分模板加工在取得技术人员的许可的情况下可适当调整。底模安装前需清理干净,并涂刷脱模剂,底面混凝土颜色保证与梁体颜色一致,上下面不得出现错台现象。

湿接缝底模悬挂螺栓必须紧固,将模板箱梁顶板间缝隙控制在2mm以内,在模板与原混凝土的接触面粘上双面胶防止露浆,模板垂直运输采用卷扬机吊拉,要求在吊拉模板时桥下禁止站人,防止坠落物品伤人。为保证保护层厚度,应在钢筋与模板间设置细石子混凝土垫块,按4个/m^{2}梅花形布置,垫块应与钢筋扎紧,且互相错开。底模板悬挂系统见图3.103。

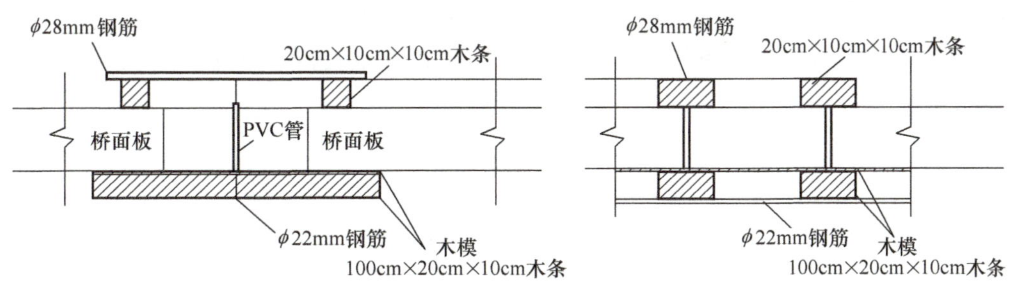

图3.103 底模板悬挂系统

3)混凝土浇筑

湿接缝钢筋及模板施工完毕,经自检人员及监理检验合格后,浇筑混凝土。混凝土采用汽车吊配合料斗进行浇筑,浇筑按照整联为单位。混凝土浇筑前注意应将相邻板侧面用水润湿,以保证新旧混凝土结合。人工用手推车运送混凝土至湿接缝旁进行浇筑。混凝土振捣采用插入式振捣器,先四周后中部,做到快插慢拔,避免过振和漏振现象。

湿接缝浇筑顺序严格按照设计图纸要求进行,标准跨桥面板湿接缝浇筑分三批次完成,中跨湿接缝按“跨中→1/4跨→墩顶”,边跨湿接缝按“边支点→跨中→中支点”顺序浇筑湿接缝混凝土。

4)混凝土养生

混凝土施工完毕后,即覆盖塑料薄膜,锁住水分防止早期收缩出现裂缝。2h 后除去薄膜,进行 2 次收面,采用木抹子收平,及时覆盖土工布并洒水养护。开始洒水时不能对着混凝土直喷,要轻洒,水流要缓慢。养生期间要派专人 24h 养护,土工布一直要保持湿润,养生期间要杜绝施工车辆在铺装层上行驶或者堆放杂物,以免使铺装层混凝土受到损伤。养护不少于 14 天。

3.7 本章小结

从品质工程建造的要求出发,探索适用于东南沿海地区的钢板组合梁建造技术体系,本章主要结论如下:

(1)以工厂化理念,规范化钢板梁加工、制造、运输流程,总结生产过程中的细节工艺,建立了钢板梁的加工制造体系。

(2)将桥面板预制由现场优化为工厂预制,规范化浇筑、振捣、养护流程,保障桥面板的受力性能。

(3)为实现本工程的示范意义,探索了顶推以及架桥机安装两类工艺对钢板组合梁建造的适应性,并且根据实践经验,总结形成成熟的安装工艺体系。

(4)对耐候钢、STC 覆面叠合工艺以及质量保障技术进行同等深度的研究,为后续推广奠定基础。

CHAPTER 4 第4章

钢板组合梁桥质量检测与施工控制

4.1 概述

严控建造质量是提升工作性能、保障长效安全的关键。桥梁成桥线形影响桥梁行车平顺,桥梁结构因荷载作用、疲劳与腐蚀效应、材料老化以及缺乏及时的维修,使用期内不可避免地产生损伤累积、抗力衰退而影响结构寿命。

钢板组合梁桥作为国内近年来才开展规模化应用的桥型,一般以《公路工程质量检验评定标准》(JTG F80/1—2017)、《公路桥涵施工技术规范》(JTG/T 3650—2020)作为控制标准,缺乏针对性的质量检测与施工控制技术标准。本章总结云茂相关控制指标及控制效果,供同类工程及相关规范参考借鉴。

4.2 钢梁质量检测

钢梁质量主要检测原材质量、焊缝质量、防腐涂装质量三大关键内容。

4.2.1 原材质量

钢梁原材检测 C、S、P、Si、Mn 等化学元素的含量,判断依据为《桥梁用结构钢》(GB/T 714—2015)。见表 4.1。钢梁原材试验标准为《碳素钢和中低合金钢 多元素含量的测定火花放电原子发射光谱法(常规法)》(GB/T 4336—2016),试验方法是火花放电原子发射光谱法。

热轧或正火钢化学成分　表 4.1

牌号	化学成分(质量分数,%)				
	C	Si	Mn	S	P
	不大于			不大于	
Q345q	0.18	0.55	0.90 ~ 1.6	0.025	0.030

钢梁原材共送检 9 个批次,各元素含量符合规范要求,检测详情见表 4.2。

原材质量检测效果　表 4.2

试验项目	碳含量(≤0.18%)	硫含量(≤0.025)	磷含量(≤0.030%)	硅含量(≤0.55%)	锰含量(0.90% ~ 1.60%)	结果
1	0.17	0.012	0.014	0.39	1.56	合格
2	0.16	0.012	0.016	0.38	1.53	合格

续上表

试验项目	碳含量（≤0.18%）	硫含量（≤0.025）	磷含量（≤0.030%）	硅含量（≤0.55%）	锰含量（0.90%～1.60%）	结果
3	0.17	0.013	0.015	0.38	1.53	合格
4	0.16	0.013	0.014	0.37	1.54	合格
5	0.15	0.013	0.016	0.36	1.52	合格
6	0.16	0.013	0.013	0.38	1.55	合格
7	0.16	0.012	0.014	0.39	1.51	合格
8	0.16	0.013	0.016	0.39	1.54	合格
9	0.16	0.013	0.013	0.39	1.52	合格

4.2.2 焊缝质量

焊缝的外观质量检验要求见表4.3，钢板组合梁焊缝应按一级焊缝的质量要求执行。

焊缝外观质量要求　　表4.3

焊缝质量检验项目等级	一级	二级	三级
裂纹	不允许		
未焊满	不允许		≤0.2mm+0.02t 且≤1mm，每100mm长度焊缝内未焊满累积长度≤25mm
根部收缩	不允许		≤0.2mm+0.02t 且≤1mm，长度不限
咬边	不允许	深度≤0.05t 且≤0.3mm，连续长度≤100mm，且焊缝两侧咬边总长≤10%焊缝全长	深度≤0.1t 且≤0.5mm，长度不限
电弧擦伤	不允许		允许存在个别电弧擦伤
接头不良	不允许		缺口深度≤0.05t 且≤0.5mm，每1000mm长度焊缝内不得超过1处
表面气孔	不允许		直径小于1.0mm，每米不多于3个，间距不小于20mm
表面夹渣	不允许		深≤0.2t，长≤0.5t 且≤20mm

无损检测分别在钢梁加工厂及组合梁施工现场进行。工厂焊缝的无损检测参数为超声波和磁粉探伤两种方法，现场焊缝的无损检测参数为超声波及射线两种探伤方法。工厂焊缝及现场焊缝的检测验收要求见表4.4。

焊缝检测标准　　表4.4

焊缝位置	探伤方法	检验等级	验收等级	探伤比例	探伤部位	执行标准
工地主梁环焊缝，即主梁上、下翼缘板、腹板对接焊缝	超声波	B	Ⅰ	100%	焊缝全长	GB/T 11345—2013
工地主梁环焊缝，即主梁上、下翼缘板对接焊缝	射线	B	Ⅱ	10%	板厚≤30mm时，焊缝两端300mm，焊缝长度>1200mm时中间加拍300mm	GB/T 3323—2005
主梁腹板对接焊缝	射线	B	Ⅱ	30%	焊缝中间及两端3张片	
工地主梁环焊缝，即主梁上、下翼缘板对接焊缝	超声波	C	Ⅰ	10%	板厚>30mm时，焊缝两端各500mm，长度>1500mm时中间加拍500mm	GB/T 11345—2013
主梁腹板对接焊缝	超声波	C	Ⅰ	30%	板厚>30mm时，焊缝两端及中间各500mm	
工字型主纵梁腹板与上、下翼缘板部分熔透角焊缝	超声波	B	Ⅱ	100%	焊缝两端1000mm	GB/T 11345—2013
工字形主纵梁腹板与下翼缘板熔透角焊缝(支座范围)	超声波	B	Ⅰ	100%	焊缝两端1000mm	GB/T 11345—2013
工字形小、中、端横梁腹板与上、下翼缘板部分熔透角焊缝	超声波	B	Ⅱ	100%	焊缝两端1000mm	GB/T 11345—2013
主纵梁腹板上B型加劲(小横梁加劲)熔透角焊缝；主纵梁腹板上C型加劲(端、中横梁加劲)熔透角焊缝	超声波	B	Ⅰ	100%	焊缝全长	GB/T 11345—2013
主纵梁腹板上C型加劲(端、中横梁加劲)部分熔透角焊缝	超声波	B	Ⅱ	100%	焊缝全长	GB/T 11345—2013
工地小、中、端横梁与主纵梁熔透角焊缝	超声波	B	Ⅰ	100%	焊缝全长	GB/T 11345—2013
主纵梁腹板上A型加劲贴角焊缝	磁粉	—	2X	20%	焊缝全长	GB/T 26951—2011
横向挡块熔透角焊缝	超声波	B	Ⅰ	100%	焊缝全长	GB/T 11345—2013
主纵梁顶升加劲熔透角焊缝	超声波	B	Ⅰ	100%	焊缝全长	GB/T 11345—2013

根据相关设计文件和规范要求在每个批次的检测过程中，超声波及射线探伤发现一些构件的焊缝内部质量存在质量问题，同时在进行磁粉检测的过程中，发现了个别构件焊缝存在咬边等外观质量问题。通过及时反馈相关结果给建设方和监理方，并且与钢梁相关生产及质量管理人员沟通，提供相应的数据，对焊缝的施工工艺、质量把控提出建设性建议，以确保提高构件的生产质量。

随着工艺的改进，配合无损检测发现问题、反馈问题，本项目的焊缝质量也得到了逐步提升。最终整个项目的质量合格率较高，各加劲板与主梁的连接焊缝出现部分焊缝缺陷，但缺陷也较短。具体的焊缝无损检测统计见表 4.5。

焊缝无损检测结果　　表 4.5

<table>
<tr><th>检测项目</th><th>构件类型</th><th>构件数量</th><th>检测方法</th><th>抽检焊缝条数</th><th>合格条数</th><th>备　注</th></tr>
<tr><td rowspan="4">TJ10
工厂焊缝</td><td>主纵梁</td><td>68</td><td>超声</td><td>1381</td><td>1370</td><td>一次返修复检合格</td></tr>
<tr><td>中端横梁</td><td>4</td><td>超声</td><td>72</td><td>72</td><td></td></tr>
<tr><td>小横梁</td><td>40</td><td>超声</td><td>40</td><td>40</td><td></td></tr>
<tr><td>主纵梁</td><td>68</td><td>磁粉</td><td>276</td><td>276</td><td></td></tr>
<tr><td rowspan="3">TJ14
工厂焊缝</td><td>主纵梁</td><td>47</td><td>超声</td><td>704</td><td>700</td><td>一次返修复检合格</td></tr>
<tr><td>小横梁</td><td>40</td><td>超声</td><td>40</td><td>40</td><td></td></tr>
<tr><td>主纵梁</td><td>47</td><td>磁粉</td><td>188</td><td>188</td><td></td></tr>
<tr><td rowspan="2">TJ10
现场焊缝</td><td>主梁、横梁、小横梁</td><td>—</td><td>超声</td><td>491</td><td>487</td><td>一次返修复检合格</td></tr>
<tr><td>纵梁</td><td>—</td><td>射线</td><td>19</td><td>18</td><td>57 张片位，1 张片位不合格经一次返修合格</td></tr>
<tr><td rowspan="2">TJ14
现场焊缝</td><td>主梁、横梁、小横梁</td><td>—</td><td>超声</td><td>370</td><td>367</td><td>一次返修复检合格</td></tr>
<tr><td>纵梁</td><td>—</td><td>射线</td><td>19</td><td>18</td><td>51 张片位，1 张片位不合格经一次返修合格</td></tr>
</table>

4.2.3　防腐涂装质量

防腐涂装材料检测采用现场取样防腐，应使用专用的样品取样罐。确保现场取样罐的清洁，没有灰尘、水等杂质；抽检的产品包装完整，标志清晰；采用电动或气动搅拌装置，确保抽检产品均匀一致。涂层材料的检测见表 4.6 ~ 表 4.11。

涂层体系材料性能要求　　表4.6

腐蚀环境	腐蚀寿命(年)	耐水性(h)	耐盐水性(h)	耐化学品性能(h)	附着力(MPa)	耐盐雾性能(h)	人工加速老化(h)
C3	10~15	72	—	—	≥5	500	500
	15~25	144	—	—		1000	800
C4	10~15	144	—	—		500	600
	15~25	240	—	—		1000	1000
C5-I	10~15	240	—	168		2000	1000
	15~25	240	—	240		3000	3000
C5-M	10~15	240	144	72		2000	1000
	15~25	240	240	72		3000	3000
Im1		3000	—	72		—	—
Im2		—	3000	72		3000	—

注:1. 耐水性、耐盐水性、耐化学品性能涂层试验后不生锈、不起泡、不开裂、不剥落,允许轻微变色和失光。
2. 人工加速老化性能涂层试验后不生锈、不起泡、不剥落、不开裂、不粉化,允许2级变色和2级失光。
3. 耐盐雾性涂层试验后不起泡、不剥落、不生锈、不开裂。

钢桥用车间底漆技术要求和试验方法　　表4.7

序号	项　目	技术指标		试验方法
		含锌车间底漆	不含锌车间底漆	
1	在容器中状态	搅拌后无硬块,呈均匀状态		目测
2	不挥发物含量(%)	40~60	35~55	GB/T 1725
3	不挥发份中的金属锌含量(%)	30~50	—	HG/T 3668
4	表干时间(min)	≤5		GB/T 1728
5	焊接与切割	合格		GB/T 6747
6	弯曲与成型	合格		GB/T 6747

钢桥用防锈底漆技术要求和试验方法　　表4.8

序号	项　目		技术指标			试验方法
			无机富锌底漆	环氧富锌底漆	环氧磷酸锌底漆	
1	容器中状态		搅拌均匀后无硬块,呈均匀状态; 粉料呈微小均匀粉末状态			目测
2	不挥发份中的金属锌含量(%)		≥80	≥70	—	HG/T 3668
3	耐热性(℃)		400℃,1h漆膜完整,允许变色	250℃,1h漆膜完整,允许变色	—	GB/T 1735
4	不挥发份含量(%)		≥75		≥60	GB/T 1725
5	干燥时间	表干(h)	≤0.5	≤2		GB/T 1728
		实干(h)	≤8	≤24		
6	附着力,拉开法(MPa)		≥3	≥5		GB/T 5210

续上表

序号	项目		技术指标			试验方法
			无机富锌底漆	环氧富锌底漆	环氧磷酸锌底漆	
7	耐冲击性(cm)		—	50		GB/T 1732
8	抗滑移系数	初始时	≥0.55	—	—	GB/T 50205
		安装时(6 个月内)	≥0.45			

环氧封闭漆技术要求和试验方法　　表 4.9

序号	项目		技术指标	试验方法
1	在容器中的状态		搅拌后无硬块,呈均匀状态	目测
2	不挥发物含量(%)		50~70	GB/T 1725
3	黏度,ISO-4 杯(s)		≤60	GB/T 6753.4
4	细度(μm)		≤60	GB/T 6753.1
5	干燥时间(h)	表干	≤2	GB/T 1728
		实干	≤12	
6	附着力(MPa)		≥5	GB/T 5210

环氧中间漆技术要求和试验方法　　表 4.10

序号	项目		技术指标			试验方法
			环氧(厚浆)漆	环氧(云铁)漆	环氧玻璃鳞片漆	
1	在容器中的状态		搅拌后无硬块,呈均匀状态			目测
2	不挥发物含量(%)		≥75	≥75	≥80	GB/T 1725
3	干燥时间(h)	表干	≤4	≤4	≤4	GB/T 1728
		实干	≤24	≤24	≤24	
4	弯曲性(mm)		≤2	≤2	—	GB/T 6742
5	耐冲击性(cm)		50		—	GB/T 1732
6	附着力(MPa)		≥5			GB/T 5210

面漆技术要求和试验方法　　表 4.11

序号	项目		技术指标			试验方法
			丙烯酸脂肪族聚氨酯面漆	氟碳面漆	聚硅氧烷面漆	
1	不挥发物含量(%)		≥60	≥55	≥70	GB/T 1725
2	细度(μm)		≤35			GB 6753.1
3	溶剂可溶物氟含量(%)		—	≥24(优等品); ≥22(一等品)	—	HG/T 3792—2006 附录 B
4	干燥时间(h)	表干	≤2			GB/T 1728
		实干	≤24			

续上表

序号	项　目	技术指标			试验方法
		丙烯酸脂防族聚氨酯面漆	氟碳面漆	聚硅氧烷面漆	
5	弯曲性(mm)	≤2			GB/T 6742
6	耐冲击性(cm)	50			GB/T 1732
7	耐磨性 500r/500g(g)	≤0.06	≤0.05	≤0.04	GB 1768
8	硬度	≥0.6			GB/T 1730B 法
9	附着力(MPa)	≥5			GB/T 5210
10	适用期(h)	≥5			HG/T 3792—2006 中 5.11
11	重涂性	重涂无障碍			HG/T 3792—2006 中 3.12

现场的涂装质检测指标为防腐涂层的厚度和附着力(拉开法)。现场的涂装质量要求：涂装的干膜总厚度要求不小于 270μm,附着力值不小于 5MPa。油漆的外观要求底漆,中间漆要求平整、均匀,漆膜无气泡、裂纹,无严重流挂、脱落、漏涂等缺陷,面漆颜色与比色卡一致。金属涂层表面均匀一致,不允许有漏涂、起皮、鼓泡、大熔滴、松散粒子、裂纹和掉块等。每 $10m^2$ 测 5 个点,每个点附近测 3 次,取平均值。

判定原则:涂装附着力值依据 GB/T 5210—2006 采用拉开法进行附着力测试,其附着力值不小于 5MPa。钢结构外部所测点的值必须有 90% 达到或超过规定漆膜值,未达到规定膜厚的测点值不得低于规定膜厚要求的 90% 。

高台大桥钢板梁拼装现场采用磁性法涂层测厚仪检测 TJ10 合同段高台大桥右幅 GY2-2、GY1-4 两个构件的总干漆膜厚度:首次检测两个构件的总干漆膜厚度均不合格,合格率为 63.6% ,并且 1 处小于规定极值。

通过将检测结果及时反馈给业主、监理及施工方,施工单位对构件涂层厚度进行补涂合格后再报复检。检测中心对其不合格构件进行复检并对其他构件进行扩检,其涂层厚度的检测结果满足规范及设计要求。通过第三方检测监督其涂装的施工质量,其项目的涂层厚度最后经过补涂后满足设计要求,项目的质量得到保障。

在高台大桥钢板梁拼装现场采用拉开法检测 2 个组合梁的涂层附着力值,见表 4.12。根据其拉开法测试其防腐涂层的附着力值,其检测结果显示,附着力满足设计要求。

涂层附着力值　　表4.12

检测位置	附着力值(MPa)	破坏情况	检测图片	平均值(MPa)
GY3-1	9.92	最后一道涂层与胶黏剂的附着破坏	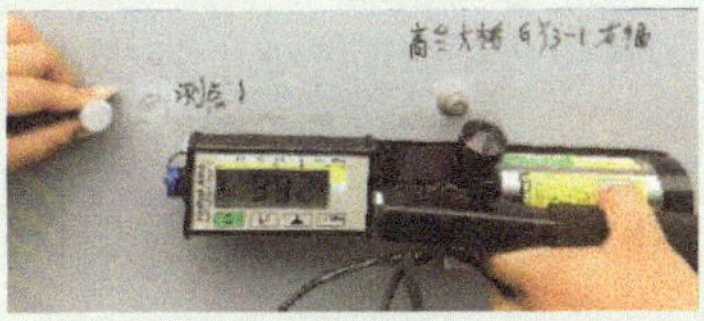	10
	9.87	最后一道涂层与胶黏剂的附着破坏	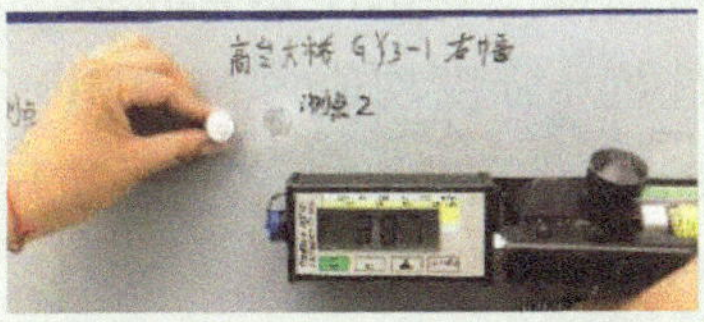	
	10.87	最后一道涂层与胶黏剂的附着破坏	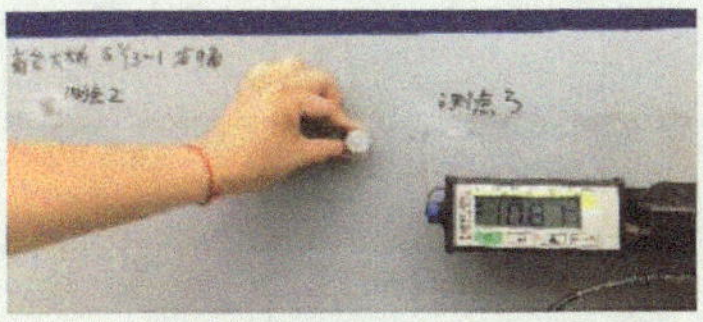	
GY3-2	10.05	最后一道涂层与胶黏剂的附着破坏	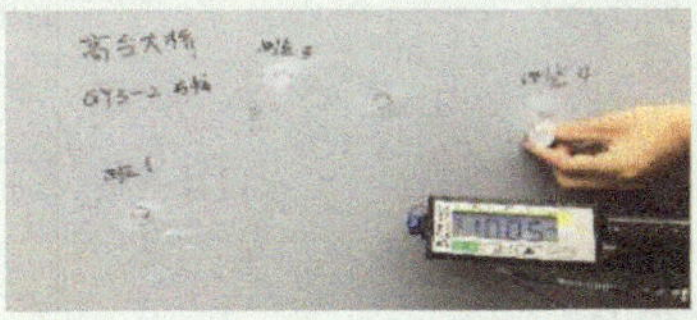	11
	10.93	第一道涂层与第二道涂层间的附着破坏	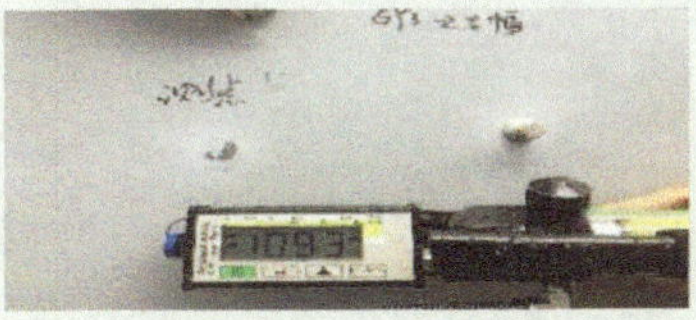	
	12.14	第一道涂层与第二道涂层间的附着破坏	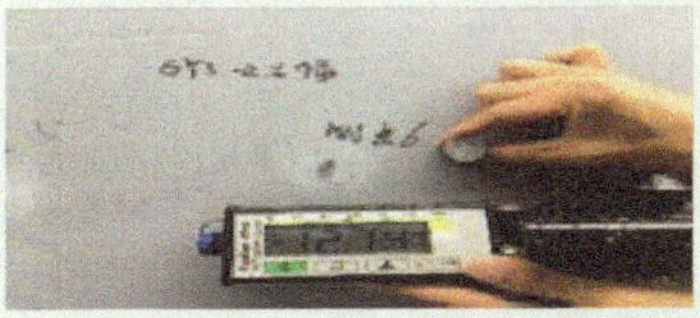	

4.3 混凝土质量检测

混凝土质量检测包含C50混凝土强度和超高韧性混凝土强度两块内容。

4.3.1 C50混凝土

共抽样检测桥面板C50试件211组，其中TJ10合同段101组，TJ14合同段110组，TJ14合同段混凝土试件抗压强度均值为61.9MPa，标准差为5.6，TJ10合同段面板梁试件抗压强度均值为61.5MPa，标准差为0.9，各构件抗压强度均满足设计要求，见图4.1。

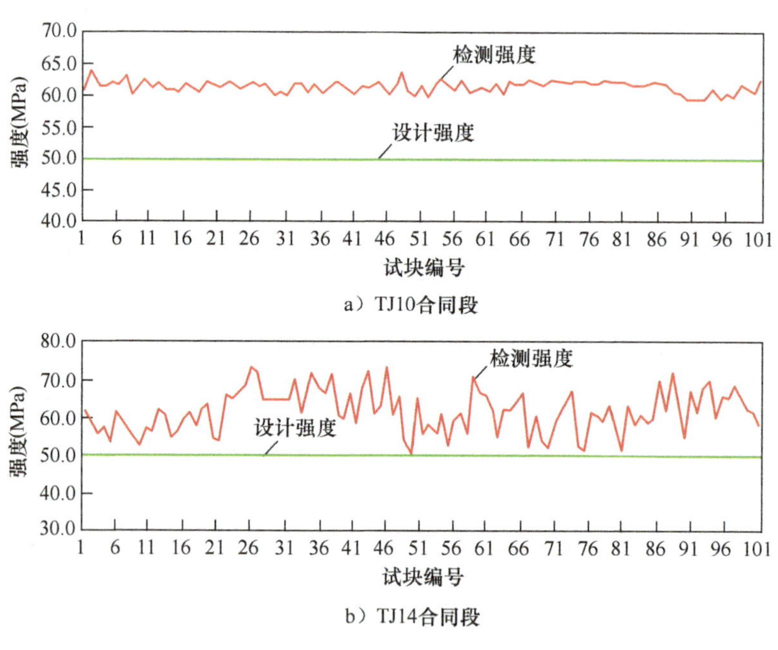

图4.1 C50混凝土强度检测

4.3.2 超高韧性混凝土

TJ10合同段超高韧性混凝土试件检测9组，抗折抗压均值分别为32.6MPa、122.3MPa，TJ14合同段超高韧性混凝土试件检测14组，抗折抗压均值分别为26.3MPa、147.5MPa，强度均满足设计要求，试验结果见表4.13。

超高韧性混凝土强度　　表 4.13

合同段	部　　位	抗折强度（MPa）	抗压强度（MPa）	结果
TJ10	高台大桥左幅 6 号、7 号墩顶预制板	31.5	121.9	合格
	高台大桥左幅 3 号、5 号墩顶预制板	31.3	122.5	合格
	高台大桥左幅 1 号、2 号墩顶预制板	35.1	121.9	合格
	高台大桥左幅 9 号、10 号墩顶预制板	32.5	122.5	合格
	高台大桥左幅 15 号、16 号墩顶预制板	31.7	122.1	合格
	高台大桥右幅 1 号、2 号墩顶预制板	31.9	123.4	合格
	高台大桥右幅 9 号、10 号墩顶预制板	34.5	121.3	合格
	高台大桥右幅 12 号、13 号墩顶预制板	32.4	121.9	合格
	高台大桥右幅 14 号墩顶预制板	32.8	122.8	合格
TJ14	老屋村大桥左幅 3-23 面板梁	26.3	147.5	合格
	老屋村大桥左幅 3-11 面板梁	26.6	149.7	合格
	老屋村大桥左幅 2-11 面板梁	25.6	143.6	合格
	老屋村大桥左幅 1-23 面板梁	26.0	142.5	合格
	老屋村大桥右幅 2-35 面板梁	25.8	146.7	合格
	老屋村大桥右幅 2-12 面板梁	25.8	143.8	合格
	老屋村大桥右幅第九、十跨湿接缝	26.3	147.5	合格
	老屋村大桥右幅 1-14 面板梁	26.6	149.7	合格
	老屋村大桥左幅 3-23 面板梁	26.3	147.5	合格
	老屋村大桥左幅 3-11 面板梁	26.6	149.7	合格
	老屋村大桥右幅第七、八跨湿接缝	25.9	152.1	合格
	老屋村大桥右幅第九、十跨剪力槽	27.0	149.5	合格
	老屋村大桥右幅 1-37 面板梁	26.7	149.1	合格
	老屋村大桥右幅 2-13 面板梁	26.2	146.4	合格

4.4 钢梁线形施工控制

4.4.1 监控目的

桥梁理想几何线形与合理内力状态不仅与设计有关,而且还依赖于科学合理的施工方法。如何通过对施工过程的控制,在建成时得到预先设计的内力状态和几何线形,是桥梁施工中非常关键和困难的问题。施工控制的目的就是通过在施工过程中对桥梁结构进行实时监测，根据监测结果，评估各主要施工阶段主梁、主墩等主要构件的变形及材料应力变化状态是否符合设计要求，判断施工过程是否安全、结构是否正常工作；而当出现较大误差时，应对结构进行误差调整，并对设计的施工过程进行重新安排，从而保证桥梁建成时最大可能地接近理想设计状态，同时也确保施工期间的结构安全、施工质量和施工工期。

本桥施工监控最终目标是使成桥后的线形与设计线形在各测点的误差均控制在规范规定和设计要求的范围之内。据《公路工程质量检验评定标准》(JTG F80/1—2017)和《公路桥涵施工技术规范》(JTG/T 3650—2020)，全桥建成后在基准温度下误差控制水平见表4.14。

施工监控控制标准　　表4.14

具体指标	几何尺寸
轴线偏位	10mm
梁顶高程	±20mm
支座偏位	20mm

根据以上总目标，每个施工阶段分目标为：

(1)钢梁拼装，定位高程与理论高程之差控制在±5mm以内。

(2)钢梁架设到位后，定位高程与理论高程之差控制在±10mm以内。

(3)如有其他异常情况发生影响到高程控制，其调整方案也应经监理、监控单位分析研究，提出控制意见。开环控制基本原则见图4.2。

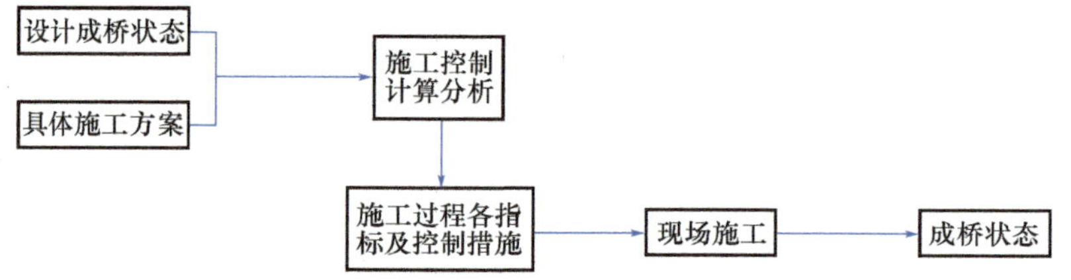

图4.2　开环控制基本原则

该类型桥梁施工监控工作的核心是施工前的精细化仿真分析，通过计算，确定成桥目标以及施工各阶段的理论目标，并制定合理的调整措施，保证结构无应力合龙以及成桥合理线形。在施工现场，严格按预定的施工步骤进行施工、及时发现和纠正已经存在的误差是本桥施工监控的关键。在施工过程中，出现施工状态偏离理想的设计状态时，如不加以控制和调整，就会造成结构内力远远偏离设计成桥状态，结构线形出现偏离，甚至影响到结构稳定和安全。根据以上特点，该类型桥梁施工监控采取在结构安全性满足要求的前提下，重点对结构变形(高程、轴线、横坡等)进行控制。

高台大桥钢板梁采用顶推施工方法，主梁的线形在顶推完成后几乎不可调控，为保证成桥线形符合设计要求，这就需要对主梁的加工、拼装进行准确的控制。此外，加工及拼装线形若与理论线形存在偏差，而桥墩支点位置相对固定，强制调整就位后，会在主梁内部产生一定的附加内力,影响主梁运营期安全性。

老屋村大桥钢板梁采用架桥机吊装施工方法,主梁的线形在吊装过程中即不可调控,为保证成桥线形符合设计要求,这就需要对主梁的加工、拼装进行准确的控制。此外,加工及拼装线形若与理论线形存在偏差,而桥墩支点位置相对固定,强制调整就位后,会在主梁内部产生一定的附加内力,影响主梁运营期安全性。

因此,需要通过前期的精确计算,针对主梁位于平曲线上的特点,准确把握主梁顶推过程中竖向和横向累计变形,提供厂内制造线形和现场拼装线形,从理论上保障成桥状态下的线形和内力状态符合设计要求。

4.4.2 有限元分析

制造预拱度是给钢结构厂家下达的线形加工指令,即钢梁的无应力制造线形,若钢梁的制造预拱度有误差,将导致钢梁斜拉桥梁段安装时前后梁段间转角与制造线形不致,影响结构受力,甚至影响全桥的运营。

采用桥梁专业有限元软件 MidasCivil2019 计算,4 ×40m 一联有限元模型如图 4.3 所示,模型包括单元 3089 个,节点 1705 个,所用荷载、荷载组合以及施工流程详见前述章节。建模考虑曲线半径。

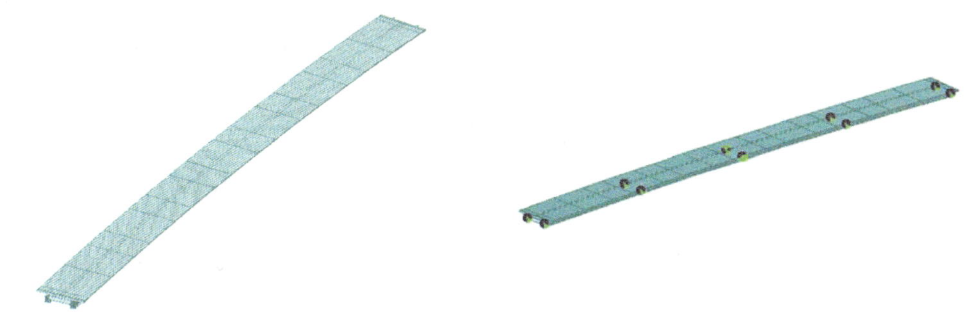

图 4.3　4 ×40m 组合梁 Midas 计算模型

计算钢梁施工阶段的主梁变形规律见表 4.15。

各施工阶段挠度(mm)　　表 4.15

序号	工　　序	挠　　度
1	主梁顶推到位阶段结构受力分析	最小:-8.5 最大:0.5

续上表

序号	工　序	挠　度
2	安装预制桥面板阶段结构应力分析	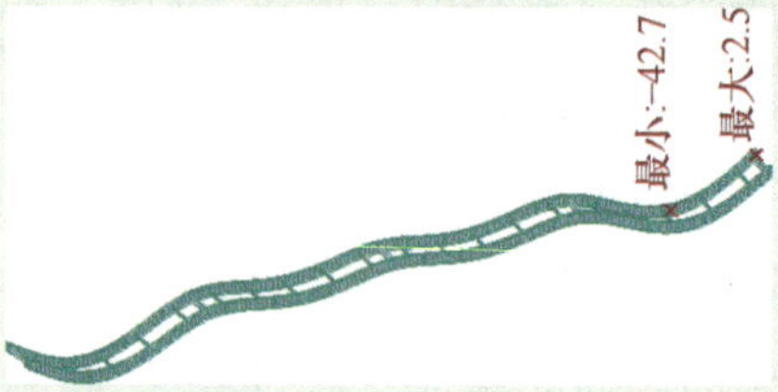 最小:-42.7 最大:2.5
3	浇筑跨中湿接缝阶段结构应力分析	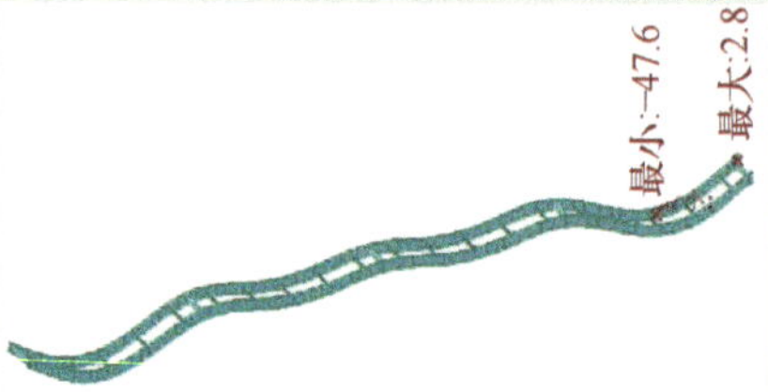 最小:-47.6 最大:2.8
4	浇筑墩顶湿接缝阶段结构应力分析	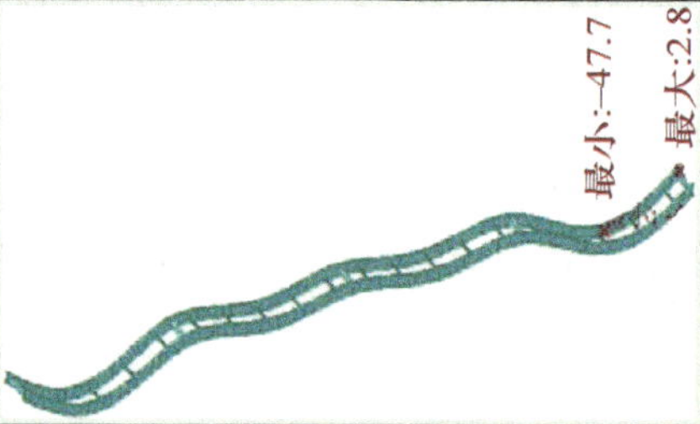 最小:-47.7 最大:2.8
5	桥面板参与受力阶段结构受力分析	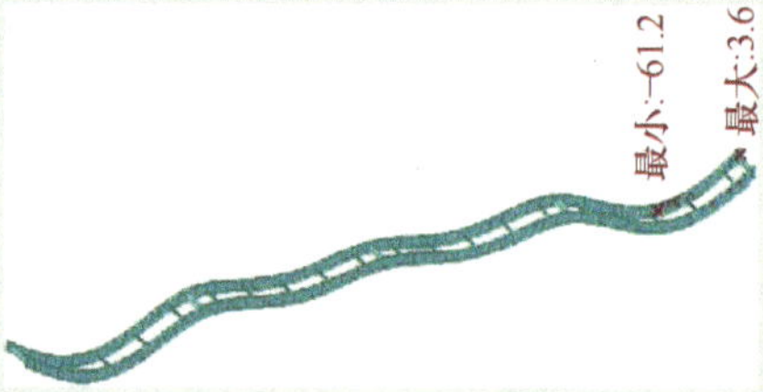 最小:-61.2 最大:3.6
6	成桥阶段结构受力分析	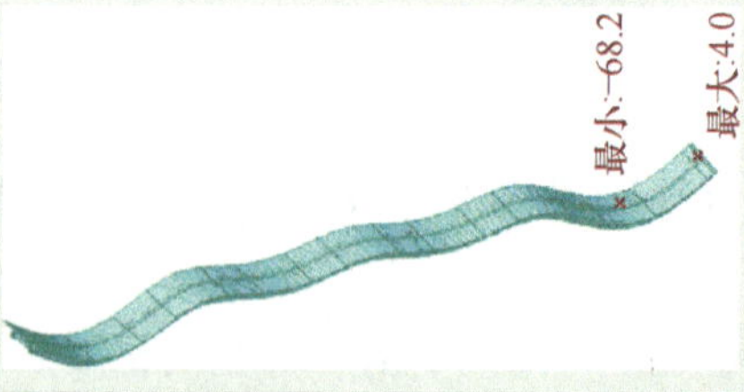 最小:-68.2 最大:4.0
7	收缩徐变阶段结构受力分析	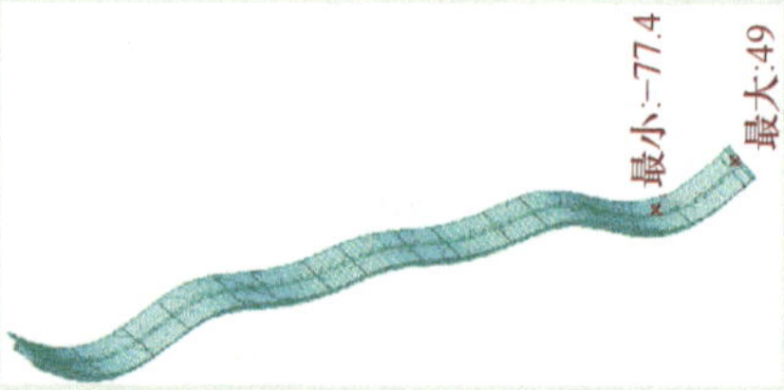 最小:-77.4 最大:49

如图 4.4、图 4.5 所示，计算钢梁运营阶段活载最大挠度 16.1mm，最大拱度 7.8，小于 80mm。

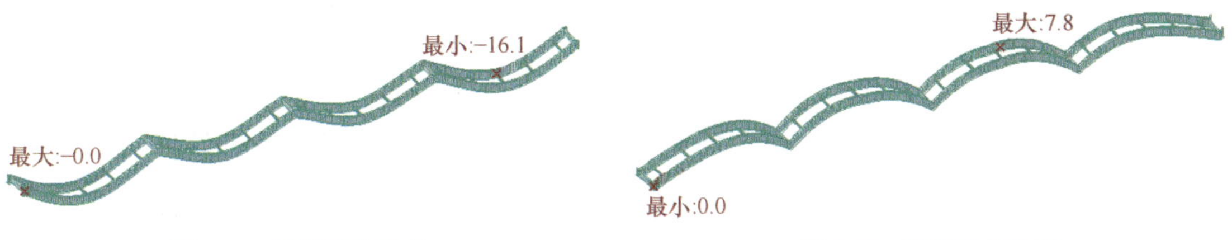

图 4.4　活载最小位移　　图 4.5　活载最大位移

4.4.3　制造预拱度

为保证成桥阶段桥面线形平顺，且与成桥目标线形一致，主梁安装施工时需考虑施工预拱度，施工预拱度按照各个施工阶段累计竖向变形的反向值设置。本桥处于圆曲线和缓和曲线上，内外侧施工累计位移略有不同，但整体相差不大，见图 4.6。

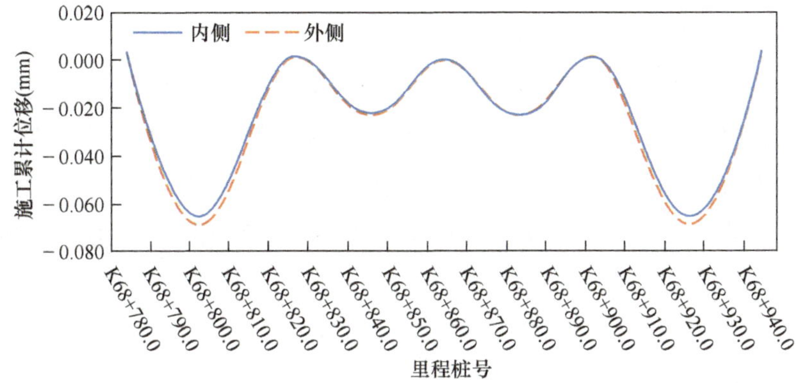

图 4.6　主梁内外侧施工累计位移图

成桥预拱度应按照 1/2 活载位移 + 收缩徐变的反向值进行预抛，理论计算表明，如图 4.7 所示，活载作用下，中跨跨中最大下挠量约 15mm，边跨跨中下挠约 16mm；如图 4.8 所示，收缩徐变作用下，中跨跨中上挠，最大上拱量约 2mm，边跨跨中下挠约 9mm；如图 4.9 所示，成桥预拱度可按照边跨最大 17mm 设置，中跨最大 6mm 设置。

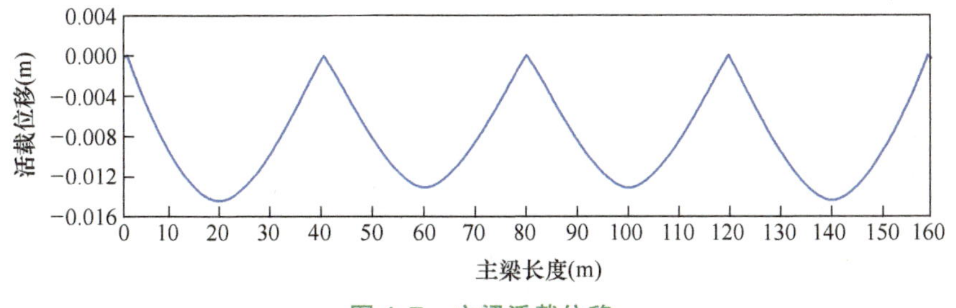

图 4.7　主梁活载位移

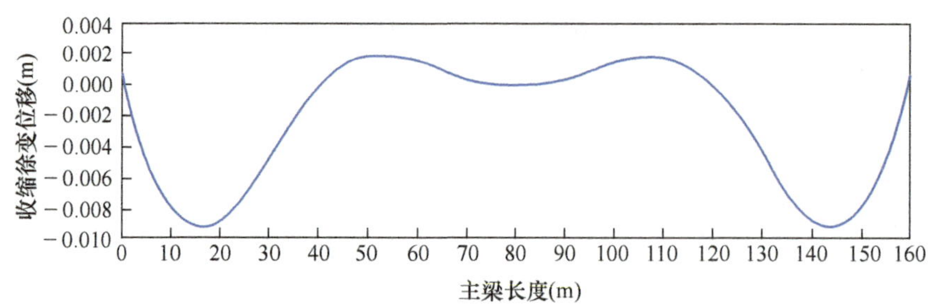

图 4.8　主梁收缩徐变阶段位移

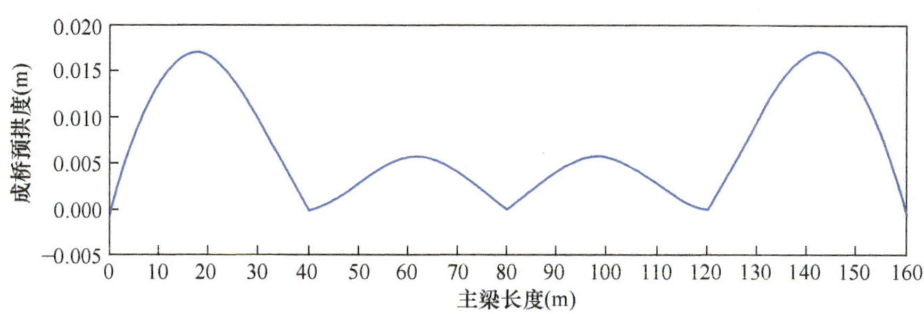

图 4.9　主梁成桥预拱度

以成桥目标状态确定制造预拱度,计算如下:

制造预拱度 = 成桥预拱度 + 恒载预拱度(施工累计变形反向值)

在钢梁制造及安装定位时考虑对各梁段定位坐标的修正,并注意温度效应对制造线形的影响,并在钢梁加工时予以考虑。将最终的钢梁实际制造线形和实际加工重量反馈给各单位,供现场安装定位时根据制造误差情况进行修正。各跨径形式的制造预拱度见图 4.10、图 4.11。

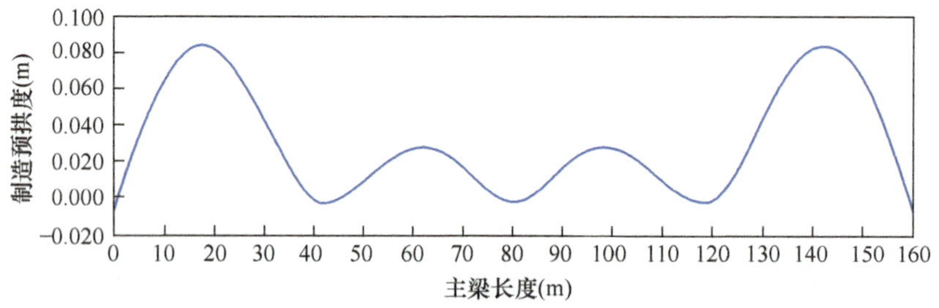

图 4.10　4 ×40m 钢板组合梁桥钢梁制造预拱度图

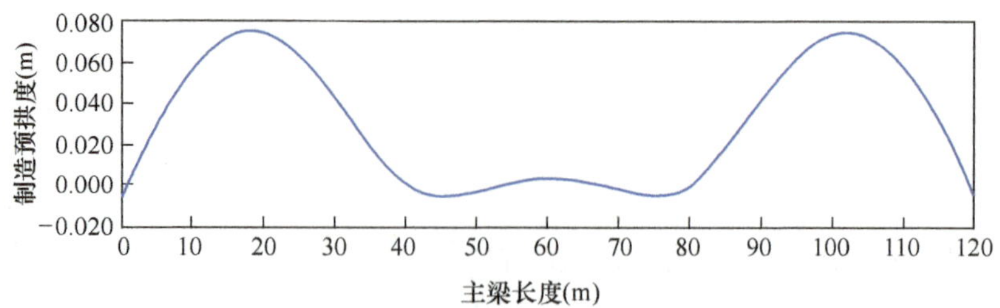

图 4.11　3 ×40m 钢板组合梁钢梁制造预拱度

4.4.4 检测方法

桥梁的实时线形监测是施工控制的重要工作之一。线形监测包括对主梁高程、主梁轴线偏位、横坡、基础沉降及主墩水平偏位等内容。线形控制数据测量由施工单位依照方案实施,并及时反馈监控单位进行分析。首联施工时,现场监测人员在关键工况或异常情况进行线形控制数据复测或联测。

主梁的高程测量可以反映出在各施工阶段完成后各主梁节段的高程,从而能得到各施工阶段的主梁线形,并且可以通过前后施工阶段的梁段高程变化计算出主梁的竖向挠度。特别是,钢梁架设前、后对主梁节段高程的测量能反映出实际施工时主梁的挠度变化。另外,还要对主梁轴线进行顺直度测量。这些数据是进行施工控制分析的重要因素。

1)测量控制网

上部结构施工前,施工单位依据施工测量控制网点布置资料,建立本桥平面控制网,依托已建立的高程控制网点,设立本桥监控高程控制点。在施工过程中,控制点数据应进行定期的联测复核。

2)墩顶位移监测

在墩顶布置棱镜或反光片,对于墩顶的位移可使用全站仪监测。每个主墩墩身布置垂直度和水平位移测点。如果发生变形位移超过允许范围,立即停止顶推,对原因进行分析并采取有效措施处理后,方可继续顶推。

3)主梁线形监测

主梁线形监测是保证大桥达到设计预期目标的关键,采取科学的措施对主梁挠度实施监控、预测分析、实时调整,以达到大桥实际线形尽可能地吻合设计线形。本桥的主梁线形监测分为组拼和架设两个阶段,监测内容主要包括主梁高程监测、轴线线形和横坡监测。

(1)主梁线形测点布置

主梁组拼线形直接决定最终成桥线形是否满足设计要求,需重点观测并按控制流程进行定位线形验收,验收合格后方可进行组拼焊接。定位线形监测点布置如图 4.12、图 4.13 所示,按照钢梁加工分段,纵向分别在钢梁分段连接处布置线形测点、横向在钢梁顶板或底板腹板中心线处布置测点(考虑本桥顶推施工特点,测点宜选择在钢梁顶板进行布置,以便顶推施工过程中的观测使用)。

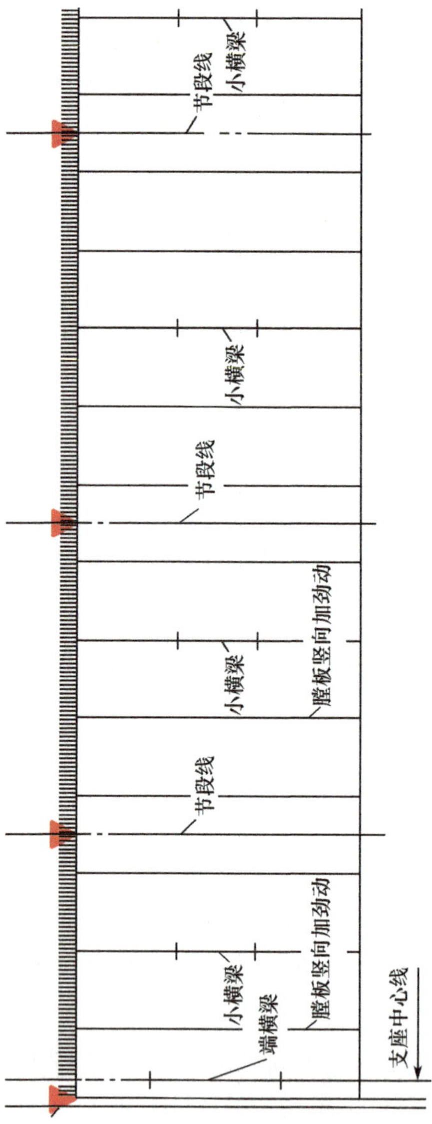

图4.12 主梁高程测点纵断面布置示意图

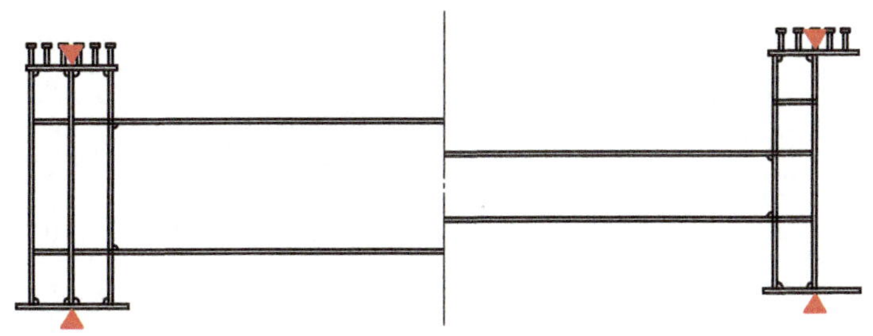

图 4.13 主梁高程测点横断面布置示意图

主梁顶推过程中需要重点控制各跨主梁过墩时的线形及已顶推梁段与待拼装节段线形的匹配连接。

(2)监测仪器及方法

高程线形测量:采用水准仪进行线形监测,测出已施工各节段的节段控制点的相对高程。为消除日照温差引起的梁体的不规则变化,线形测量应选择在温度变化小、气温稳定的时间段进行,测量工作持续的时间越短越好。

轴线线形测量:采用全站仪观测钢梁施工节段的中线点相对于桥轴线的相对偏距。由于墩顶临时支撑受力不均衡等因素的影响,容易产生局部变形或引起整个梁体偏离桥梁中心线,为了保证桥梁设计中线正确,必须控制主梁中线偏差值不超过允许值。中线测量观测时间应与高程线形测量同步。中线测量和高程测量的测点一般均应布置在主梁顶面上。观测点断面间距应根据主梁长度确定。经测量后可提供主梁在各个施工阶段的高程实测值和中线实测值,同时可提供主梁线形随温度变化的曲线,以随时掌握主梁温度变形的影响。

(3)线形监测的基本要求

用相同的图形(观测路线)和观测方法,使用同一仪器和设备,固定的观测人员,在基本相同的环境和条件下工作,观测时间选择温度较低且稳定时进行,并尽可能缩短测量工作持续的时间,每次观测的测站要基本上固定,持尺人员应受过专门的训练,工作基点要每个月复测一次。

4.4.5 控制效果

以高台大桥左幅第一联示例控制控制效果,数据如表 4.16 ~ 表 4.19 所示,表中 X 为纵桥向,Y 为横桥向,Z 为竖桥向。

高台大桥左幅第一联钢梁组拼验收记录表(第一跨) 表4.16

测点位置		理论值(mm)			实测值(mm)			差值(mm)		
		X	Y	Z	X	Y	Z	X	Y	Z
左侧	ZD1	-457	6689	1461	-460	6690	1460	-3	1	-1
	ZD2	6586	7073	1461	6588	7074	1462	2	1	1
	ZD3	14635	7468	1434	14635	7468	1434	0	0	0
	ZD4	24199	7878	1352	24207	7877	1352	8	-1	0
	ZD5	34259	8240	1229	34260	8241	1230	1	1	1
右侧	YD1	-70	0	1199	-68	0	1201	2	0	2
	YD2	6938	382	1199	6938	380	1197	0	-2	-2
	YD3	14948	775	1171	14948	775	1174	0	0	3
	YD4	24464	1183	1088	24469	1180	1092	5	-3	4
	YD5	34482	1543	965	34482	1541	966	0	-2	1

高台大桥左幅第一联钢梁组拼验收数据记录表(第二跨) 表4.17

测点位置		理论值(mm)			实测值(mm)			差值(mm)		
		X	Y	Z	X	Y	Z	X	Y	Z
左侧	ZD6	44829	8541	1131	44833	8544	1131	4	3	0
	ZD7	54899	8756	1078	54904	8759	1080	5	3	2
	ZD8	64478	8892	1012	64483	8891	1012	5	-1	0
	ZD9	74552	8966	918	74552	8965	920	0	-1	2
右侧	YD6	45003	1844	866	45008	1845	866	5	1	0
	YD7	55026	2057	812	55032	2059	815	6	2	3
	YD8	64552	2193	745	64560	2190	747	8	-3	2
	YD9	74578	2266	651	74577	2264	650	-1	-2	-1

高台大桥左幅第一联钢梁组拼验收数据记录表(第三跨) 表4.18

测点位置		理论值(mm)			实测值(mm)			差值(mm)		
		X	Y	Z	X	Y	Z	X	Y	Z
左侧	ZD10	85125	8966	840	85129	8967	842	4	1	2
	ZD11	95197	8892	785	95203	8892	788	6	0	3
	ZD12	104763	8756	710	104770	8760	712	7	4	2
	ZD13	114841	8541	616	114840	8542	617	-1	1	1
右侧	YD10	85103	2266	572	85107	2264	573	4	-2	1
	YD11	95128	2193	516	95133	2190	520	5	-3	4
	YD12	104650	2057	440	104655	2056	443	5	-1	3
	YD13	114676	1844	345	114678	1841	342	2	-3	-3

高台大桥左幅第一联钢梁组拼验收数据记录表(第四跨)　　表 4.19

测点位置		理论值(mm)			实测值(mm)			差值(mm)		
		X	Y	Z	X	Y	Z	X	Y	Z
左侧	ZD14	125413	8243	560	125409	8240	557	4	3	0
	ZD15	135478	7880	533	135475	7878	531	5	3	2
	ZD16	145044	7468	475	145039	7468	472	5	-1	0
	ZD17	153090	7075	382	153089	7073	380	0	-1	2
	ZD18	160129	6690	276	160127	6689	276	4	1	2
右侧	YD14	125196	1543	285	125198	1544	288	2	1	3
	YD15	135214	1183	259	135220	1183	260	6	0	1
	YD16	144731	775	198	144735	771	199	4	-4	1
	YD17	152742	382	106	152743	381	107	1	-1	1
	YD18	159749	0	1	159752	-2	-1	3	-2	-2

高台大桥及老屋村大桥线形统计结果表明,钢梁纵桥向偏差在 ±15mm 内,横桥向偏差在 ±5mm 内,高程偏差在 ±10mm 内,精度控制较好。

4.5 顶推应力监测

4.5.1 监测方法

根据本桥结构特点,应力(应变)的测试主要关注主梁的纵向应力和负弯矩区混凝土应力。考虑最优化应力控制方案,对应力监测断面进行优化布置方案,以 4×40m 为例,断面布置见图 4.14。结构内的应变可通过应变传感器元件采集。钢主梁选取顶推首联(第一联),共布置 3 个纵向应力测试断面,分别为边跨跨中、中跨跨中、中跨墩顶截面,每个断面布置 7 个测点(钢梁 4 个、湿接缝 3 个),详见图 4.15、图 4.16。

考虑要适合长期施工过程观测并能保证足够的精度,选用长期性、稳定性较好、精度较高的振弦式表面式应变计和配套的振弦式读数仪进行应力测试,见图 4.17。

应力测试根据施工工况进行跟踪观测,总体测试时间如下:①在应变计安装完成后开始第一次读数(初始值采集);②顶推过程按照顶推行程进行跟踪监测;③桥面板安装过程根据安装进度进行跟踪监测。

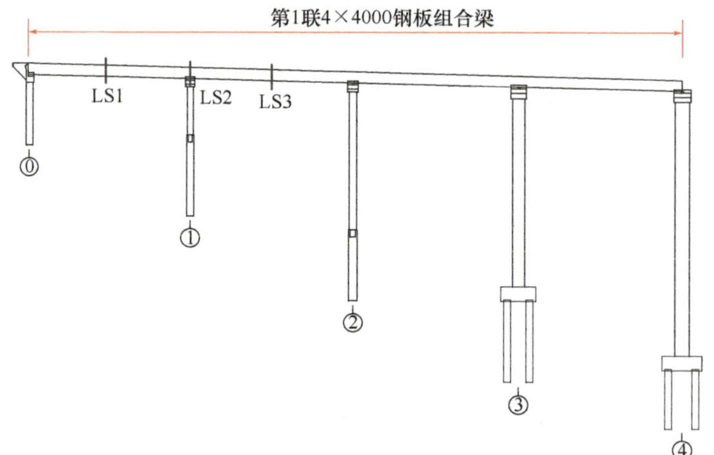

图4.14 主梁应力断面布置示意图(尺寸单位:cm)

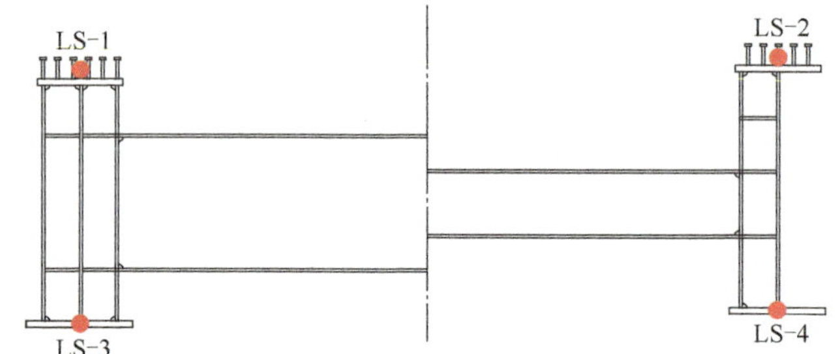

图4.15 钢纵梁应力测点横断面布置示意图

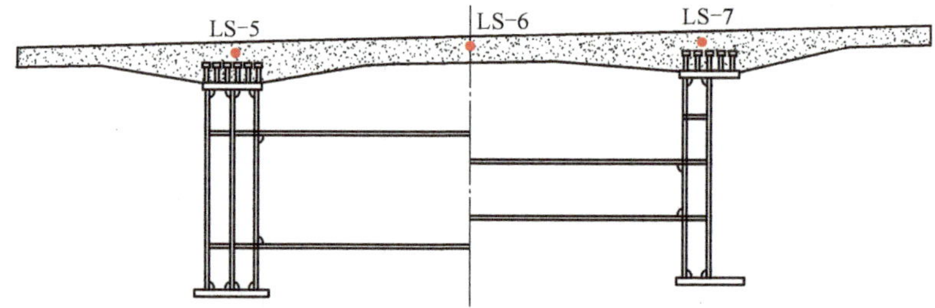

图4.16 桥面板湿接缝应力测点横断面布置示意图

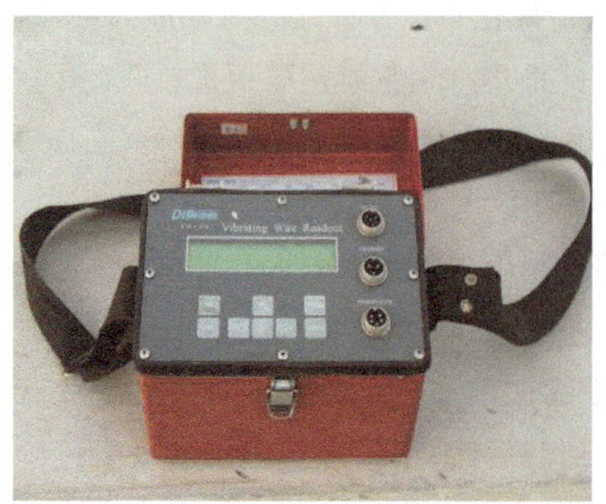

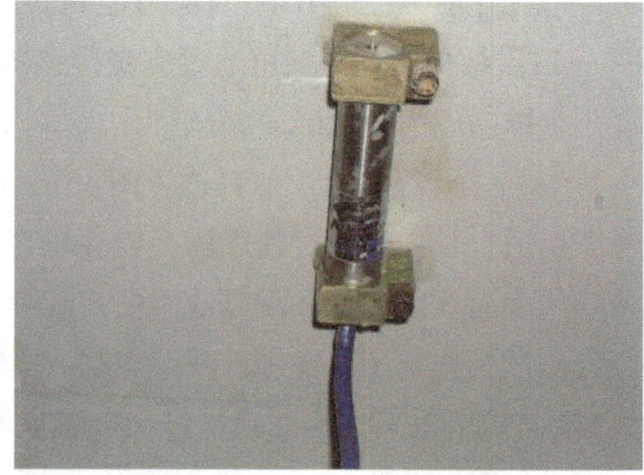

图4.17 应变测试仪及弦式应变传感器

测点埋设与采集应注意:①应变计是精密仪器,不能受到剧烈撞击、震动或由高处坠落地面;②应变计在安装前需进行专门的验收和标定,安装时将应变计的轴向对准测试截面的轴线方向,将传输电缆编号,并引出结构表面;③应变计在安装前应进行检查,并一次读数,安装完毕后再进行一次读数,确保安装后应变计处于完好的正常工作状态;④注意对应变计引出的电缆插头保护,每次测试拔出或插入电缆插头时注意插头及标签的保护,防止损坏;⑤读数仪在使用前必须检查电池组的电压,使其在工作电压范围内,若低于工作电压范围必须更换电池组;⑥传感器的插头插入读数仪插孔后,读数仪中的激发器开始激励传感器中的钢弦震动约3s后才稳定,此时方可测量;⑦每次测试拔出或插入电缆插头时应注意保护,防止损坏。每次测试完毕,需及时套紧防水套筒,防止插头受潮造成短路而无法测试。

4.5.2 监测效果

各断面的监测应力与理论应力对比表明,结构应力误差基本在±2MPa内,误差非常小,与理论保持较好的一致性。以高台大桥第一跨为例,对比见表4.20。

高台大桥主梁应力理论值与实测值比较表(单位:MPa)　　表4.20

工　况	说　明				
	截面位置	LS1			
		LS1-1	LS1-2	LS1-3	LS1-4
悬挑0m	理论	-19.70	-18.70	11.50	11.50
	实测	-17.63	-17.29	10.01	12.77
	误差	2.07	1.41	-1.49	1.77
悬挑36m	理论	44.80	45.00	-26.40	-26.50
	实测	40.96	48.17	-21.30	-23.49
	误差	-3.84	3.17	5.10	3.01
最大悬臂	理论	48.20	48.10	-28.30	-28.30
	实测	46.74	45.23	-30.11	-31.24
	误差	-1.46	-2.87	-1.81	-2.94
落梁	理论	-15.30	-15.30	9.30	9.30
	实测	-17.42	-16.94	10.23	11.11
	误差	-2.12	-1.64	0.93	1.81

4.6 本章小结

钢板组合梁缺乏规范化的检测与监测标准,参照现行规范及标准,开展了相应的质量监测与主动施工控制，主要结论有：

(1)针对钢板组合梁规范化了相应的检验项目、检测指标以及评价标准，根据过程中的检测数据，验证工程精度，为其他质量控制提供参考；

(2)总结了建造过程中的线形变化规律，明确了预拱度保障线形的控制措施；

(3)提出线形与应力监测的测点布置、测试方法；

(4)以钢梁顶推过程中的监控，示例了钢板组合梁的实际控制效果，为钢板组合梁的建造精度提供保障工艺。

CHAPTER 5 第5章

科技创新

除步履式同步顶推以及架桥机架设技术外，针对东南沿海地区钢板组合梁面临的耐久性问题、工业化建造配套技术难题开展了专项科研。受沿海侵蚀环境影响，钢构件存在一定的退化风险，同时丘陵地区的高墩构造，为后期的检测、养护以及常规的涂装更换维护等都带来了较大的困难，不便于现场实施。钢构件分段制作、现场焊接，存在组装精度方面的难题，传统依靠人工进行量测的方法，存在效率低、精度低的问题，需要结合智能化手段进行解决。作为试点工程，需要根据建设经验的充分总结，为后续工程提供成熟技术。本章对耐久性提升、自动化量测、通用图设计技术进行总结，建立可供推广借鉴的经验。

5.1 桥面板负弯矩区耐久性提升技术

5.1.1 概述

负弯矩区是钢板组合梁的薄弱环节，由于混凝土抗拉强度较弱，钢板组合梁在负弯矩区更容易出现顶面混凝土桥面板开裂，从而造成桥梁使用阶段耐久性下降。因此对负弯矩区受力和裂缝控制方法的研究十分必要。目前提升桥面板耐久性的方法有张拉预应力钢束法、调整混凝土板浇筑次序和加载配重法、加强配筋法、负弯矩区采用超高韧 STC 等方法。

1）张拉预应力钢束法

使用预应力钢筋直接给桥面板施加预应力是一种控制开裂的常规方法。可以在桥面板与钢梁已组合后，也可以在组合前进行施加预应力的施工。要注意的是组合后施加的预应力一部分将被钢梁分担，施加的压力比较大，此外还存在由于混凝土的收缩徐变导致预应力重分配的问题。采用该法能够有效地施加预应力，减小钢梁截面，但是，在现场施加预应力并不容易，施工周期也长，今后对桥面板的局部翻新也比较困难。徐变效应较为显著，预应力损失大、收效低。

2）调整混凝土板浇筑次序或加载配重法

利用钢梁的弯曲变形恢复性能，首先浇筑正弯矩区的混凝土桥面板，待硬化后加载配重；然后浇筑负弯矩区的混凝土桥面板，待硬化后撤去配重，见图 5.1，图中的数字为施工顺序。

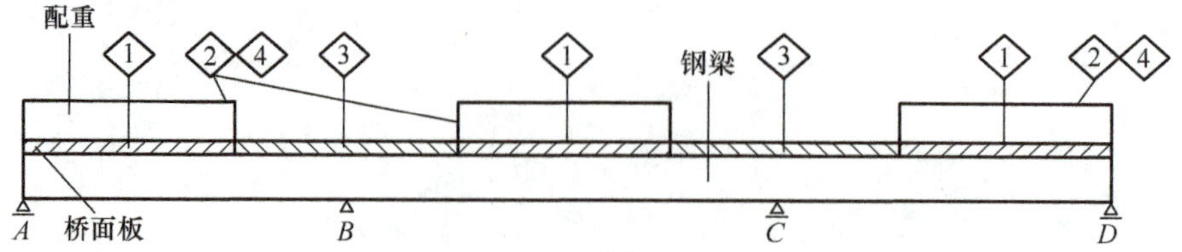

图 5.1　调整混凝土板浇筑次序及加载配重

3)加强配筋法

目前应用较多的是高配筋现浇混凝土法。该法不对负弯矩区混凝土施加预应力,而采用高配筋,配筋率可高达3% ~5%,混凝土工地现浇,施工非常方便。设计准则由混凝土拉应力限值转变为裂纹宽度限值。这种转变主要基于以下理念:①混凝土徐变、收缩、预应力筋的松弛等会造成预应力损失;②在给负弯矩区混凝土施加预应力的同时,无意中给钢梁上翼缘也施加了预应力,造成负面影响;③只要把混凝土裂缝宽度控制在0.20mm以下,混凝土开裂是允许的。

4)负弯矩区采用超高韧STC

超高韧性STC混凝土是一种新型超高强度、高韧性的水泥基复合材料。与普通混凝土相比,其显著特点是强度更高、韧性更大、耐久性更好。利用超高韧STC的这些特性替代传统的混凝土用于建筑结构中,可以提高其构件的开裂强度,增强结构的耐久性;用于道路和桥梁结构中,可以增加结构的刚度,提高结构的疲劳寿命等。超高韧STC的拌和分为干拌和湿拌,首先将水泥、矿物掺合料、细集料、钢纤维和减水剂等几种材料拌和组成干混料,然后加水进行湿拌。

超高韧性混凝土造价较高,可只在负弯矩区混凝土板的顶层采用,底层还是采用普通混凝土,采用覆面或叠合形式,以提高经济性。

5.1.2 耐久性提升技术选型

根据上述裂缝控制方法,采用有限元软件对高台大桥钢板组合梁采取上述方法的裂缝控制效果进行实例分析。加强配筋法计算结论见2.4.7节,并未解决开裂问题,此处不再重复计算结论。

1)张拉预应力钢束

在负弯矩区张拉预应力钢筋直接给桥面板施加预应力。要注意的是,现浇桥面板只能在与钢梁组合后施加的预应力,预应力一部分将被钢梁分担,需施加的压力比较大。

相关资料显示,在长期徐变下,预应力会慢慢转移到钢梁上,墩顶桥面板预应力损失达到50%甚至以上。计算结果印证了这一结论,图5.2为设定墩顶桥面板先有均匀的10MPa预压力再与钢梁组合,在单独预应力和徐变的作用下,最终徐变后墩顶桥面板剩余压应力约3.5MPa,预应力损失65%,钢梁应力增加46MPa。

采用张拉预应力钢束法能够在初期有效地施加预应力,但是施工周期也长,今后对桥面板的局部翻新也比较困难,同时长期预应力损失较大,本工程未采用该方法。

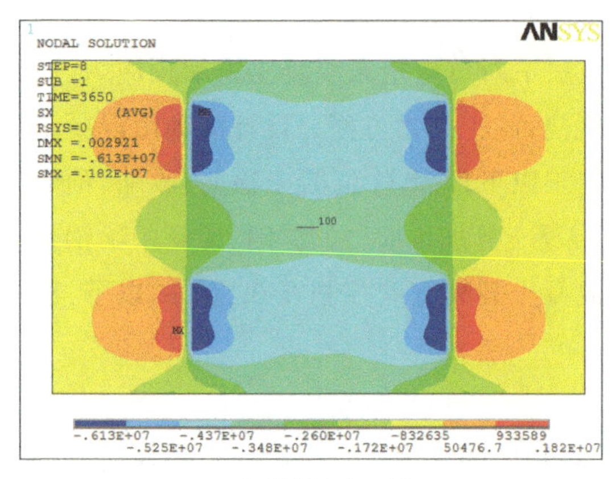

a）混凝土应力图

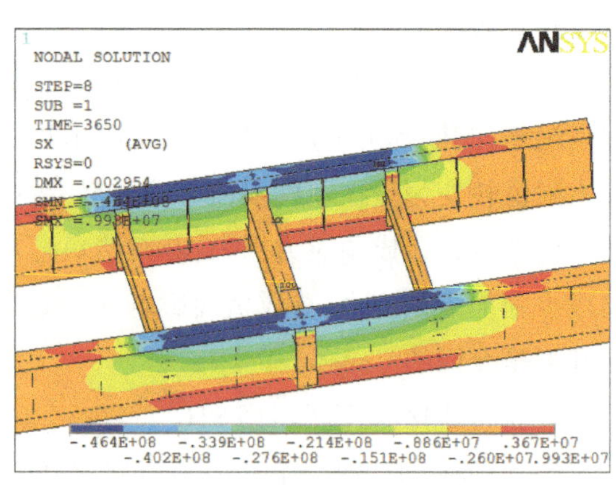

b）钢梁应力图

图 5.2　负弯矩区桥面板徐变后预应力损失情况

2）调整混凝土桥面板的施工顺序

施工过程中采用调整混凝土桥面板的施工顺序法，先浇筑各跨跨中桥面板，最后浇筑中支点桥面板。对高台大桥钢板组合梁建立 ANSYS 全桥精细有限模型进行分析，全施工过程模拟。利用移动模架施工，该方法不增加额外的施工难度，且确定起到降低负弯矩区桥面板应力的效果，因此连续钢板组合梁桥都采用该方法施工，无论现浇或预制桥面板。调整混凝土桥面板的施工顺序法见图 5.3。

a）先施工跨中桥面板　　b）最后施工中支点桥面板

图 5.3　调整混凝土桥面板的施工顺序法

有限元分析结果图 5.4 显示，墩顶为普通混凝土时，在自重及汽车荷载作用下，墩顶桥面板最大主拉应力为 6.23MPa，出现在边中支点偏载侧钢纵梁顶上桥面板。

3）加载配重法

施工过程中，先浇筑跨中混凝土桥面板，待桥面板有一定刚度后，放置跨中水袋压重，再浇筑墩顶混凝土，在施工桥面铺装前释放跨中水袋压重，对墩顶混凝土提供预先压应力。水袋布置形式：两片钢主梁上各 3m 宽、15m 长、1m 高，单跨水袋压重约 900kN。

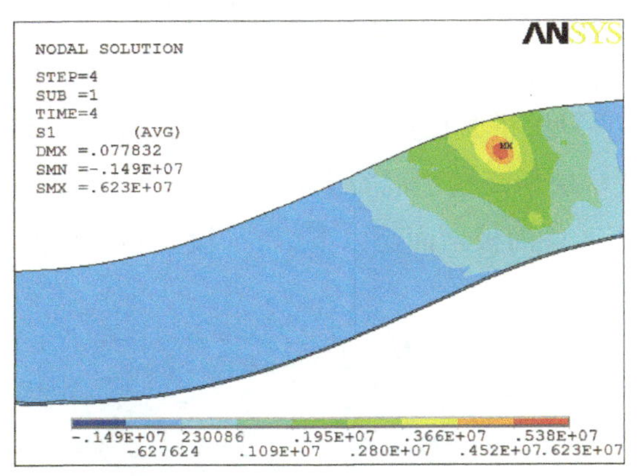

图5.4 负弯矩区普通混凝桥面板最大主拉应力

有限元分析结果见表5.1和图5.5，施加跨中水袋压重后，浇筑墩顶混凝土前，跨中挠度增加不大，跨中桥面板边界处局部拉应力增加2.68MPa，钢梁应力增加20MPa，施工过程中混凝土与钢的应力有一定量增加，但处于可控制范围。成桥后，900kN跨中压重引起墩顶桥面板最大主拉应力降低1.4MPa，降低22%，有一定成效，且对成桥后钢梁应力、整体梁竖向挠度影响不大。但加载配重法会增加施工工序和施工复杂度。

加载配重法结构计算结果　　表5.1

阶　段	项　目	水袋压重	无水袋压重
浇筑墩顶混凝土前	跨中挠度	6.36cm	5.77cm
	跨中桥面板主应力	2.86MPa	0.188MPa
成桥后工况1	钢梁 Mises 应力	152MPa	131MPa
	墩顶桥面板主应力	4.82MPa	6.23MPa

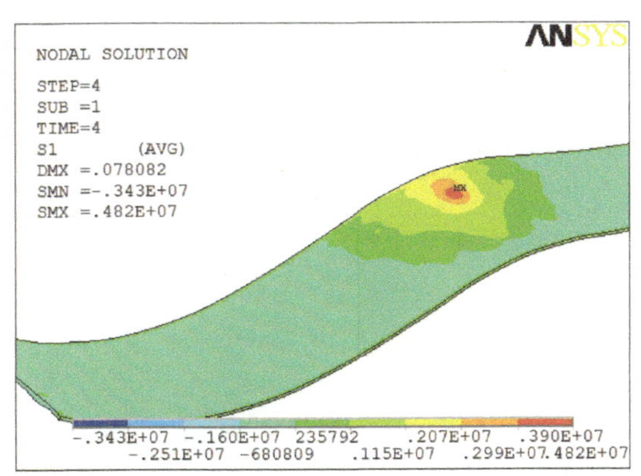

图5.5 加载配重法负弯矩区普通混凝桥面板最大主拉应力

4)超高韧性混凝土法

负弯矩区设置超高韧性混凝土对比下面两种形式设置：一是负弯矩区桥面板全断面采用超高韧性混凝土；二是负弯矩区桥面板顶面至以下10cm采用超高韧性混凝土。

有限元分析结果见图5.6和图5.7,设置超高韧性混凝土后,桥面板顶面混凝土应力比普通混凝土应力要大,这是因为超高韧性混凝土弹模比普通混凝土要大,刚度增加后分配到的荷载也增大。由图5.7可见,桥面板拉应力沿高度从底面约1.55MPa急剧增长到顶面约7MPa,在桥面板顶部设置一层超高韧性混凝土有合理性。

本项目采用了负弯矩区桥面板顶面至以下10cm设置超高韧性混凝土的方案,设置范围为中墩顶两边各6.25m。

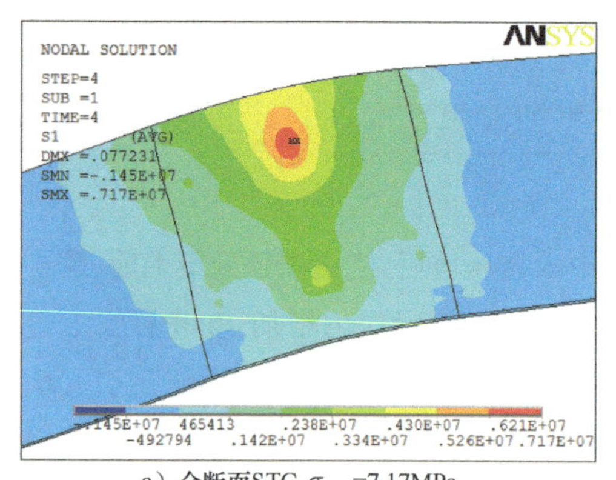

a）全断面STC, σ_{max}=7.17MPa

b）顶层10cmSTC, σ_{max}=7.81MPa

图5.6 负弯矩区设置超高韧性混凝土桥面板混凝土应力

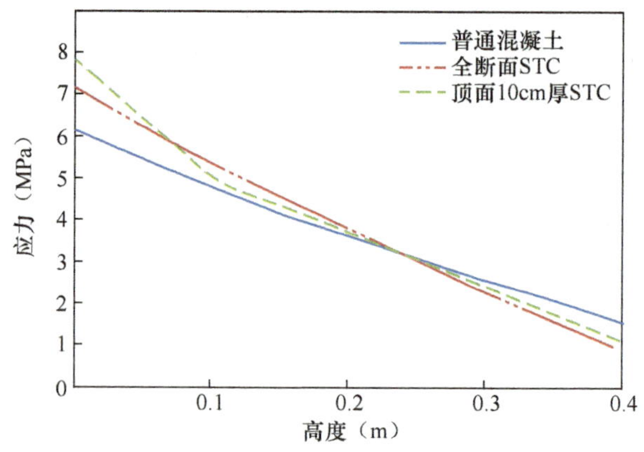

图5.7 桥面板混凝土应力沿高度分布图

5.1.3 负弯矩区耐久性验证

计算验证负弯矩区采用超高韧性混凝土后的裂缝宽度步骤如下:

(1)根据《公路钢混组合桥梁设计与施工规范》(JTG/T D64-01—2015)7.5.2条计算得到钢筋的应力 σ_{ss}。

$$\sigma_{ss} = \frac{M_s y_s}{I_{cr}}$$

式中：M_s——形成组合作用之后，按作用（荷载）频遇组合效应计算的组合梁截面弯矩值；

I_{cr}——由纵向普通钢筋与钢梁形成的组合截面的惯性矩，即开裂截面惯性矩；

y_s——钢筋截面形心至钢筋和钢梁形成的组合截面中性轴的距离。

（2）根据《公路钢筋混凝土及预应力混凝土桥涵设计规范》（JTG 3362—2018）6.4.3条按轴拉构件计算得到普通混凝土的裂缝宽度 $W_{cr}=0.163$mm。

（3）根据《超高性能轻型组合桥面结构技术规程》（GD JTG/T A01—2015）6.4.1条，当超高韧性混凝土的应力验算符合本规程第6.2节的有关规定，且超高韧性混凝土的设计拉应力不大于表5.2规定的配筋STC的名义弯拉应力容许值时，可确保超高韧性混凝土层的裂缝宽度小于0.05mm。

各强度等级下配筋超高韧性混凝土的名义弯拉应力容许值　　表5.2

强度等级	钢筋间距(mm)	名义弯拉应力容许值f_t^r(MPa)
STC22	67	16.8
	50	19.0
	40	22.7
	33	26.7

经计算，拉应力小于16.8MPa，裂缝宽度满足规范要求。

（4）根据湖南省工程建设地方标准《活性粉末混凝土结构技术规程》（DBJ43/T 325—2017）5.22条计算裂缝宽度的折减系数，该折减系数与步骤2计算所得裂缝宽度 W_{cr} 相乘，得到最终STC混凝土的裂缝宽度 W_{fcr}。

$$W_{fcr}=W_{cr}(1-\beta_w\lambda_f)$$

式中：β_w——钢纤维影响系数，宜通过试验确定，当无试验数据时取0.4；

λ_f——钢纤维含量特征值，$\lambda_f=\rho_f\cdot l_f/d_f$，其中，$\rho_f$为钢纤维体积率，$l_f$为钢纤维长度，$d_f$为钢纤维直径或等效直径。

按1.8%的体积率，100的长径比，计算得到折减系数为$(1-\beta_w\lambda_f)=0.28$。

最终计算得到在规范活载的频遇值组合下裂缝的宽度为0.045mm，小于0.05mm。证明采用超高韧性混凝土开展负弯矩的耐久性提升是行之有效的。

5.2 三维激光扫描智能量测技术

5.2.1 概述

随着我国钢铁工业技术的飞速发展以及钢产量的不断提高，钢结构在土木工程领域中的应用越来越广泛,大型的、复杂的钢结构桥梁也逐渐增多。由于受到运输或吊装等条件的限制,钢结构桥梁一般只能分段、分体制作或安装,为了检测其制作的整体性和准确性、保证现场安装定位的顺利实施,在构件出厂前需要进行工厂内预拼。钢结构桥梁的构件形式比较复杂,且构件之间具有空间关联性,对构件间接口的制作精度要求很高,有时仅靠控制单体构件精度无法满足现场安装要求,因此对于复杂的构件,通常要求在加工厂进行精确测量和预拼。传统的全站仪、钢尺和检验模板等方式进行构件检测,再进行整体预拼,不仅所需场地面积大,预拼过程烦琐,测量时间长,检测费用高,而且检测精度低,更为重要的是,随着钢结构的发展,出现了大型三维空间异形结构,传统的预拼方法已经无法满足现在钢结构发展的需求。

由于场地、吊装设备、时间周期等方面的限制,有时不具备整体预拼的条件,虚拟预拼技术应运而生。但已有的虚拟预拼技术仍采用常规的全站仪、卷尺等设备,几何点坐标采集难度非常大,一般仅采集数量很少的特征点坐标。如在上海中心大厦数字模拟预拼中,对于可以直接吊线的控制点,坐标可以通过一次吊线及高程测量获取,对于不能直接投影到地样的控制点,需要在上一步的基础上结合相对尺寸才能得到坐标值,对于此类控制点,要采取至少两个可以直接投影的控制点结合对应的相对尺寸来获取坐标,以控制误差积累。

为了检测钢结构桥梁制作的精度以及保证现场安装顺利实施,在构件出厂前需要进行工厂内预拼。但由于场地、吊装设备、时间周期等方面的限制,有时不具备整体预拼的条件。传统技术是采用全站仪、钢尺和检验模板等方式进行构件检测,一般仅采集数量很少的特征点坐标,再进行整体预拼。此种方式的不足之处是:所需场地面积大,预拼过程烦琐,测量时间长,检测费用高,检测精度低。且云茂项目结构在异地(武船重型工程股份有限公司)加工制造,给建设单位的质量管理工作带来了较大困难。桥梁三维实体模型见图5.8、图5.9。

图5.8 桥梁三维模型(实体)

图5.9 桥梁三维模型(白模)

三维激光扫描直接将各种大型、复杂实体的三维数据完整的采集到计算机中,进而快速重构出目标的三维模型及点、线、面、体等各种几何数据,相比于全站仪等设备具有采集速度快、精度高、面状测量、无须接触目标物体等优势。将采集回来的数据进行后处理，利用高密度高质量的点云与设计模型，或者利用建立好的三维模型与设计模型进行对比检测，通过检测对比报告全面得到加工物件与设计模型间的误差，通过误差报告对加工的实体物件进行再次加工，然后再对二次加工的实体物件进行三维扫描，将扫描得到的点云数据或者建立的三维模型与设计模型再次进行检测对比，并在软件中进行虚拟装配，从而将其和钢结构的虚拟预拼技术相结合。

地面三维激光扫描系统主要由扫描头、控制器、计算机和电源供应系统组成，如图5.10所示。扫描头包含了激光发射器、激光探测器以及旋转系统；控制系统主要负责角度测量和距离测量；计算机用于数据的存储和计算；有的扫描仪还集成了CCD相机。根据测得的水平角、高度角和距离S，由极坐标与空间三维坐标的转换关系式可以获得测量点的空间三维坐标。

$$\begin{cases} X = S\cos\theta\cos\alpha \\ Y = S\cos\theta\sin\alpha \\ Z = S\sin\theta \end{cases}$$

测量时，首先由激光脉冲二极管发射出激光脉冲信号，在控制器的控制下，水平镜和垂直镜按照设定的步进量快速而有序地同步旋转，使激光依次扫过物体表面。经物体表面漫反射回来，由探测器接收反射回来的激光脉冲信号。控制模块通过某种模式测量出每个激光脉冲到物体表面的空间距离和每个脉冲的水平角和天顶距。通过计算机处理得到每个激光点的三维坐标和反射强度。因此，地面三维激光扫描系统能在短时间内获取测量物体表面的大量数据信息，经过软件处理实现实体建模输出。三维激光扫描系统组成及原理见图5.10。

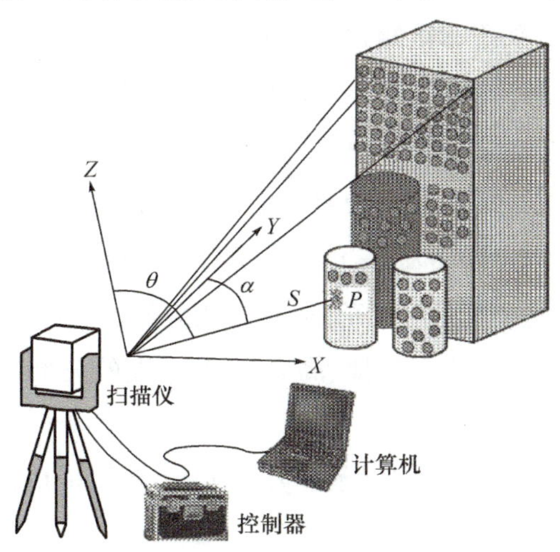

图5.10　三维激光扫描系统组成及原理

根据测距原理的不同，可以将三维激光扫描仪分为脉冲式、相位式及三角式三类。脉冲式的测距范围可以达到数百米到千米，但距离测量的频率慢（一般小于1万点每秒），点的精度相对较低（厘米级）；因此一些远程激光扫描仪都采用这种模式，主要用于土木建筑工程、滑坡等测量，如Mensi，Riegl的产品。相位式的测距范围通常在100m以内，这种激光扫描仪测程较短，精度相对较高（毫米级），测量速度极快（一般数百万点每秒）；因此一些中程激光扫描仪采用了相位式，主要用于工业测量方面，如Leica，Faro等公司的产品。由于三角法测距的快速、简便和精度高等优点，它被广泛应用于微小距离（毫米级、亚毫米级）测量领域，这类激光扫描仪的测量范围在2m左右，但测量精度可以达到数十个微米；这类激光扫描仪主要应用于精密测量、医学、考古等领域，如柯尼卡—美能达公司的产品。具有代表性的三维激光扫描仪见图5.11。

图5.11　具有代表性的三维激光扫描仪

根据与相机结合方式的不同，又可以将三维激光扫描仪分为集成式（内置式）、组合式（外置式）及分离式三类。与传统钢尺量距、全站仪量距相比，三维激光扫描具有以下优势：

（1）三维激光扫描技术采用非接触式高速激光测量方式，直接对目标体进行扫描，采集目标体表面点的维坐标信息。在目标危险、环境恶劣、人员无法到达的情况下，三维激光扫描技术优势明显。

（2）三维激光扫描系统采集的数据为数字信号，具有全数字的特征，易于处理、分析、输出、显示，而且后处理软件用户界面友好，能够与其他常用软件进行数据交换及共享，可与外接数码相机，GPS配合使用，拓宽其应用范围，具有较好的扩展性。

（3）三维激光扫描技术可以进行快捷、高质量、高密度的三维数据采集，从而达到高分辨率的目的。

（4）由于其良好的技术特点，对使用条件要求不高，环境适应能力强，适合野外测量，故在工程建设各领域应用广泛。

在大型钢结构梁段三维建模工程中，三维激光扫描技术对比传统特征点建模方法优势明显，现如今电脑硬件配置发展迅速，三维激光扫描数据建模数据量较大的问题也将被忽

略,技术应用之后对工程建设及管理有如下益处:

(1)传统的实体预拼必须在每一跨的所有构件都生产完毕才能进行,基于三维激光扫描的钢结构桥梁虚拟预拼新技术,省去了实体预拼的流程,能极大地缩短所需的工期。

(2)虚拟预拼能省去实体预拼需要的场地、吊装设备、胎架以及人力等。

(3)新技术方案充分利用三维激光扫描的优势,具有高分辨率、高精度的特点。绝对精度1mm,相对精度亚毫米。

(4)由于采用了无接触测量模式,不需要作业人员爬到构件上部,便于实施,安全性也更高。

(5)可以对钢板组合梁的结合尺寸、预拱度等进行跟踪检测,还可以对桥梁的平曲线、竖曲线、横坡等进行检测。

(6)新技术方案对每一片梁都进行了精细扫描,由此可以建立其三维模型并进行数字存档,可以为工程BIM系统提供基础模型数据,还可以为建成通车后的管养提供参考依据。

综上所述,三维激光扫描技术是一种快速获取空间三维信息的技术,它将单点数据采集变为密集的、连续的自动数据采集,极大地增加了信息量,提高了工作效率,拓宽了测绘技术的应用领域。由于应用场景的复杂性,对于更加智能化的算法仍在持续开发中。

5.2.2 三维激光扫描技术架构

1)精度验证方法

在数据采集过程中,由于测绘仪器、操作人员或外界环境的影响,造成观测值中不可避免地含有测量误差。三维激光扫描仪的精度主要受仪器的角度测量精度、距离测量精度、分辨率、边缘效应、测量对象的反射特性、环境条件、操作人员的规范性等因素的综合影响。其中,角度测量精度和距离测量精度是影响点云数据精度的两个主要因素。

仪器误差与其自身的工作原理相关,一般由其内部轴系偏差和信号传播误差引起。来自扫描仪的误差主要有测距误差、测角误差和分辨率不同引起的误差。

相位式测距误差主要来自仪器内部的时间测量单元误差,脉冲式测距误差主要来自计数器频率误差、光电系统延迟误差等。不管哪种测距方式,在完成测距的各个环节都会带来一定的误差,这些误差可以分为固定误差和比例误差两部分。

扫描仪的光束偏转系统和角度测量装置共同构成了角度测量系统,其中光束偏转系统的误差是测角误差的主要来源。旋转棱镜制造工艺的不完善、步进电机转动的不均匀、轴系系统的设计偏差、仪器的微小振动和读数误差等都会影响到角度测量精度。

分辨率即仪器可以分辨出的两个物体间的最小距离,它意味着仪器对目标的解析能力,这涉及了两个基本参数,即相邻采样点之间的最小距离和一定距离上光斑的最小尺寸。点云采集的分辨率表示在单位面积上点的采集个数,即采样密度。分辨率越高,在单位面积上采集的点的个数也越多,细节表达能力就越强;反之,其细节表达能力就越弱,甚至会丢失某些细节特征,影响点云的精度。很明显,分辨率对模型的构建精度有着直接的影响。

三维扫描仪的自动化程度比较高,在仪器运行过程中需要的人工干预比较少,并且现在很多扫描仪都有自动整平补偿装置,所以在操作过程中,排除操作失误,由人引起的误差较小。

环境因素(温度、湿度、气压、地球曲率等)对测量的影响很大。在用三维扫描仪进行测量的过程中,被测物体的表面特性和环境因素会影响到扫描仪的测距精度和回光强度的反射精度。距离测量会受到温度、大气折射率和地球曲率影响,而且距离测量依赖于光斑范围内的反射能量。无论激光扫描仪的聚焦性能有多高,激光点的光斑都有一定的大小,这样就会出现两种边缘效应:一种是在不同目标的交界处,光斑的一部分在测量目标内,另一部分在相邻的目标内,而两部分的反射能量都会被系统接收,造成类似于 GPS 接收机的多路径效应;另一种是目标边缘的背景是天空或是其他已超出了距离测量有效测程的目标,造成激光测距的盲点,即无法获得边缘点的信息。

回光强度的反射精度主要受到扫描距离、入射角和物体的表面特性(材质、颜色、粗糙度)的影响。扫描距离越短,入射角越小,回光强度越强。而由于物体表面反射特性差异的影响,系统偏差甚至会高出正常激光测距标准差的若干倍。因此,需要对点云强度值进行改正,降低或消除回光强度误差。

Z + FIMAGER5010X 扫描仪的角度分辨率为 0.0004°(6.4.44",垂直),0.0002°(0.72",水平),距离分辨率为 0.1mm,50m 处的误差为 0.8 ~ 6.4.2mm。为了验证该扫描仪的精度和可靠性,用莱卡高精度全站仪 TS50 对其进行对比检验,莱卡 TS50 全站仪的测角精度高达 0.5",测距精度为 0.5mm + 1ppm,其相关技术参数如表 5.3 所示。

莱卡 TS50 部分技术参数表　　表 5.3

角度测量		
精度	绝对编码,连续,对径测量,四重轴系补偿	0.5"(0.15mgon)
补偿范围	4′	
距离测量		
范围	棱镜(GPR1,GPH1P)	645 ~ 3500m
	无棱镜/任何表面	645 ~ 1000m
	反射片(60mm × 60mm)	250m
精度/测量时	单次(棱镜)	0.6mm + 1ppm/典型 2.4s
	单次(任何表面)	2mm + 2ppm/典型 3s
光斑大小	50m 处	8mm × 20mm
测量技术	基于相位原理系统分析技术	同轴,红色可见光

由于扫描仪不能测量特定点的距离和角度(可以通过后处理获取靶标中心坐标),且全站仪在棱镜模式下的测量精度最高,可通过建立靶标场来进行精度验证,见图5.12。

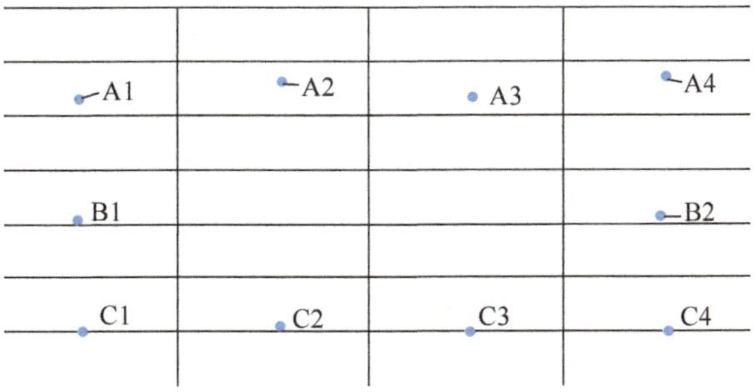

图5.12 扫描仪精度验证靶标分布图

首先,通过TS50建立独立坐标系。以C1点为已知点[坐标设为(30,50,10)],C1C4为Y轴正方向,建立右手坐标系,测得各靶标点的坐标,并记录各通视点的距离、方向及高度角等信息。然后,将扫描仪架设在靶标场中央进行扫描,并对所有靶标进行精扫;扫描完成后,在相关软件上提取出各靶标的中心点坐标,通过坐标反算获取与TS50所测测点所对应的距离、方向及高度角等信息。将TS50所测值视为真值,求出扫描仪的测距和测角后验均方根误差,并与标称精度进行对比,判断其精度可靠性。

2)点云拼接方法

基于人工标志(平面靶标或者球形靶标)的点云配准是目前工程项目或大场景扫描作业中常用的点云配准方法。根据几何刚体变换的解算条件可知,相邻测站至少有3对同名点才能实现平移参数和转换参数的求解。基于人工标志的点云配准,就是在扫描场景中布设3个及以上的人工靶标,根据人工靶标的点云数据拟合出其中心点坐标,然后根据这些同名点坐标求解出两个测站之间的坐标转换参数,再对所有点云数据进行坐标转换,就完成了点云配准。在实际应用中,人工标志的布设必须在测区内分布均匀,所有标志不能在同一直线或者平面上,标志必须布设在扫描仪的最佳扫描范围内,以保证人工标志扫描的精度。同时,必须保证所有人工标志在两个测站的整个扫描过程中没有发生偏移。

基于人工标志的点云配准流程可以概括为:人工标志提取及其中心点坐标拟合;根据3对以上同名点坐标求取两测站点云数据之间的坐标转换参数;根据求得的坐标转换参数对点云数据进行转换,完成点云配准。

也可采用基于平面特征的点云拼接方法,当同名平面数为3时即可求解拼接参数,即坐标旋转矩阵,当多于3个时,用平差方法进行求解。

当同名点与同名平面总数大于等于3时,即可求解拼接参数。在实际工程应用中,需要至少保证三同名平面或者一同名点两同名平面或者两同名点一同名平面时即可正确拼接两相邻扫描站点云数据。

为验证加入平面基元后点云拼接精度,在拼接错误的三站内分别加入 3 个同名平面并不减少这三站内同名标靶球的数量,相应的拼接偏差值如图 5.13 所示。当平面基元数量增加时,点云拼接偏差持续增高,点云拼接精度有所下降。故当同名平面较多时,点云拼接精度反而下降,但其精度总体变换不大。根据经验,视场中所用同名平面在三维激光扫描时激光反射角和同名平面的大小不同均会造成该现象。后续可以考虑提取相同大小和视场角的同名平面或者使用预制的同规格平面标靶进行点云拼接优化。

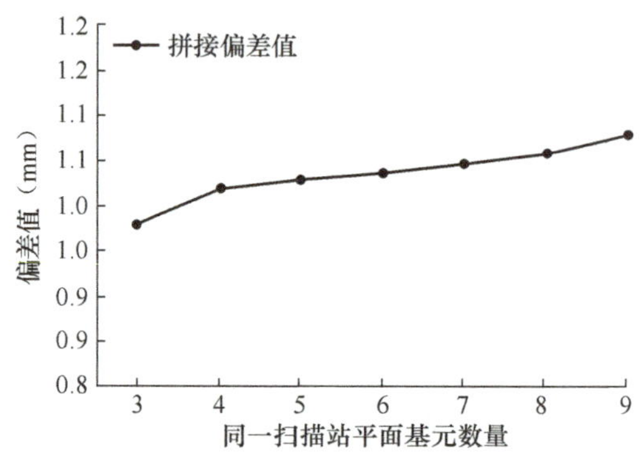

图 5.13　平面基元数量与相应拼接偏差统计表

通过本项目工程实践可知,在无法获取足够两扫描站间正确的同名控制点时,加入少量平面基元将有助于点云拼接的实施,并且有效解决了标靶球被误触后点云拼接出现错误的情况。但当平面基元数量过多时点云拼接质量反而降低;且纯平面基元点云数量超过拼接站数总和的一半时,拼接偏差值大幅增加,可靠性明显降低。后续试验将测试提取相同大小和视场角的同名平面或者使用预制的同规格平面标靶进行点云拼接优化,进一步提高基于平面基元与标靶球结合的大型钢结构点云拼接精度。

5.2.3　三维激光扫描钢结构检测

在钢结构桥梁构件出厂前为了检测其制作的精度以及保证现场安装顺利实施,需要在工厂内进行构件检测。传统构件检测方法多采用钢尺和全站仪特征点测距等方式进行检测,通过采集目标构件上特征点的坐标和特征距离,该方法耗时耗力且无法获取高精度数据,并且传统检测方法在面对结构复杂、空间跨度大的钢制桥梁时,其检验过程更加烦琐、外业工作量陡增,况且现实场景中并不存在真正意义上的特征点,人工采集特征点误差较大,导致通过这些特征点进行检测与监理三维模型缺少可信度。

相较于传统的全站仪点位测量方式和摄影测量方式,地面三维激光扫描(TerrestrialLaserScanning,TLS)技术可以快速、连续、高精度地采集扫描视场内目标物的整体表面点坐标、颜色、反射率等数据，为建立各种大型、异型钢制桥梁构件的三维实体模型并进行结构检测提供了一种全新的技术方法。本节主要针对大型钢梁的三维建模和结构检测应用进行研究，以云茂高速公路桥梁制造工程为例，结合 TLS 技术，详细阐述了基于三维激光点云建模的大型钢混组合结构桥梁（以下简称大型钢梁）的结构检测方法。三维激光扫描钢结构检测步骤有：外业扫描设计、点云数据处理与建模和几何尺寸检测。

1）外业扫描设计

扫描构件前需通过必要的项目桥梁结构设计图先行了解，记录扫描目标桥梁的特性和关键属性，在工程前期进行项目实地勘察，根据项目经验和桥梁关键属性设计扫描方案，根据设计资料与实际工厂和构件特征提出初步扫描和点云处理方案，进行现场少量构件的扫描工作，扫描速度与车间纵梁生产速度一致，扫描现场如图 5.14 所示。

图 5.14 扫描现场

规定两相邻扫描站间最少需要三个标靶球，扫描范围需要重叠并完全覆盖扫描目标物关键点与关键部位。扫描站、标靶球与目标物关系如图 5.15 所示。

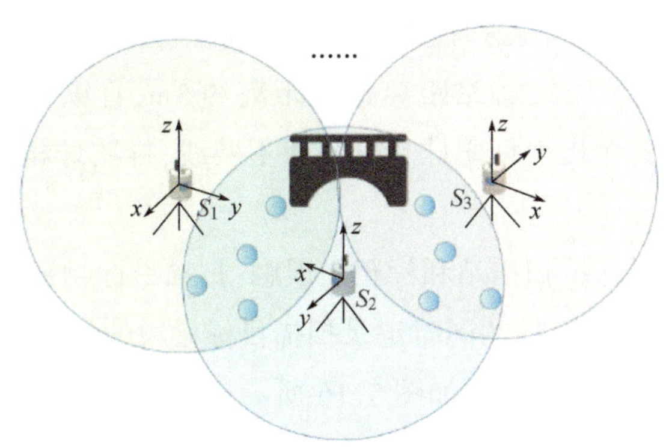

图 5.15 扫描测站及球形靶标位置分布图示

三维激光扫描仪测距质量可以自由选择，通过计算 focusS150 扫描仪扫描分辨率与测距间关系，得到扫描分辨率设置参考表，见表5.4。

focusS150 扫描仪扫描分辨率设置参考表　　表5.4

分辨率	d(mm)	ω(°)	最小扫描质量	所用时间(min)
1	1.5	0.008594	单倍	14.29
1/2	3.1	0.017762	单倍	5.45
1/4	6.1	0.034950	单倍	3.04
1/5	7.7	0.044118	两倍	3.19
1/8	12.5	0.071620	两倍	2.37
1/10	15.3	0.087662	三倍	2.45

表中，d 为相应分辨率下10m目标处相邻两扫描点间最小距离，ω 为应分辨率下相邻两扫描点间最小夹角。

通过较低精度的预扫描分析，观察预扫描和该次扫描的预拼接结果，修改扫描方案。重复以上步骤，得到适用于本项目的最优扫描设计方案，提出有效措施，以保证外业扫描工作可以正常、有序地进行。外业扫描工作认真、细致；保证数据采集完整，不重复、不遗漏；保证仪器在安全环境中工作，且无丢失和损坏的现象。扫描方案包括仪器设站方案、标靶位置、扫描精度与分辨率选设等，扫描设计方案原则如下：

(1)扫描分辨率选择：根据扫描目标物特征点、线、面的最小分辨尺寸进行选择，例如该项目中最小构件为纵梁加劲板，厚度约为20mm，此时应设定1/4(包含)以上分辨率单倍(包含)以上扫描质量能保证该加劲板无细节遗漏。当选择1/4分辨率单倍扫描质量时，单站扫描时间为3.01min。

(2)设站规则：扫描设计应遵循少设站、标靶分布范围广的原则。例如该项目大型钢梁长度范围为6~10m，扫描站高精度扫描距离为15m，根据纵梁特点，单个大型钢梁设4站扫描，分别在纵梁的两端各设2站，各站距离钢梁距离约3m，且纵梁同一端相邻两站间隔约3m。相邻扫描站间布设三个以上标靶球且标靶球不共线，标靶球构成平面与两相邻扫描站连线基本垂直。

(3)其他：扫描作业时保持扫描站和标靶无误触；扫描目标物视场无遮挡，必要时需人为干涉流动人群以避免遮挡；在扫描的同时记录扫描目标梁段的编号。

例如该项目扫描设站俯视示意图如图5.16所示。

如图5.16所示为实际扫描时纵梁一种排列情形的俯视示意图，其中，长方形为待测纵梁，星形标志为扫描站，每件钢结构构件四角各需扫描一站，扫描仪扫描精度经过计算需保证最小构件可以分辨，即平面最窄处应保留三个及以上扫描点。

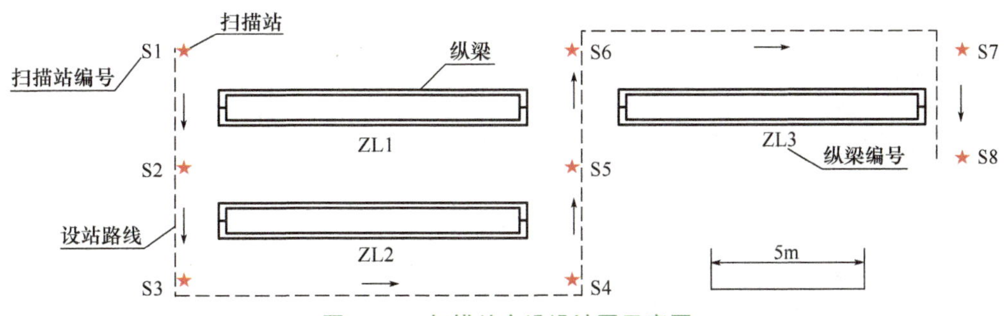

图 5.16　扫描站布设设计图示意图

2)点云数据处理与建模

点云数据处理包括扫描点云的去噪、拼接(即配准)、抽稀、分块和导出操作,最后分别导出每件构件的已编号预处理扫描点云,为后续操作做准备。

其中配准步骤需要自动探测球形标靶,例如该项目球形标靶探测半径设置为 7cm;选择需要处理的点云文件,进行点云去噪和分块;该项目点云数据有效距离 15m,可在扫描中心 15m 处分块。分块后手动添加裁剪框,通过裁剪框保留所需要的梁段点云和拼接球点云,进一步减小数据量。单站数据裁剪如图 5.17 所示。

通过以上步骤获得的精简点云数据量较小,可快速探测到扫描标靶球的坐标,从而进行相邻站点云拼接,图 5.18 为提取得到的扫描标靶球及其局部坐标。

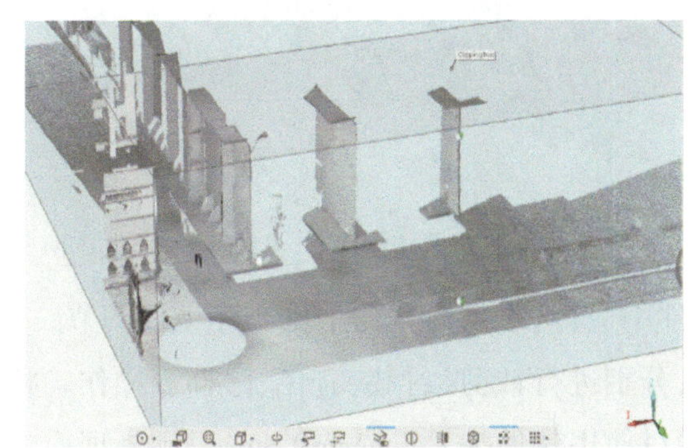
图 5.17　单站数据裁剪

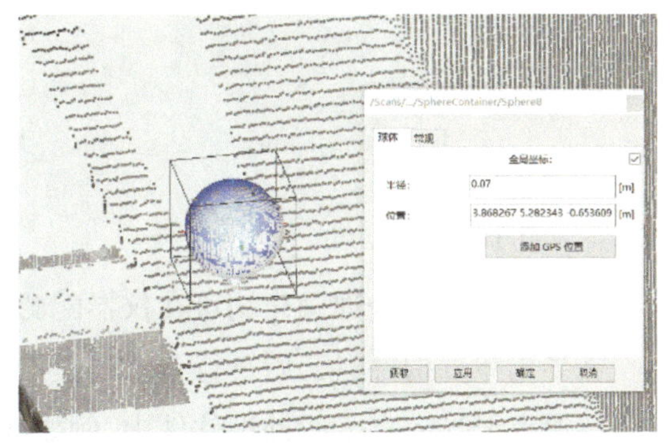
图 5.18　单站扫描标靶球提取

如图 5.18 所示,点云为第一站扫描点云,球体为通过扫描标靶的点云进行拟合得到的拟合连接标靶球体,具有相应的半径和局部球心坐标。通过同名标靶球进行坐标转换,得到拼接后的点云数据,如图 5.19 所示为拼接后相邻站标靶球。

如图 5.19 所示,黄色点为第一站扫描点云,灰色点为相邻站扫描点云,绿色球体为相邻站拟合标靶球拼接后的全局标靶球。

多站拼接后,通过相邻站的相同连接球的坐标差来判断拼接误差,拼接平均误差如图 5.20所示。

图 5.19　拼接后相邻站标靶球

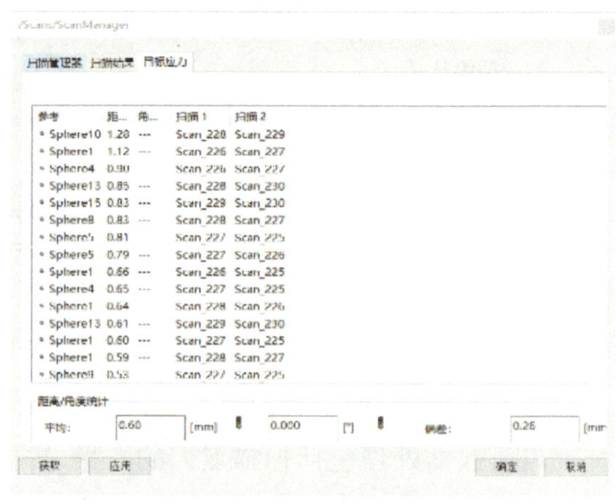

图 5.20　拼接后相邻站标靶球

如图 5.21 所示，使用该方法进行点云拼接，拼接误差不超过 2mm，精度较高。

如图 5.22 所示，最后通过裁剪框来导出单片纵梁梁段的点云，为建模做准备。

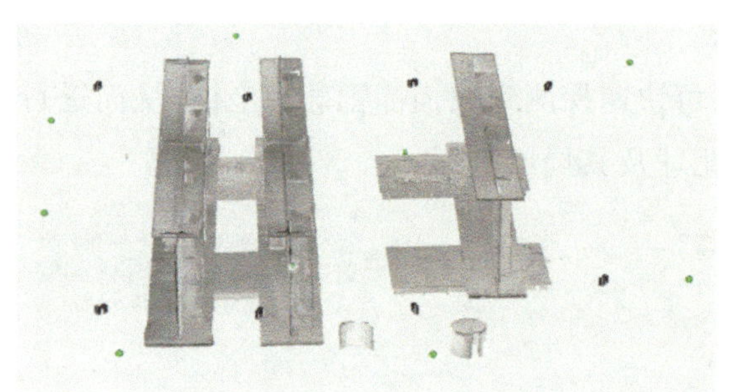

图 5.21　点云预处理与拼接后

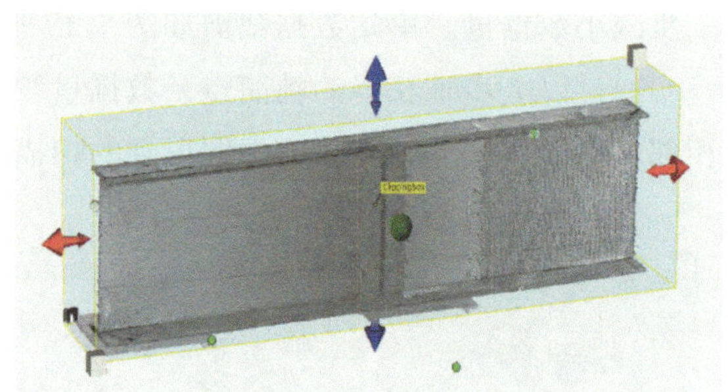

图 5.22　导出单片梁段的点云

各项点云数据处理操作均可在仪器配套软件中进行，参数设置需根据实际项目调节。

在导出单件构件点云后进行三维建模操作，分别进行裁剪、封装、着色、修补等操作。将单个梁段点云导入点云后处理软件中，例如该项目使用软件为 GeomagicWrap，对预处理后的点云数据进行表面三角网重构，获得项目桥梁表面三角网模型。因为钢梁结构存在大面积连续平面，模型数据冗余，可以进行数据量简化。限定最大公差 0.01cm 进行三角网简化，根据梁段实际形状删除多余无用多边形，如附着在梁段表面的球形标靶、梁段上未及时清理的杂物、梁段底部托架等，应满足梁段结构检测与虚拟预拼关键部位无遮挡与异物。进一步减小数据量，此时单个梁段数据量约为 150 万个三角形，文件大小 150m 左右球形标靶多边形删除前后对比见图 5.23。

如图 5.24 所示，在梁段关键部位进行多边形漏洞修补，应确保修补后多边形区域与原区域曲率相同，避免数据失真。

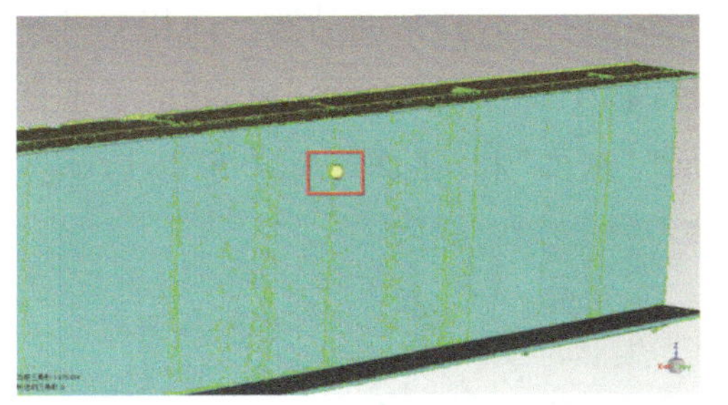
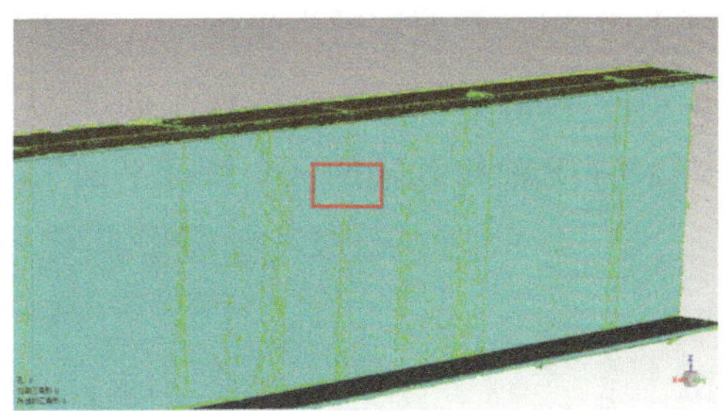

图 5.23 球形标靶多边形删除前后对比

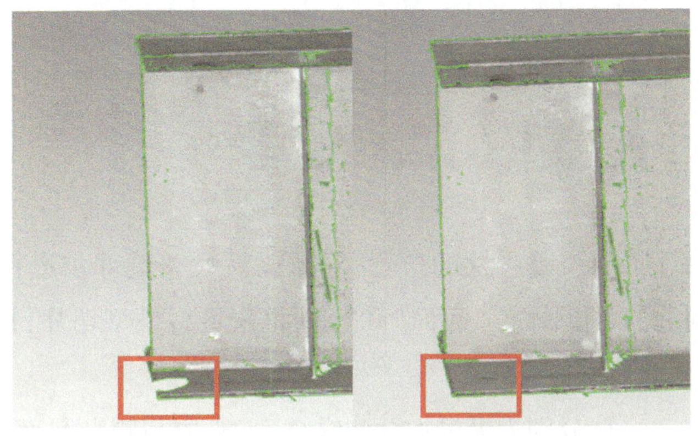

图 5.24 关键部位漏洞修补前后对比

最后得到单个纵梁梁段的三维表面模型。如图 5.25a)、图 5.25b) 和图 5.25c) 所示分别为同一片纵梁同一个位置的点云、三维模型和整体模型。

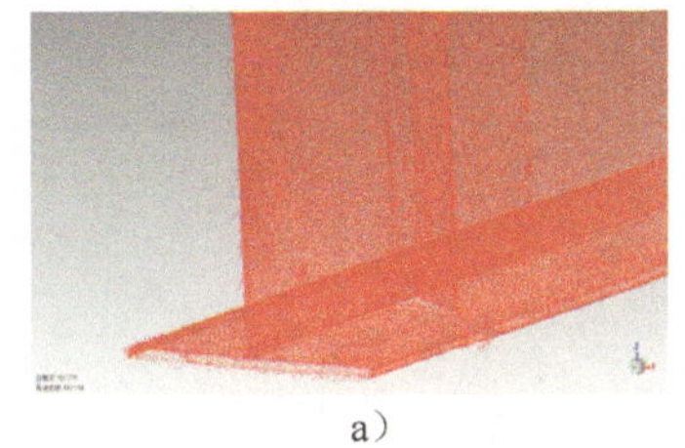

a)

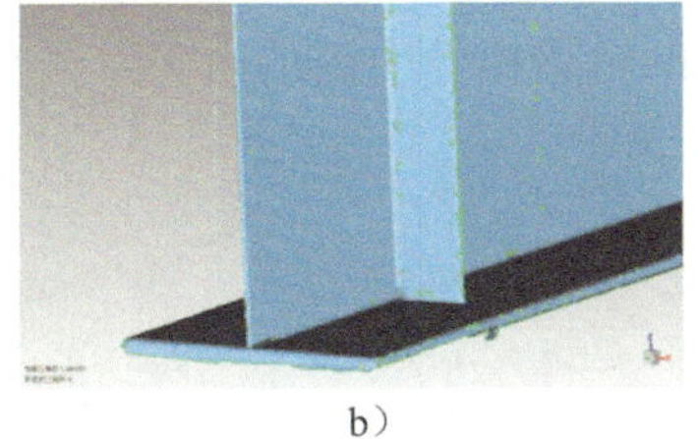

b)

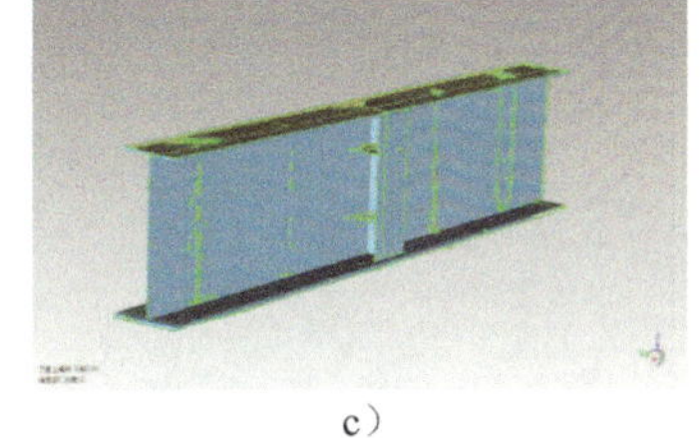

c)

图 5.25 扫描点云与其三维模型

3) 结构检测

在大型钢梁三维模型建立后，可以选择直接进行钢梁关键部位的尺寸长度检测，该步骤与人工现场使用皮尺和全站仪测量方法相似。为了减少乃至避免直接量测造成的人为粗差，并且进一步测量钢梁的弦高等传统方法不易测量的结构尺寸，该项目采用一种适用于大型钢梁的高精度截面获取方法，该方法保证了大型钢梁结构尺寸测量的可靠性。根据项目特征，分别获取垂直于 X、Y、Z 方向的截面。

其中，以钢梁三维模型底板零件的边缘表面生成平行于底板零件方向的特征平面，以该平面法向为坐标轴 Z 轴方向；以钢梁加劲处腹板零件的边缘表面生成平行于腹板零件方向的特征平面，以该平面法向为坐标轴 X 轴方向；最后，以上两种平面的法方向相交得到垂直于腹板零件方向的特征平面，以该平面法向为坐标轴 Y 轴方向。至此分别获取了垂直于大型钢梁 X 轴、Y 轴和 Z 轴的三个特征平面“主平面”“底面”和“垂面”，如图 5.26 所示。

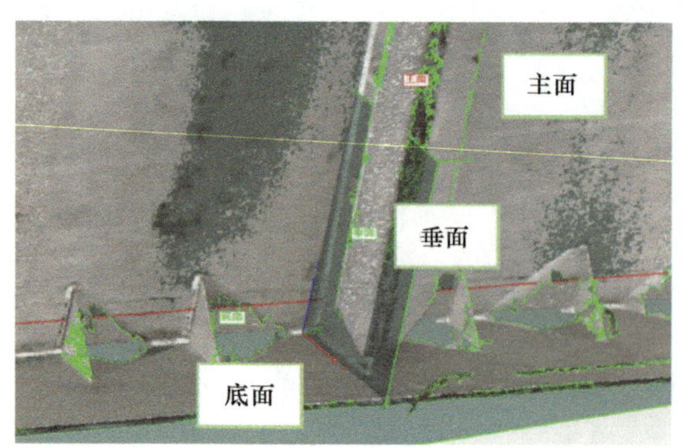

图 5.26　模型截面获取

根据项目桥梁设计图的关键属性的位置，对桥梁模型关键部位进行切片并进行结构检测和弦高检测。分别选取“主平面”“底面”和“垂面”来进行模型切片，根据实际情况调整位置度，参照设计图纸截取清晰图像。

如图 5.27a)、b)、c)、d) 分别为纵梁加劲侧纵截面、非加劲侧纵截面、横截面和垂直截面。测量切片位置的关键数据，与桥梁设计图进行比较，获取尺寸误差。其中，深紫色线即为切片处桥梁表面模型的轮廓，白色箭头线即尺寸测量的起止线和距离，与设计图进行比对，得到误差参考，将尺寸与纵梁单元件制造图中设计尺寸差距过大的进行箭头标记，为桥梁拼接提供可靠依据。该测量任务中认定所有的钢梁构件中钢结构实际厚度与制造设计厚度一致。

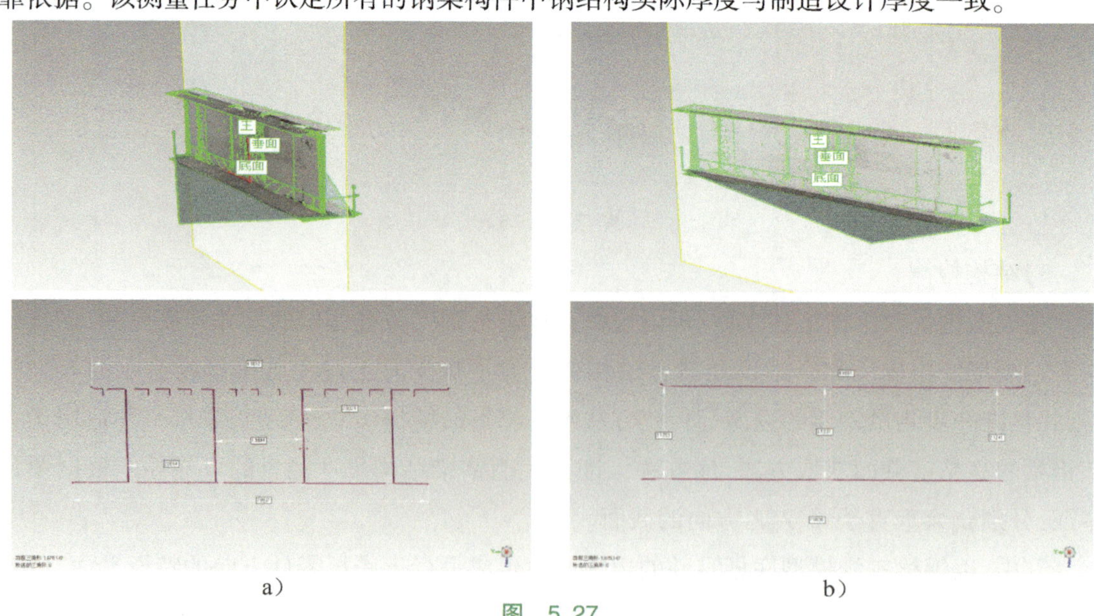

a)　　　　b)

图　5.27

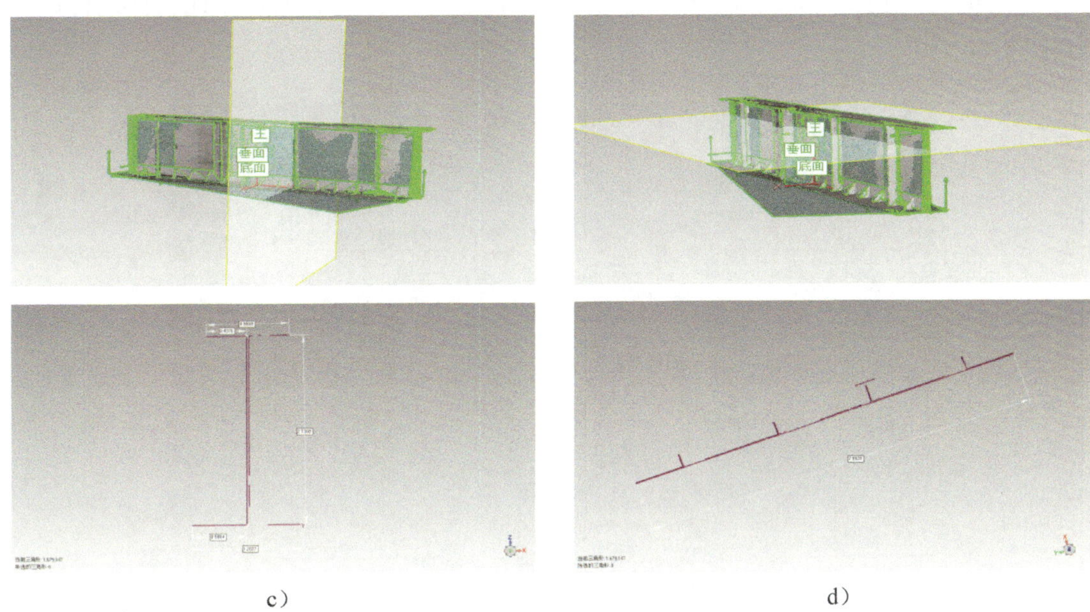

c）　　　　d）

图5.27　纵梁特征截面截取示例

预拼梁段结构检测与单个梁三维模型的尺寸测量相同，先根据项目桥梁预拼设计图的关键属性的位置，对桥梁预拼模型关键部位进行切片。

如图5.28所示，对预拼梁横截面进行切片，得到该梁段横截面的切片图。测量切片位置的关键数据，与桥梁预拼设计图进行比较，获取预拼误差。

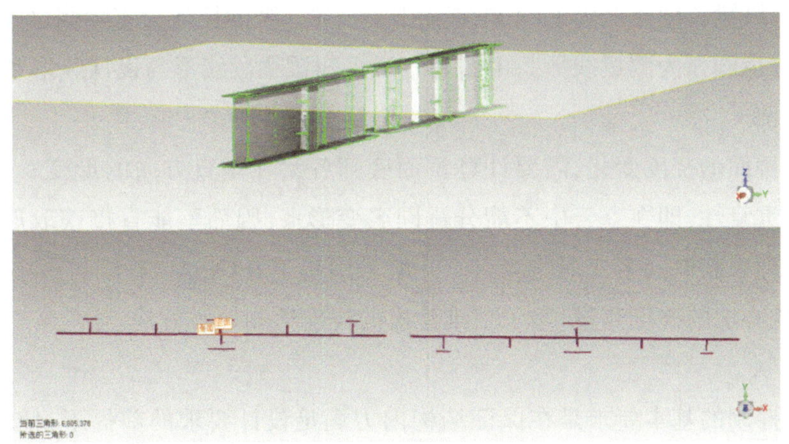

图5.28　预拼梁切片

弦高检测：通过分析菜单的“2D尺寸”选项，根据实际情况，“尺寸类型”选择“平行”和“角度”来进行尺寸测量，如图5.29所示。通过点云数据截面进行纵梁加劲处弦高测量。其中弦高检测为方便表示，和设计图中设计弦高进行线形比较，使用 AutoCAD 软件进行成图，得到图 5.30。

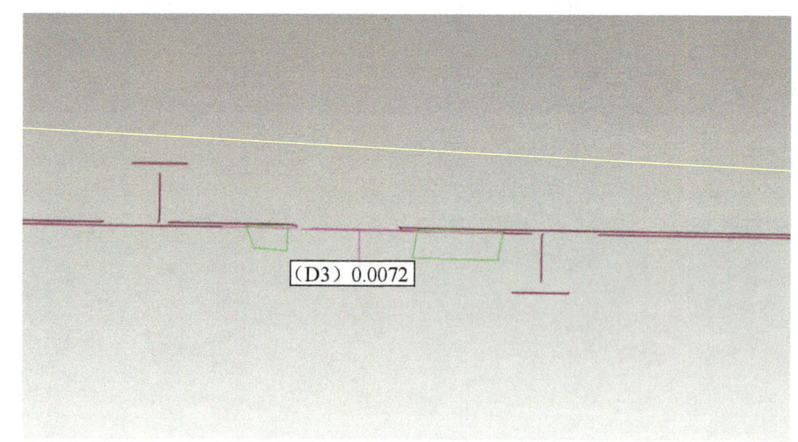

图 5.29　预拼梁尺寸测量

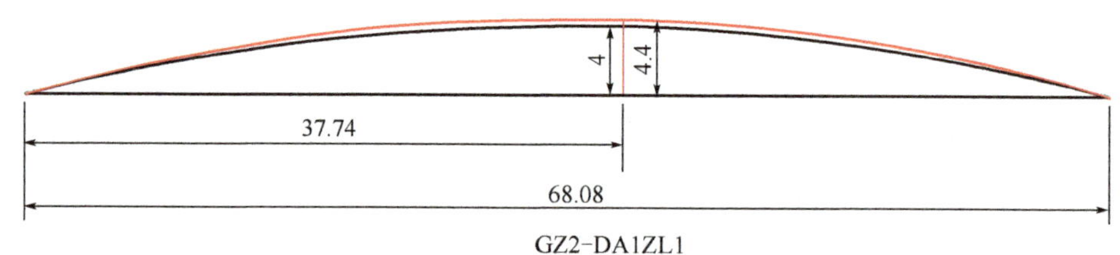

图 5.30　设计线形与测量线形比较(尺寸单位:mm)

图 5.30 中纵梁长度比例为 1∶100，弦高比例不变，纵梁长度为实际测量长度，黑色圆弧为设计线形，红色圆弧为测量线形。由图可直观得知该梁段线形与设计线形基本符合。

4）挠度检测

为了得到桥面的挠度变化，需要计算桥面底部各梁在垂直方向的形变。由于两次扫描测量点的不可重复性，即在点云中不能分辨同名变形点，因而不能直接获取形变，而需要通过对点云的处理来获取同名变形监测点。一般采用基于 RANSAC 算法与最小二乘拟合的挠度计算、基于重心法的挠度测量、基于三维建模的挠度检测三类方法。

5）线形控制

桥梁线形控制的基本要求是在保证结构内力满足设计要求的前提下，使建成后桥梁空间位置（线形）满足设计要求。线形控制包括平面线形控制和竖向线形控制。其中，平面线形控制是指对施工过程中桥梁轴线进行控制，保证轴线在平面上的位置满足设计和规范要求，对于直线桥来说，平面线形控制比较简单，但对于弯桥来说，需要进行结构分析，采用合适的方法才能实现。竖向线形控制是桥梁施工控制的重要内容，一般是在主梁顶部和底部布置控制点，通过对控制点的高程进行控制实现竖向线形控制。竖向线形控制不好，会导致主梁顶面和地面出现错台，甚至会导致桥梁无法顺利合龙。

5.2.4 三维激光扫描虚拟预拼

为保证桥梁安装线形，预拼是常用手段，一般采用实体预拼方法，根据预拼范围又分为整体预拼装与累计连续预拼装方法。

整体预拼装法将需进行预拼装范围的全部构件，按深化图纸所示的平面(空间)位置，在工厂借助拼装胎架进行整体拼装，所有连接部位的焊缝均采用临时工装连接板给予固定，如图5.31所示。

如果预拼装范围较大，拼装场地有限，可采用累积连续预拼装法，将预拼装范围划分为若干个拼装单元，各单元内的构件可分别进行预拼装，位于相邻两单元间的构件应分别参与两个单元的预拼装，如图5.32所示。

图5.31 整体预拼装

图5.32 累积连续预拼装

钢结构桥梁的钢箱梁和桥塔一般分为多段预制，若干个节段构成一个预制段，为保证加工制作的精度，在出厂前往往会进行预拼装。预拼装主要包括胎架定位、胎架吊装、构件拼装以及构件与胎架拆除四个步骤。实体预拼装工艺流程见图5.33。

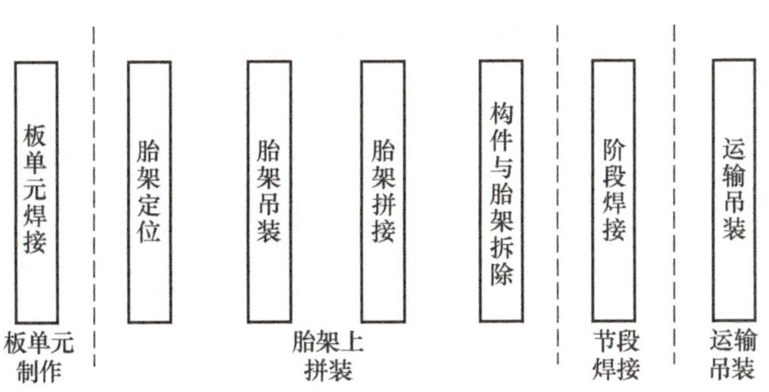

图5.33 实体预拼装工艺流程

实体预拼装是在钢结构胎架上完成的，胎架是指用于组对、拼装和支撑上部结构的临时支架，由底座、支撑系统和顶部操作平台组成，是钢结构施工中非常重要的一项辅助措施，实体预拼装前需要进行胎架定位和吊装。胎架就位之后,在加固设施确保精度和安全的情况下可在其上按照适当的顺序进行各板单元的预拼装。预拼装工作完成之后,按照顺序对钢箱梁和桥塔阶段进行拆除,并运到工厂盘作业区进行节段焊接。

大跨度空间桁架、超高层多腔体巨柱、复杂多分枝节点及空间弯扭构件等也采用虚拟预拼装技术。传统的模拟预拼装方法有全站仪与计算机模拟拼装、工业摄影测量等。

部分工程项目采用全站仪、钢尺量距结合的特征点测量建模方法进行虚拟预拼。全站仪与计算机模拟预拼装的基本思想是首先根据设计图纸建立理论模型或者直接使用已有的模型,利用全站仪测量出实际构件的关键控制点,如图 5.34 所示,其中全站仪在计算机模拟钢结构预拼装中的作用就是测量实际数值。

通过关键控制点人为建立实测模型,并与理论模型进行比对,或者转化坐标系之后直接比对实测控制点与理论控制点,检查制造精度和接口匹配情况,从而判断能否拼装以及是否需要对构件进行修整。

但大型钢结构中并不存在真正意义上的特征点,人工采集特征点误差较大,根据该数据进行三维建模缺少可信度且步骤繁琐。并且该方法需要人工根据特征点进行手动建模,当梁段数量较多且大小不一的情况下工作量巨大。并且传统检测方法在面对结构复杂、空间跨度大的钢制桥梁时,其检验过程更加繁琐、外业工作量陡增。

随着计算机技术和数字图像处理技术的发展,利用高精度相机对钢箱梁和桥塔进行全视野分段扫描,输入计算机后,运用相关软硬件对图像进行处理,从而获得高精度无缝隙的拼接图像,识别出物体的各项特征输出误差检测结果完成钢箱梁的模拟预拼装过程,提高了配合误差的检测精度和检测效率。工业摄影测量系统融合了扭曲图像矫正技术、平面图像合成技术、超大图像的存储与显示以及模式识别和影响匹配等多种学科的方法和理论。

目前使用较为广泛的工业数字摄影测量产品主要有德国的 TRITOP 测量系统、美国的 V-STARS 工业摄影测量系统以及我国的 Digimetric 三维摄影测量系统和 XJTUDP 三维光学点测量系统,这些系统都有着较高的精确度。工业摄影测量系统见图 5.35。

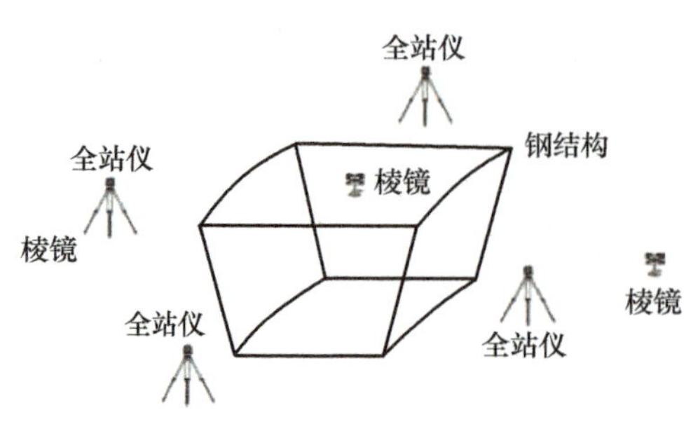

图 5.34　关键点位数据采集示意图

图 5.35　工业摄影测量系统

云茂高速公路采用三维激光扫描仪虚拟预拼技术，主要分为四个步骤：结构数据采集、点云数据处理与建模、虚拟预拼。

大型钢梁跨度过大且整体的精度要求较高，单例大型钢梁表面三角网模型数据量较大，无法在 CAD 等工程图形软件内有效运行。为解决该问题，根据实际桥梁预拼设计，建立虚拟三维胎架模型，并依照实际预拼胎架设计坐标来布置虚拟三维胎架模型，最后使用建模软件内多项功能组合对大型钢梁进行虚拟预拼及结构检测。通过虚拟胎架点进行梁段定位，并标注梁段名称，单片纵梁定位，见图 5.36、图 5.37。

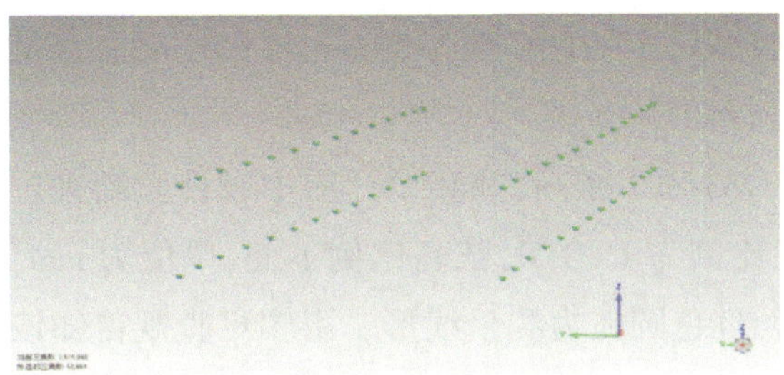

图 5.36 虚拟胎架控制点

图 5.37 通过虚拟胎架点进行梁段定位

通过预拼总成图各梁间的拼接设计，大型钢梁模型拼接后的成果（图 5.38），两相邻纵梁拼接处见图 5.39。

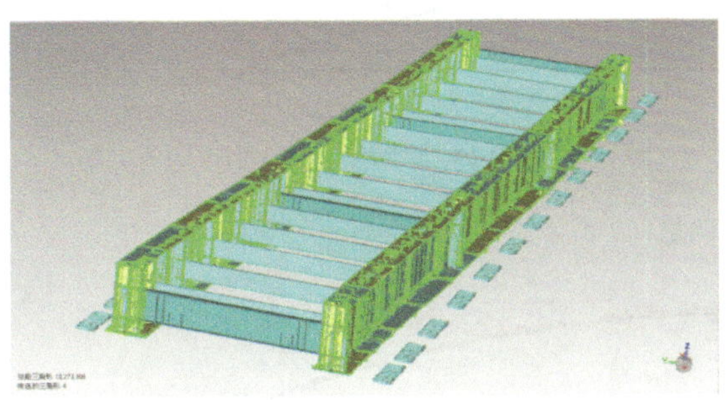

图 5.38 总体虚拟预拼成果

图 5.39 两片纵梁预拼接接口处局部图示

三维激光预拼接技术在实际运用中取得了不错的效果，GZ3-ZL1 和 GZ3-ZL2 两片梁长度统计见表 5.5。

腹板长度节段差值（mm） 表 5.5

节段	单片梁长度测量值累加量	单片梁长度设计值累加量	差值	虚拟预拼后测量长度	预拼设计长度	差值
GZ3-ZL1	119569	119658	-89	119480	119473	7
GZ3-ZL2	119610	119709	-99	119517	119515	2
节段	首尾端测量高差	首尾端设计高差	差值	预拼后水平方向长度测量值	预拼水平方向设计长度	差值
GZ3-ZL1	3300	3296	4	119440	119427	13
GZ3-ZL2	3062	3068	-6	119484	119476	8

由表5.5可知,其中,“单片梁长度累加量”为单片梁长度累加值,“预拼后长度”为各梁在预拼完成后的长度值,“首尾端高差”为梁段首节和尾节的高差,“预拼后水平方向长度”为梁段投影在水平方向的长度。由首尾端高差和预拼后水平方向长度得GZ3-ZL1设计坡度为2.76%、三维预拼坡度为2.76%,GZ3-ZL1设计坡度为2.76%、三维预拼坡度为2.76%,GZ3-ZL2设计坡度为2.57%、三维预拼坡度为2.56%。三维梁段预拼尺寸与设计尺寸差值相对较小,其中,单片梁误差经过累积后达到80~90mm,其他差值均在10mm之内,差值较小。通过“单片梁长度设计值累加量”与“预拼设计长度”比较得知GZ3-ZL1与GZ3-ZL2梁长度设计总余量分别为185mm与194mm,焊接收缩后实际总余量为89mm与93mm,总余量相较于全桥长度较小,实际余量均可在B节段进行切割。

分别通过纵梁模型横截面测量GZ3-ZL1和GZ3-ZL2弦高,并和设计图中设计弦高进行线形比较,得到图5.40、图5.41。图中纵梁长度比例为1∶100,弦高比例不变,单位为mm,纵梁长度为实际测量长度,黑色圆弧为设计线形,红色圆弧为测量线形。由图可直观得知该梁段线形与设计线形基本符合。GZ3-ZL1弦高差值为-2mm,GZ3-ZL2弦高差值-1mm,相对误差均为1.7%和0.8%,验证技术具有较高的精度。

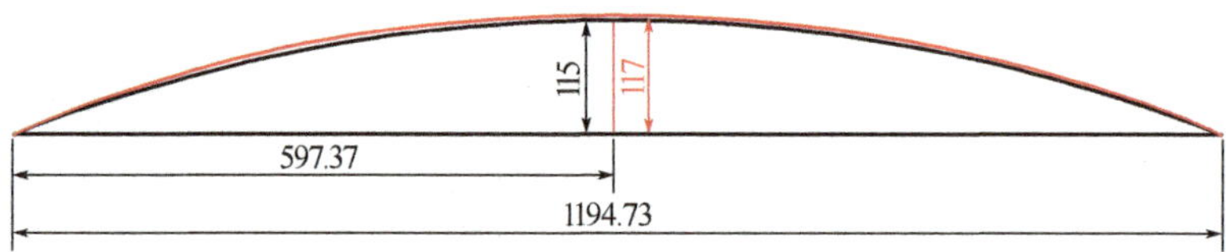

图5.40 GZ3-ZL1弦高测量(尺寸单位:mm)

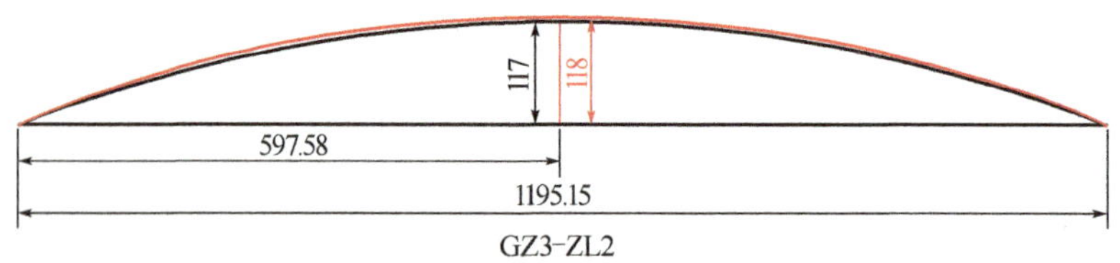

图5.41 GZ3-ZL2弦高测量(尺寸单位:mm)

5.2.5 成桥扫描及线形检测

任何项目的实施都需要有计划,这样才能更高效地完成任务,测绘项目的实施更是如此。地面三维激光扫描外业作业计划的制定需要根据测量任务、要求以及现场条件确定,主要包括坐标系的选择、扫描仪及其配准靶标的选择及扫描站的选择等。

根据作业计划,提前布设好靶标,然后连接相关的设备,设置扫描参数(如扫描范围、扫描距离、扫描间隔等)，在不同的站上架设扫描仪进行扫描。靶标一般用于扫描站坐标系之间的转换(点云配准)或扫描坐标系与用户坐标系之间的转换。因此，扫描靶标一般要求设置4~6个，并且靶标点的空间布设形状要合理，尽量覆盖测区。扫描过程包括靶标扫描和目标扫描。为了获得高精度的公共点，一般都采用最高精度和最高密度的方式扫描靶标。

三维激光扫描线形检测可以方便地检测桥梁的平曲线与竖曲线。具体线形检测步骤为：桥梁点云数据获取、桥梁三维建模、桥梁线型截取、最小二乘法曲线拟合。在获得桥梁模型后，通过截面法对三维模型的平曲线与竖曲线进行截取，如图5.42、图5.43所示。

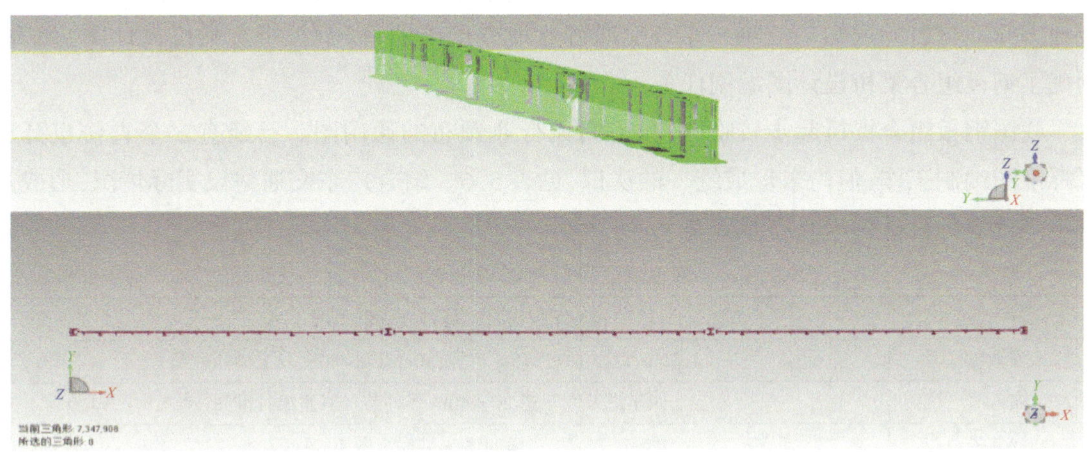

图5.42　桥梁三维模型平曲线截取

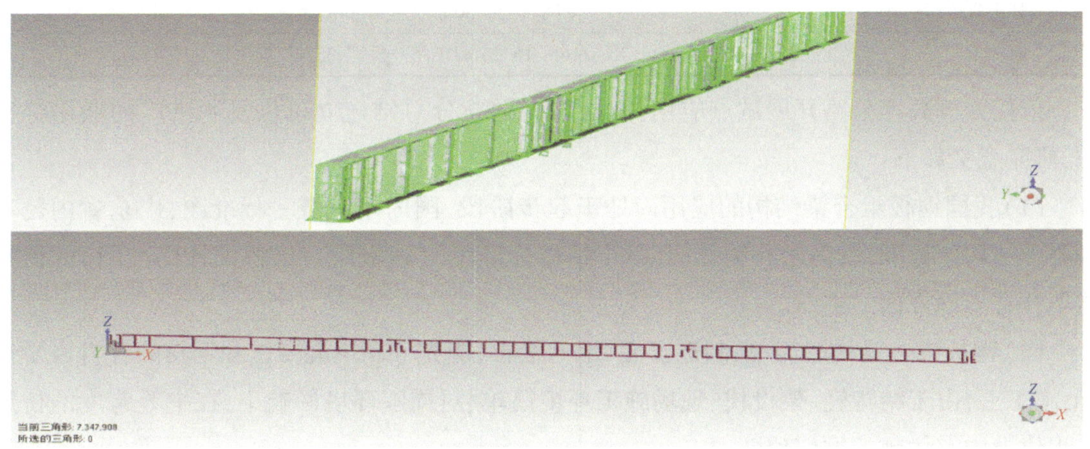

图5.43　桥梁三维模型竖曲线截取

在截取截面曲线后，通过最小二乘法曲线拟合得到曲线公式，从而与设计曲线进行比较，可以采用基于二维CAD，或三维BIM模型的方法进行比对。

桥梁的施工过程中的线形控制直接影响成桥状态，故在施工过程中需尤为注意桥梁线形的控制。采用三维激光扫描法具有快捷、便利的优势，具有广阔的应用空间。

5.3 钢板梁桥通用图编制

5.3.1 概述

根据东省交通运输厅粤科函〔2017〕2833 号《广东省交通运输厅关于公布 2017 年度行业地方标准项目的通知》,立项广东省交通行业地方标准项目《钢板组合梁桥设计图》研究,明确了钢板组合梁桥设计图编制任务。

我国钢板组合梁桥起步较晚,内目前尚无行业颁布的通用图。已经有多个省份也开展了标准图编制工作,但尚未形成统一的认识,见表 5.6。结合广东交通建设实际情况,形成具有推广价值的设计标准具有重要意义。

钢板组合梁标准图编制情况　　表 5.6

省　份	钢板组合梁标准图编制情况
安徽省	12.25m/12.5m/12.75m 桥宽,30m/35m/40m 双主梁标准图
陕西省	四车道及六车道 20～40m 多种跨径双主梁标准图
河北省	横向多主梁标准图
湖北省	四车道 30/35/40m 双主梁标准图
甘肃省	四车道 20/30m 双主梁标准图
浙江省	12.25m/12.5m/12.75m/16m/16.25m/16.5m 桥宽,35/45 双主梁、三主梁标准图

依托云茂高速公路开展试点应用,并通过课题充分总结建立可供复制推广的通用标准图,研究意义如下:

(1)我国钢板组合梁结构的应用尚处于起步阶段,国内未有统一标准图,广东省内已有混凝土结构的标准图,尚未有钢结构、组合结构标准图,《钢板组合梁桥设计标准图》的研究能填补省内该方面的空白。

(2)钢板组合梁构造简单、制造方便、用钢量省,能充分利用混凝土和钢材的各自力学性能;施工上,由于结构轻、架设快、现场施工环境简单、对周围环境影响小,在中等跨度的桥梁工程建设中有优越的推广价值。

(3)钢板组合梁桥结构类型较多,在不同省份有不同的标准图,需要通过全面的分析比选得到最值得推广的结构类型,以利于标准化。

(4)钢板组合梁结构技术性较强,与中小跨径混凝土桥相比,钢板组合梁的构造细节要求更多,需通过对钢板组合梁结构关键问题的专项研究,提高结构的技术水平。

(5)通过形成技术先进具有推广价值的钢板组合梁标准图,便于设计、施工、管养的标准化,提升该类结构的社会经济效益。

5.3.2 编制情况

根据钢板组合梁设计标准图编制需要及关键技术分析,对如下四个方面开展技术讨论与定型研究。

1)钢板组合梁结构选型与造细节研究

钢板组合梁桥相关的各国规范调研和分析比较;目前国内外组合梁设计主要规范标准有BS5400、Eurocode 3、Eurocode 4、AASHTO、法国 Steel-Concrete Composite Bridges Sustainable Design Guide、《钢-混凝土组合桥梁设计规范》(GB 50917—2013)、《公路钢结构桥梁设计规范》(JTG D64—2015)、《公路钢混组合桥梁设计与施工规范》(JTG/T D64-01—2015)、《铁路桥梁钢结构设计规范》(TB 10002.2—2005),对以上国内外现行规范组合梁部分进行调研分析,研究其设计体系与设计思想,进而进行归纳总结,指导标准图的编制。

实际工程中钢板组合梁桥应用情况调研,并分析各类结构的优缺点;在欧洲钢板组合梁在中小跨径高速公路桥梁中广泛应用,其占比高达25%以上。近年来,在40~65m跨径范围内,钢板组合梁占比逐渐增大。在钢混组合结构中,75%~85%为双主梁钢板组合结构,在双主梁钢板组合结构中70%为非支撑钢板组合结构体系,30%为支撑体系钢板组合结构体系。通过对钢板组合梁的应用实际情况进行统计,比较其各类结构的优缺点,用于指导标准图编制的结构选型及细节优化。

分析钢板组合梁典型合理的结构构造,钢板组合梁结构形式多样,以主梁个数可分为少主梁和多主梁体系;以横梁是否与桥面板连接,分为支撑横梁体系与非支撑横梁体系。少主梁(双主梁)非支撑横梁体系在经济性上最具有优势。多主梁体系梁片较多且中间梁需要设置横梁及相应竖向加劲肋,钢材用量大于双主梁结构。通常在桥面宽度较大、主梁高度受限或现场吊装能力受限情况下使用。通过对主梁高跨比、主梁数目、横梁间距、主梁间距、桥面板构造进行分析研究,选择受力明确、传力效率高的结构形式,并得到更优的断面布置。

分析钢板组合梁详细构造细节尺寸和桥面板配筋方式。钢板组合梁的细节构造包括钢主梁上下翼缘板厚与宽度、腹板高度与厚度、加劲肋厚度与间距、焊缝形式与焊缝尺寸、栓钉构造与布置。桥面板形式与配筋、湿接缝尺寸与钢筋连接方式设计等。基于结构强度、稳定、疲劳,结合受力、制造、运输、安装、维修养护对组合梁详细构造进行全面设计分析。

研究钢板组合梁制造与施工方式,通过钢板组合梁各国制造与施工方式的调研分析,研究其与施工制造方式相关的设计构造细节,并结合国内现有的制造施工技术水平、桥址区地形条件、运输方式等进行钢板组合梁细节设计。研究将针对桥位区山区、高墩、长联曲梁等特点，分析顶推施工方法的适应性问题，确定顶推施工流程、设备要求、是否需要安装抗扭转平衡重、是否需要设置临时墩等问题。此外，将考虑施工过程中结构刚度偏低问题，对施工过程线形控制提出合理的解决方案。

分析钢板组合梁经济性，通过对钢板梁材料用量、构造尺寸标准化、加工费用、下部结构尺寸、工业化建造等角度对成本的降低、新工艺、新材料应用等特点，对钢板组合梁经济性能进行分析。

2）负弯矩区桥面板耐久性措施研究

对于连续梁，在中支点附近 0.15L 范围内，主梁承受负弯矩，对于钢混组合梁，现常用方法一般纵向不设预应力，允许桥面板带裂缝工作。中支点负弯矩区断面的承载性能遵循着非线性行为关系，负弯矩区的实际中性轴位置一般介于假定混凝土有裂缝和无裂缝的计算中性轴之间负弯矩区桥面板一般被当作轴拉构件进行计算，对负弯矩桥面板受力特点进行深入研究，明确其受力行为。

计算研究负弯矩区混凝土桥面板裂缝发展机理及裂缝；负弯矩区桥面板被设计成带裂缝工作状态，AASHTO 规范认为负弯矩桥面板开裂，其对整体计算主梁刚度影响不明显，可以不考虑桥面板开裂对主梁刚度的折减作用；而在国内公路组合梁设计与施工规范中，负弯矩区桥面板不考虑刚度作用。裂缝对桥面板刚度的影响主要与裂缝的宽度、深度、范围有关，而且裂缝的宽度、深度将影响桥面板与钢主梁的耐久性能，因此需要对裂缝的发展机理进行研究，对裂缝宽度的计算方法进行研究。

负弯矩区桥面板裂缝控制措施研究。控制负弯矩区裂缝，可以从受力与材料两方面进行控制。改变桥面板浇筑顺序、支点顶升、控制配筋率、采用预应力、使用超高性能混凝土材料等措施控制裂缝宽度。AASHTO 规范对钢筋直径与钢筋上下层布置作出规定。为避免复杂计算，欧洲规范 4 通过给出纵向钢筋最小配筋率、限制纵向钢筋直径和间距等构造措施来满足裂缝控制要求。从负弯矩区裂缝发展机理，对负弯矩区裂缝控制进行研究，找到切实可行的裂缝控制措施，实现研究与设计目标。

3）新材料、超高韧性混凝土强度钢耐候的应用研究

收集新材料相关资料、分析性能特点；当前桥梁工程的发展主要依托材料的进步。当前可实际用于桥梁工程的高新材料主要有超超高韧性混凝土、高强度钢材、高耐候钢或耐候钢。

超超高韧性混凝土在工程安全使用期、经济合理性、环境条件的适应性等方面产生了明显的效益，被各国学者所接受并被认为是今后混凝土技术的发展方向。目前备受关注的高性能混凝土主要是指高性能混凝土，简称 UHPC。

超超高韧性混凝土的设计理论是最大堆积密度理论（densified particle packing），其组成

材料不同粒径颗粒以最佳比例形成最紧密堆积，即毫米级颗粒（集料）堆积的间隙由微米级颗粒（水泥、粉煤灰、矿粉）填充，微米级颗粒堆积的间隙由亚微米级颗粒（硅灰）填充。由于其材料的特殊组合比例，其抗拉强度可以达到 15MPa 以上，配筋后甚至可达到 20MPa 以上。

超超高韧性混凝土（STC）是高性能混凝土的一种，其具有较高的延性，抗拉伸能力强，与高强钢材组合将会形成新的结构类型，推动组合结构的发展。同时超超高韧性混凝土抗拉强度大，也可在桥面板负弯矩区抗裂及现浇湿接缝方面发挥重要作用。

高强度结构钢（简称高强钢）是指采用微合金化及热机械轧制技术生产出的具有高强度（屈服强度不小于 460MPa）、良好延性、韧性以及加工性能的结构钢材。高强度钢材由于其强度高，在桥梁工程的应用中，能实现更大的跨越能力。同时其材料用量省，结构自重小，避免超厚钢板的焊接问题，具有较强的经济优势。在国外高强度钢材已经普遍采用，国内在常规桥梁中应用还比较少。

钢材锈蚀是妨碍组合结构桥梁发展的主要原因，如何使钢材与混凝土一样不用经常维护就能正常工作是值得关注的课题。今年来在设计桥梁时，不仅要考虑初期建设费用，而且还考虑远期改建、拓宽、养护等费用，甚至还考虑解体后的废物处理费用，即确保整个使用期的费用最低为设计原则。基于这样的原则，耐候钢在钢桥及其组合结构桥梁中的应用成为一个发展趋势，会有很好的经济效益。

耐锈蚀钢的开发研究早在 1910 年就开始了，Buck D. M. 首先开发了能够抑制大气中锈蚀的含铜钢。从 1916 年起，美国材料试验协会以及英国钢铁协会组织实施了大规模的钢材耐候性露天试验，获知 Cu、Cr、P 等元素对于提高钢材耐候性最有效，Ni、Mo、Al、V、Ti 等元素也有一定的效果。耐候钢并不是不发生锈蚀，而是在使用的初期阶段与普通钢一样生锈，只是两者在其后的锈蚀速度不同而已。普通钢随着锈蚀的进展，锈层膨胀变厚，Fe_3O_4形成并开始产生裂缝；随后锈层发生剥离，从而进一步加剧锈蚀向内部进展。而耐候钢在干燥与潮湿的环境交替变化中，钢材表面上形成由 Cu、Cr、P 等元素浓缩后的致密且连续的安定锈层。耐候钢的耐大气腐蚀性能为普通碳素钢的 2 ~ 8 倍，并且使用时间越长，耐蚀作用越突出。

在国外耐候钢已经应用多年，1997 年美国与日本的耐候钢分别占全部桥梁约 45%、10%，桥梁数分别约为 4500 座、1500 座。在国内耐候钢桥的应用还处于起步阶段。

通过对国内外实际工程项目应用新材料的情况进行调研分析，研究其在实际工程项目中应用的效果，在标准图编制中提出相应的应用指南。

研究钢板组合梁应用新材料的方案，新材料的使用必须结合钢板组合梁的结构特点。超超高韧性混凝土虽然性能好，但造价较高，应用主要考虑控制负弯矩桥面板开裂及预制桥面板的接缝。耐候钢的应用需结合环境特点，选用相应指标的耐候钢材，并对耐候钢的应用要点进行分析。

4）基于实际边界条件下的腹板稳定计算与设计原则

研究腹板稳定构造；钢结构稳定是控制设计的主要问题之一，腹板受压力、剪力与弯矩组合作用，其受力复杂，其稳定设计相比于上翼缘与下翼缘较为复杂。腹板稳定与其宽厚比、加劲肋间距、加劲肋与腹板相对刚度密切相关，通过对腹板稳定进行研究分析，对腹板与加劲肋设计提供科学依据。

基于桥面板约束条件下的腹板稳定计算与设计研究。钢板组合梁桥不同于钢结构桥梁，因上翼缘与桥面板结合，其边界条件与一般腹板稳定计算假设条件不同，其屈曲模态与屈曲临界力与理论计算将存在一定误差，而且腹板屈曲后依然具备一定的承载能力，其承载能力与边界条件约束有关，因此对实际边界条件下的腹板稳定计算进行研究。

5.3.3 编制成果

通过解决钢板组合梁结构选型与构造细节、负弯矩区桥面板耐久性措施、高性能或高耐久性材料、腹板稳定等关键技术问题，定型相应成果，并制定了相应的标准图。

根据国内外钢板组合梁的研究和应用情况，拟定了钢板组合梁标准图的方案：钢板组合梁设计标准图路基宽度分别为26m、33.5m，跨度分别为30m、35m、40m，适用斜交角度0°，桥面板采用预制或现浇模式，施工方法采用顶推及吊装施工，标准图适用范围见表5.7。

标准图适用范围　　表5.7

跨径(m)	30、35、40	
路基宽(m)	26.0	33.5
桥宽(m)	2×12.50	2×16.25
斜度(°)	0	
结构体系	结构连续	
桥面板施工方法	预制、现浇	
钢梁施工方法	顶推、吊装	

26m路基宽度拟采用双主梁，33.5m路基宽度将对比分析双主梁及三主梁体系，择优选用。最终成果钢板组合梁设计标准图的主要参数见表5.8，拟定断面见图5.44。

钢板组合梁标准图构造　　表5.8

路基宽度	施工方法	跨径(m)	钢梁高(m)	顶板宽(m)	底板宽(m)	梁间距(m)	桥面板悬臂长(m)	梁间桥面板厚(m)	悬臂桥面板厚(m)
路基宽度26m，桥面宽2×12.5m(双车道)	预制桥面板、吊装钢梁和现浇桥面板、顶推钢梁	30	1.8	0.7	0.9	6.7	2.9	0.26	0.22
		35	2	0.9	1.05	6.7	2.9	0.26	0.22
		40	2.2	0.9	1.2	6.7	2.9	0.26	0.22

续上表

路基宽度	施工方法	跨径（m）	钢梁高（m）	顶板宽（m）	底板宽（m）	梁间距（m）	桥面板悬臂长（m）	梁间桥面板厚（m）	悬臂桥面板厚（m）
路基宽度33.5m，桥面宽2×16.25m（三车道）	预制桥面板、吊装钢梁和现浇桥面板、顶推钢梁	30	1.8	0.7	0.9	2×5.625	2.5	0.26	0.22
		35	2	0.9	1.05	2×5.625	2.5	0.26	0.22
		40	2.2	0.9	1.2	2×5.625	2.5	0.26	0.22

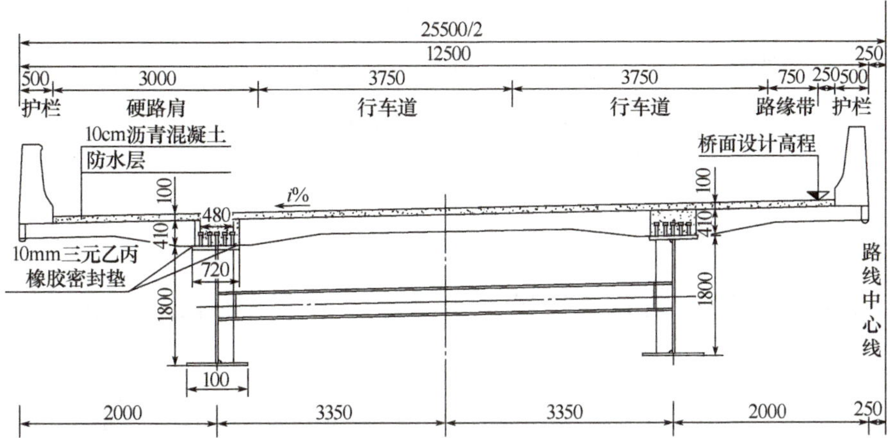

a）12.5m桥宽30m跨钢板组合梁标准横断面

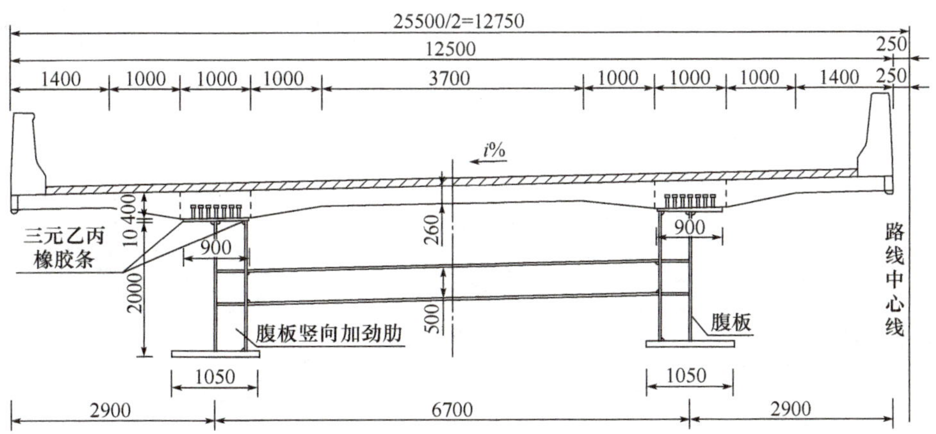

b）12.5m桥宽35m跨钢板组合梁标准横断面

图 5.44

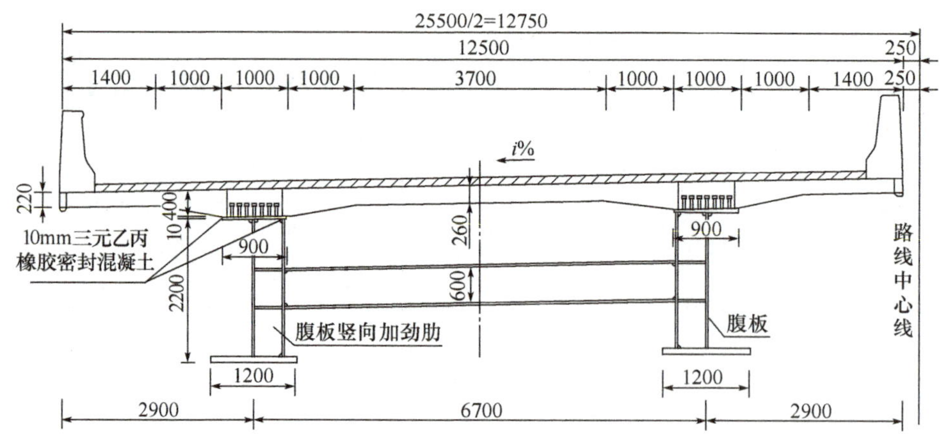

c）12.5m桥宽40m跨钢板组合梁标准横断面

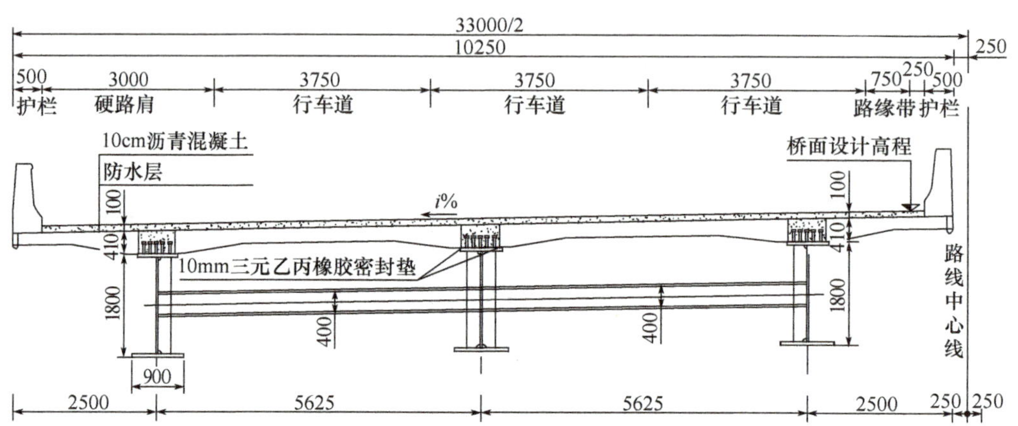

d）16.25m桥宽30m跨钢板组合梁标准横断面

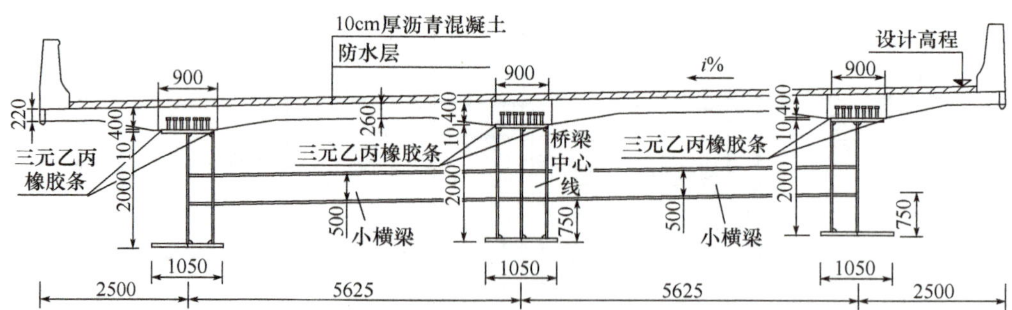

e）16.25m桥宽35m跨钢板组合梁标准横断面

图 5.44

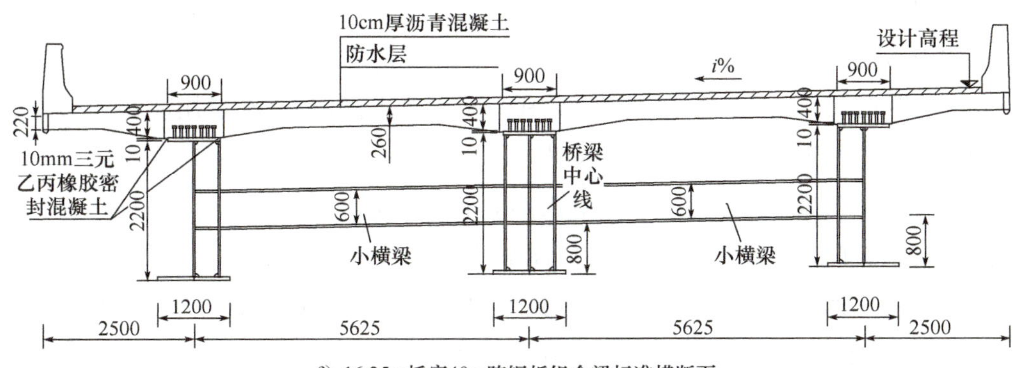

f）16.25m桥宽40m跨钢板组合梁标准横断面

图 5.44　标准图断面(尺寸单位:mm)

保证结构使用寿命,钢结构须进行涂装,涂层体系采用长效型,保护年限为 15 ~25 年。钢板表面涂装前应喷砂除锈露出金属本色,钢结构外表面涂层颜色将由业主根据景观设计要求确定。

墩顶负弯矩区两边各 7.25m 范围内预制板顶部 10cm 以及范围内现浇湿接缝和剪力槽采用 STC 材料。材料性能参考《超高性能轻型组合桥面结构技术规程》(GD JTG/T A01—2015)。根据本项目混凝土梁有限元计算结果,钢板组合梁墩顶负弯矩区拉应力达 10MPa,因此该位置设计采用超高韧性混凝土,设计抗压强度标准值应不低于 120MPa,抗折强度标准值应不低于 20MPa。超高韧性混凝土养护应包括摊铺后的保湿养护和终凝后的低温蒸汽养护。

免涂装耐候钢从长期看,节省了运营管养费用,有一定的经济性。耐候钢应用有一定的使用环境要求,避免在海洋环境、除冰盐环境、连续潮湿环境、空气污染使用。免涂装耐候钢表面应进行锈层稳定化处理,锈层厚度应不小于 10μm。免涂装耐候钢在设计时须在每个暴露表面上预留腐蚀裕量。考虑到国内应用经验还比较少及环境条件的不确定性,本次标准图暂不采用耐候钢,但提供了具体应用要点,建议具体项目根据环境条件等研究是否采用。

5.3.4　技术要求

对混凝土、超高韧性混凝土、普通钢筋、预应力钢绞线、钢板、剪力钉、焊接材料、涂装方案的技术要求如下。

1)混凝土

现浇桥面板混凝土采用 C50 补偿收缩混凝土,限制膨胀率 0.02% ~0.25%,其技术标准应符合《公路钢筋混凝土及预应力混凝土桥涵设计规范》(JTG 3362—2018)、《公路桥涵施工技术规范》(JTG/T F50—2011)的规定;混凝土技术标准应符合《补偿收缩混凝土应用技术规程》(JGJ/T 178—2009)的规定。

(1)水泥:水泥应采用品质稳定的普通硅酸盐水泥或硅酸盐水泥,碱含量不宜大于0.60%,熟料中C3A含量不应大于8.0%。其余技术要求尚应符合《通用硅酸盐水泥》(GB 175—2007)的规定,不应使用其他品种水泥。

(2)细集料:细集料应采用硬质洁净的天然中粗河砂,也可使用经专门机组生产、并经试验确认的机制砂,其细度模数宜为2.6~3.2,含泥量不应大于2.0%,泥块含量不应大于0.5%(高性能混凝土),其余技术要求应符合《公路工程集料试验规程》(JTG E42—2005)的规定。

(3)粗集料:粗骨料应采用坚硬耐久的碎石或卵石,空隙率宜小于40%,压碎指标宜小于20%,粗集料母岩的抗压强度与混凝土设计强度之比应不小于1.5,含泥量不应大于1.0%,泥块含量不应大于0.5%,针片状含量宜小于10%;粒径宜为5~20mm,连续级配,最大粒径不应超过25mm,且不应大于钢筋最小净距的3/4。其余技术要求应符合JTG E42—2005的规定。

(4)选用的集料应在施工前进行碱活性试验,应优先采用非活性集料。不应使用碱—碳酸盐反应活性集料和膨胀率大于0.20%的碱—硅酸反应活性集料。当所采用集料的碱—硅酸反应膨胀率在0.10%~0.20%时,混凝土中的总碱含量不宜大于3.0kg/m^3(特大桥、大桥和重要桥梁不宜大于1.8kg/m^3),且应经碱—集料反应抑制措施有效性试验验证合格。

(5)混凝土拌和及养护用水应符合《混凝土用水标准》(JGJ 63—2006)的规定要求。混凝土拌和物(含封锚混凝土)中各种原材料引入的氯离子总量不得超过胶凝材料总量的0.06%。

(6)混凝土矿物掺和料应采用性能稳定的粉煤灰,粉煤灰氯离子含量不宜大于0.02%,其余性能应符合《用于水泥和混凝土中的粉煤灰》(GB/T 1596—2017)中Ⅰ级粉煤灰的规定。

(7)外加剂应采用品质稳定且与胶凝材料具有良好相容性的产品。减水剂宜采用高效聚羧酸高性能减水剂,性能指标应符合《混凝土外加剂》(GB 8076—2008)的规定,减水剂掺量以及与水泥的适用性应由试验确定。引气剂和膨胀剂应分别符合《混凝土外加剂》(GB 8076—2008)和《混凝土膨胀剂》(GB/T 23439—2009)的要求。

2)超高韧性混凝土

墩顶负弯矩区的顶层10cm使用STC材料,材料性能参考《超高性能轻型组合桥面结构技术规程》(GD JTG/T A01—2015),抗压强度应达到150MPa,抗弯拉强度应达到30MPa,极限应变为高性能混凝土和普通混凝土的2~3倍。STC结构致密,内部孔径为2~3nm,这使得STC的气体渗透系数比普通混凝土低1~2个数量级。吸水性能为普通混凝土的1/13,氯离子渗透系数分别为普通混凝土和高性能混凝土的1/50及1/30,以提升耐久性。

3)普通钢筋

采用HPB300、HRB400级钢筋及冷轧带肋焊接钢筋网,其技术标准应分别符合《钢筋

混凝土用钢 第 1 部分:热轧光圆钢筋》(GB 1499.1—2017)、《钢筋混凝土用钢 第 2 部分:热轧带肋钢筋》(GB 1499.2—2018)、《钢筋混凝土用钢 第 3 部分:钢筋焊接网》(GB/T 1499.3—2010)的规定。

4)预应力钢绞线

预应力钢筋采用高强低松弛钢绞线,公称直径 15.2mm,标准强度为 1860MPa,公称面积 140mm^2,弹性模量为 1.95×10^5MPa,技术标准应符合《预应力混凝土用钢绞线》(GB/T 5224—2014)的规定。预应力钢绞线用的锚具均须符合《预应力筋用锚具、夹具和连接器》(GB/T 14370—2007)中的规定,锚具采用夹片式锚具,锚垫板、波纹管、锚下螺旋箍筋均采用其配套产品。预应力管道采用塑料波纹管,技术标准应符合《预应力混凝土桥梁用塑料波纹管》(JT/T 529—2016)的规定。

5)钢板

钢主梁、小横梁、中横梁、端横梁均采用 Q345qC,其化学成分、机械性能等应符合《桥梁用结构钢》(GB/T 714—2015)的规定,所有钢材必须具有国家技术质量监督部门确认的产品质量证明、出厂合格证明。

6)剪力钉

剪力钉材料采用 ML15,剪力钉的材料机械性能及焊接要求需满足《电弧螺柱焊用圆柱头焊钉》(GB/T 10433—2002)的要求。

7)焊接材料

焊接材料应结合焊接工艺,通过焊接工艺评定试验进行选择,保证焊缝性能不低于母材,并与所采用的钢材材质和强度相适应,且工艺简单、焊接变形小,所选焊条、焊剂、焊丝均应符合国家标准的要求。

8)涂装方案

为保证结构使用寿命,钢结构须进行涂装,涂层体系采用长效型,钢板表面涂装前喷砂除锈露出金属本色,表面粗糙度 R_z 为 30~75μm,表面涂装体系见表 5.9。

钢梁表面涂装方案 表 5.9

位置	涂层	涂料品种	道数/最低干膜厚度(μm)
外表面 (不与现浇混凝土接触面)	底涂层	冷喷锌	2/70
	中间涂层	冷喷锌封闭剂 (兼有环氧云铁功能)	2/100
	面涂层	丙烯酸聚硅氧烷	2/100
	总干膜厚度		270
与现浇混凝土接触面	底涂层	冷喷锌	2/90
	总干膜厚度		90

在本项目成果直接用于指导广东云茂高速公路高台大桥、老屋村大桥的钢板组合梁的设计和施工，填补广东省高速公路标准化设计中钢混组合结构的空白，将有助于统一认识、提高设计质量，保障结构安全与耐久性，减少后期维护，达到更好的经济性。有助于该类新结构在省内建设项目中的推广应用。

5.4 本章小结

对钢板组合梁建造的科研创新进行总结，为后续推广以及新技术开发提供借鉴经验，本章主要结论有：

（1）对提升混凝土桥面板负弯矩区抗裂性能的方法进行调研，对比裂缝控制、预应力、支点顶升以及高性能混凝土的方法，选型得到具有全寿命周期优势的高性能混凝土覆面方法。

（2）对三维激光扫描的智能量测技术开展研究，建立了适用于工厂内钢梁的制造、组拼的外形质量检验技术，并且提出预拼装、成桥扫描及线形检测技术，为现场安装提供技术支撑，为全面实现自动化奠定了技术基础。

（3）开展了钢板梁桥通用图编制工作，形成了 30m、35m、40m 跨度的钢板组合梁系列图纸，为钢板组合梁技术在广东省的推广提供支撑。

CHAPTER 6 第6章

结语

6.1 总结

响应装配式结构绿色建造以及推动钢结构应用的发展形势，广东省在云茂高速公路高台大桥以及老屋村大桥开展钢板组合梁桥的试点应用，本项目具有典型的东南沿海及丘陵地区特征，包含丘陵地形环境以及湿润侵蚀气候等，通过设计、施工及创新经验总结，为后续推广应用、技术发展奠定基础。建造技术经验可总结如下：

(1)基于东南地区高速公路建造环境分析，明确了高效与便利施工、长效耐久等需求，论证钢板组合梁桥型的适应性，梳理并提出了施工技术以及耐久性提升等关键技术问题。

(2)对钢板组合梁建造技术进行调查分析，对少梁体系与多梁体系、横梁非支撑与横梁支撑、焊接与栓接、桥面板预制与桥面板现浇等关键技术进行选型，明确选用少梁体系、横梁非支撑、焊接以及桥面板预制的结构形式，并基于参数化分析，确定主梁尺寸、横梁间距、桥面板配筋与连接件构造等关键参数的合理取值范围；采用精细化有限元分析方法，明确钢板组合梁体系性能。

(3)针对耐久性问题开展专项设计，论证耐候钢取代传统钢材，以 STC 覆面提高负弯矩抗裂性能的优势，并建立相应设计技术，极大的便利了后期的养护与管理，显著提升桥梁的长效耐久性能。

(4)对钢板组合梁桥的施工技术开展全面研究，建立集成钢梁制造、桥面板预制、钢梁安装、桥面板安装的成套工业化工艺，重点研究了工厂化制造加工、步履式顶推以及架桥机安装技术，技术覆盖面广，为广东东南地区提供了多种施工技术，具有成熟的推广条件。

(5)针对钢板组合梁质量检验标准尚不健全的现状，采用调研及类比的方法，建立质量检验标准，并基于开展的检验工作，论证此类结构的推广具有较好的工艺基础。

(6)针对钢板组合梁复杂的体系变换、边界变换、荷载变换条件，提出理论计算、测试验证、优化修正的施工监控手段，保障线形控制精度，提升应力安全。

(7)针对桥面板负弯矩区耐久性提升、三维激光扫描智能量测关键技术创新进行探索，建立了 STC 覆面的耐久性提升技术，提出相应分析方法，建立基于三维激光扫描的构件精度检验以及预拼装技术，提升检验精度与检验效率；对钢板组合梁桥的应用经验进行全面总结，编制通用图，为进一步推广提供成熟技术。

综上所述，针对钢板组合梁开展的设计、施工、检验、监控等成套技术开发，以及高性能材料、激光扫描等新型技术的探索，为钢板组合梁在省内的推进提供了全套成熟技术，为我国钢板组合梁桥的进一步发展奠定了基础。

6.2 展望

以钢板组合梁为代表的钢混组合梁，仍然面临负弯矩区开裂以及钢梁本身锈蚀的耐久性问题，试点工程提出的相应解决方案，则存在经济性指标降低的问题，后续可通过产业链发展、提高生产力的方式，降低经济成本，助力新材料的应用。

随着工业化技术的发展与进步，采用智能化制造、检验的方法，减少人工投入，是桥梁建造技术发展的必然趋势，试点工程的智能化量测技术，仍属于前期的技术架构、论证阶段，距离稳定、封装、市场化仍有不少距离，后期应对智能制造以及检验的技术进行集中突破，以期推动行业技术的发展。

参考文献

［1］ 交通运输部. 关于推进公路钢结构桥梁建设的指导意见(交公路发〔2016〕115 号).

［2］ 国务院办公厅. 关于大力发展装配式建筑的指导意见(国办发〔2016〕71 号).

［3］ 交通运输部.关于打造公路水运品质工程的指导意见(交安监发〔2016〕216 号).

［4］ 范立础. 桥梁工程[M]. 北京:人民交通出版社,2003.

［5］ 中华人民共和国行业标准.公路钢结构桥梁设计规范:JTG D64—2015[S]. 北京:人民交通出版社股份有限公司,2015.

［6］ 中华人民共和国行业标准.公路钢混组合桥梁设计与施工规范:JTG D64-01—2015[S]. 北京:人民交通出版社股份有限公司,2015.

［7］ 黄玲. 钢板组合梁桥结构受力分析[J].桥梁建设,2020,50(S2):48-54.

［8］ 张瑑芳. 基于美国标准图的钢板组合梁桥结构设计与规范对比[D].西安:长安大学, 2018.

［9］ 郭劲岑,张玥. 双主梁钢板组合连续梁桥翼缘有效宽度及几何构造参数分析[J]. 力学季刊, 2019, 40(1): 216-222.

［10］ 侯帆. 钢混组合梁桥横向分布及抗弯承载力研究[D].南京:东南大学, 2019.

［11］ 陈正星,刘甜甜. 钢-混凝土组合梁负弯矩区设计方法的国内外规范对比分析[J]. 公路, 2020, 65(8): 203-206.

［12］ 卓涛. 组合连续梁负弯矩区混凝土开裂对主梁刚度退化作用研究[D]. 中国矿业大学, 2019.

［13］ 俞弘志,宁文伟. 钢-混组合连续梁桥负弯矩区混凝土开裂研究[J]. 公路, 2018, 63(3): 131-134.

［14］ 韩富庆,娄健,万志勇,等. 耐候钢钢板组合梁桥的设计与应用[J].公路,2021,66(09):197-202.

［15］ 韩富庆. 基于点云投影线探测的高墩位姿自动检测方法[J]. 测绘通报,2021.

［16］ 娄健,邱体军,杨洋. 广东云茂高速老屋村大桥钢板组合梁应用[C]. 中国公路学会桥梁分会 2020 年全国桥梁学术会议论文集.

［17］ 曾思清,杨凯,王伟力,等.基于空间网格模型的装配式钢板组合梁桥受力分析[J].广东公路交通,2020,46(02):46-49+60.

［18］ 霍凯荣,张小龙,刘永亮. “S”曲线钢板梁桥分联平行顶推施工技术研究[C]. 中国公路学会第七届全国绿色公路交流会优秀论文,2021.

［19］ 沈传东,宋一凡,马小伟. 考虑剪力滞与约束扭转影响的曲线双工字钢板组合梁耦合

效应分析[C]//第 29 届全国结构工程学术会议论文集(第Ⅱ册):《工程力学》杂志社, 2020: 90-97.

[20] 黄万大. 高速公路大跨径匝道桥钢混叠合梁的施工技术[J]. 城市道桥与防洪,2018(07):198-200+19.

[21] 刘剑国. 南京汤龙公路互通匝道桥圆曲线钢箱梁步履式多点连续同步顶推施工应用[J]. 工程技术研究,2018(14):208-209.

[22] 付德敏. 各向异性多边滤波在三维点云去噪中的应用研究[D]. 秦皇岛:燕山大学,2017.

[23] 赵人达,张双洋. 桥梁顶推法施工研究现状及发展趋势[J]. 中国公路学报,2016,29(02):32-43.

[24] 胡少宏,周小伍,汪志甜. 基于免涂装耐候钢的钢板组合梁桥适用性研究[J]. 工程与建设,2021,35(04):826-827+835.

[25] 夏飞龙,王林凯,王胜斌,等. 新型钢板组合梁桥车桥耦合振动控制研究[J]. 交通科技,2021(01):16-20.

[26] 武林,高波. 钢板组合梁桥面板横向湿接缝优化设计探索[J]. 工程与建设,2020,34(06):1085-1087+1102.

[27] 雷进,杨大海,汪志甜. 耐候桥梁钢在工业大气环境下的耐蚀性研究[J]. 公路,2020,65(11):331-335.

[28] 刘慧慧,周小伍. 剪力钉刚度对钢板组合梁桥地震响应的影响研究[J]. 安徽建筑,2020,27(06):162-163.

[29] 谢银. 钢板组合梁桥面板横向计算分析研究[J]. 工程与建设,2019,33(06):861-862.

[30] 雷进,杨大海,汪志甜. 日本免涂装耐候钢桥关键技术[J]. 安徽建筑,2019,26(10):114-115.

[31] 王胜斌,吴肖波,唐国喜,等. 双工字钢-混凝土板组合梁桥车桥耦合振动研究[J]. 世界桥梁,2019,47(03):38-43.

[32] 夏飞龙,吴肖波,王胜斌,等. 新型钢板组合梁桥车桥耦合振动分析[J]. 西部交通科技,2019(02):110-114.

[33] 许大晴,郭庆超. 双主梁钢板组合梁桥抗震性能分析[J]. 工程与建设,2018,32(06):869-871.

[34] 张玉斌. 新型钢板组合梁桥排水沥青铺装的设计与应用[J]. 石油沥青,2018,32(06):47-50.

[35] 魏民,谢玉萌. 钢板组合梁混凝土桥面板徐变分析[J]. 工程与建设,2017,31(06):

732-736.

[36] 韦韩,闫振海,李湛,等. 三维激光扫描技术在钢结构工厂片体预拼装中的应用[J]. 公路交通科技(应用技术版),2018,14(12):236-237.

[37] 钱林,张凤录. 三维激光扫描技术在钢结构样板段检测中的应用分析[J]. 测绘通报,2014(S2):95-96+109.

[38] 李超. 徕卡三维激光扫描技术在钢结构检测中的应用[J]. 测绘通报,2013(03):116-117.

[39] 陈振明,隋小东,李立洪,等. 钢结构预拼装技术研究与应用[J]. 施工技术,2019,48(08):100-103.

[40] 李亚东. 数字模拟预拼装在大型钢结构工程中的应用[J]. 施工技术,2012,41(18):23-26.

[41] 邓楚剑. 倾角传感器在桥梁挠度测量中应用关键技术研究[D]. 广州:华南理工大学,2018.

[42] 文雪中. 大型桥梁挠度监测的方法比较及实践[J]. 测绘地理信息,2016,41(05):70-73.

[43] 钱寅泉,张学亮,袁桂芳. 中小跨径桥梁挠度测试方法比较[J]. 中外公路,2012,32(02):89-92.

[44] 徐进军,郭鑫伟,廖骅,等. 基于地面三维激光扫描的桥梁挠度变形测量[J]. 大地测量与地球动力学,2017,37(06):609-613.